Alexander Arnt

Die Kunst des Tradings

Wie du profitabel an der Börse handelst

ForwardVerlag

ForwardVerlag

Die Kunst des Tradings

Wie du profitabel an der Börse handelst

Imprint der Verlagsgruppe StudyHelp GmbH, Paderborn
www.forwardverlag.de

2. Auflage

Autor: Alexander Arnt

Kontakt: info@forwardverlag.de
Umschlaggestaltung: @magier
Druck: mediaprint solutions GmbH

ISBN 978-3-98755-157-4

Inhaltsverzeichnis

Vorwort

Warum sollte ich dem Börsenhandel bzw. Trading überhaupt eine Chance geben? Es gibt unzählige Quellen – Bücher, Videos oder gar komplette Ausbildungen und bezahlte Kurse. Wie soll ich bei all dem den Überblick behalten, und woher weiß ich, was für mich das Beste ist?

Als ich begann, mich für die Börse zu interessieren, habe ich relativ schnell meine erste Aktie gekauft – und war ab diesem Moment besessen von den Kursbewegungen. Für mich war das Thema Börse absolutes Neuland, und jede noch so kleine Bewegung am Markt hat mich fasziniert. Nach einigen Monaten fiel mir auf, dass mein Kapital zwar wuchs, aber das Tempo und die Größenordnung des Wachstums überschaubar blieben. Im selben Zeitraum habe ich gelernt, mit welcher durchschnittlichen Rendite jährlich zu rechnen ist: 6 bis 8 %. Ab diesem Punkt brach meine Welt ein kleines Stück weit zusammen, denn: Ich wollte mit Aktien „das große und schnelle Geld" verdienen. Wie sollte das mit meinem geringen Einsatz und der niedrigen Rendite möglich sein? Natürlich hätte ich mich intensiver mit der Analyse einzelner Werte befassen können, um meinen Profit zu steigern – aber auch das hätte Jahre oder sogar Jahrzehnte gedauert.

Für mich war klar: Investieren bedeutet, langfristig am Ball zu bleiben und sein Geld über viele Jahre hinweg wachsen zu lassen. Mein Tatendrang jedoch wurde dadurch nicht kleiner – ganz im Gegenteil. Es musste doch etwas geben, das ich tun konnte. Etwas, das ich lernen konnte, um auf einem anderen Weg schneller Geld zu verdienen.

Durch *Instagram* und die dortige Finanzszene stieß ich auf das Thema Trading und technische Analyse. Je mehr ich mich einlas, desto spannender wurde es. Ich wollte sofort loslegen, lernen, üben und umsetzen. Also deckte ich mich mit Büchern ein, schaute *YouTube*-Videos und kaufte Videokurse.

Doch trotz aller Motivation und allem Tatendrang stand ich bald vor einem gigantischen Hindernis: Ungewissheit. Ungewissheit darüber, welche Strategie zu mir passt. Ungewissheit darüber, ob

Trading überhaupt funktioniert. In dieser Zeit musste ich mehrfach über mich hinauswachsen und auf eigene Faust herausfinden, welchen Weg ich in der Welt des Tradings einschlagen möchte.

Über Jahre hinweg kämpfte ich mich mühsam durch verschiedene Quellen, entwickelte eigene Strategien und konnte mir schließlich meinen persönlichen Weg als Trader aufbauen. Auf diesem Weg teilte ich meine Erkenntnisse auf *Instagram*. Ich wollte den Menschen zeigen, dass Trading nicht nur greifbar ist, sondern auch einen klaren Weg bieten kann.

Ich habe mein Bestes gegeben – und konnte mit mittlerweile 30.000 Followern Tausenden Menschen dabei helfen, dem Traum vom Trading einen Schritt näher zu kommen. Doch leider bleibt es auf dieser Plattform meist bei diesem einen Schritt. Deshalb träume ich schon lange davon, all meine Learnings, Erkenntnisse und Grundlagen in einem einzigen Medium festzuhalten – in einem Buch.

Dieses Buch soll dich von Anfang an abholen – ganz egal, ob du bereits Erfahrung im Trading hast oder ein absoluter Neuling bist. Trockene Theorie oder unnötiges Füllmaterial wirst du hier nicht finden. Mein Anspruch ist, ein Werk zu schaffen, das für jeden verständlich ist und alle relevanten Aspekte rund ums Trading abdeckt: Psychologie, Theorie, technische Analyse, Strategie, Praxis und vieles mehr – eine komplette Ausbildung in einem einzigen Buch. Eine gewaltige Aufgabe, der ich mit tiefem Respekt und ungebrochener Begeisterung gegenüberstehe.

Jetzt ist es so weit. Du hältst genau dieses Buch in der Hand. Ob ich meinen Traum erfüllt und mein Ziel erreicht habe, wirst du am Ende entscheiden. Denn letztlich bist du es, der über den Erfolg oder Misserfolg der Botschaft dieses Buches entscheidet.

Eines möchte ich dir vorab versprechen: Wenn du dieses Buch liest, damit arbeitest und mit Disziplin sowie felsenfester Überzeugung an deinen Trading-Erfolg glaubst, wirst du diesen auch erreichen. Ziel ist es, psychologisch und technisch ein meisterhafter Trader zu werden.

Damit dir das bestmöglich gelingt, nimm dir für jedes Kapitel genügend Zeit – insbesondere die psychologischen Themen verdienen besondere Aufmerksamkeit. Wer sich selbst unter Kontrolle hat, wird zwangsläufig erfolgreich. Glaube mir: Die Grundlagen, die Strategie und selbst das Trading an sich werden dir quasi in den Schoß fallen, wenn du dich an meine Prinzipien hältst und ein starkes Mindset aufbaust.

Trading ist nämlich alles – aber kein „Get-Rich-Quick"-Gedöns. Die Arbeit basiert auf Statistiken, erprobten Techniken und echten Praxisbeispielen. In Verbindung mit Übungsaufgaben und der richtigen mentalen Vorbereitung bist du bestens für deinen Weg als Trader gewappnet.

TEIL I

EINFÜHRUNG UND MENTALE VORBEREITUNG

Was ist Trading?

Unterschied zwischen Investieren und Trading

Viele Trader fanden ihren Weg zur Börse über einen ETF-Sparplan, die erste Einzelaktie oder einen Fonds. Doch warum investierst du überhaupt? Was ist dein Ziel und welche Herangehensweise nutzen Trader, um den bestmöglichen Profit zu erzielen?

Bevor ich tiefer in diese Thematik einsteige, möchte ich sichergehen, dass jeder Leser abgeholt wird und dem roten Faden folgen kann. Denn eines ist klar: Kaum jemand investiert an der Börse, ohne zumindest einen persönlichen Bezug dazu zu entwickeln. Deshalb möchte ich das Thema „Investieren" aus meiner Sicht beleuchten:

Beim Investieren versucht der Investor, sein Geld über einen Zeithorizont von Jahren bis über Jahrzehnte geschickt anzulegen. Dabei nutzt er risikoarme Produkte wie ETFs, welche die Wertentwicklung von mehreren tausend Aktien spiegeln – oder aber risikoreiche Finanzinstrumente wie Einzelaktien (*Apple*, *Nvidia*, *Microsoft*).

Für den Vergleich mit dem Trading bietet sich vor allem der risikoreichere Bereich an – insbesondere Einzelaktien. Hierbei gibt es Investoren, die sich auf ihr Bauchgefühl verlassen oder die Meinung von bekannten Influencern sowie Börsenblätter nutzen, um gewinnbringende Chancen ausfindig zu machen. Das kann funktionieren, ist aber in einem bereits riskobehafteten Milieu ein gefährliches Spiel mit dem Feuer bzw. der Börse.

Andere Investoren beschäftigen sich mit den Geschäftsberichten der zugrunde liegenden Aktie, lesen sich in die neuesten Geschehnisse rund um das Unternehmen ein und analysieren die fundamentalen Daten bis ins letzte Detail. Ziel ist es, in ein gesundes und finanzstarkes Unternehmen zu investieren, dessen Wertentwicklung künftig Profit verspricht.

Abgesehen davon gibt es die Menschen, welche die technische Analyse, also die Betrachtung der reinen Kursentwicklung, nutzen, um starke Unternehmen und zeitlich günstige Einstiege auswählen zu können. Dabei liegt der Fokus auf dem langfristigen Trend und auf Preisbereichen, die wiederholt für eine Umkehr gesorgt haben. Natürlich existieren unzählige Mischformen dieser Vorgehensweisen: mal etwas mehr Bauchgefühl und weniger technische Analyse, mal ausschließlich fundamentale Analyse. Im Großen und Ganzen ist es aber gar nicht notwendig, alle Arten des Investierens vollständig zu durchdringen. Wichtig ist nur ein Punkt, den du auf keinen Fall ignorieren solltest:

Strategie ist die Wurzel allen Erfolgs.

Ich denke, du stimmst mir zu, wenn ich behaupte, dass jedes Ziel ohne konkreten Plan nur ein Wunsch bzw. Traum bleibt. Erst durch Planung und Entschlüsselung des Ziels wird ein Bedürfnis zur greifbaren Herausforderung. Und genau deshalb ist es in allen Lebenslagen sinnvoll, sich eine Strategie zurechtzulegen und konsequent darauf hinzuarbeiten.

Als Investor habe ich nur ein Ziel: Über Jahre und Jahrzehnte möglichst viel Gewinn erwirtschaften. Dafür nutze ich im besten Falle die fundamentale und die technische Analyse, wodurch ich die „guten" von den „schlechten" Aktien unterscheiden kann. Nun stellt sich eine wichtige Frage:

Wo knüpfst du das Thema Trading an?
Ganz einfach: am zeitlichen Horizont!

Während Investitionen oft über viele Jahre laufen, sind die Haltezeiten im Trading deutlich kürzer. Dadurch wird es auch bedeutend schwieriger, Geschäftsberichte einzubinden, da diese nur quartalsweise veröffentlicht werden. Daher bleibt für einen Trader nur noch eine Möglichkeit: die technische Analyse.

Im Kern ist jeder Investor auch ein Trader – nur hält er seine Positionen weitaus länger als der typische Trader. Oftmals wird Trading als etwas besonders Risikoreiches und Unseriöses abgestempelt. Dabei herrschen hier ähnliche Voraussetzungen wie beim Investieren. Eins solltest du dir merken: Niemand weiß, was die Börse als Nächstes tun wird.

Steigt der Kurs morgen oder fällt er? Im Prinzip kann hier niemand eine felsenfeste Aussage treffen. Weder Investieren noch Trading können die Zukunft voraussagen. Keine Analyseform ist unfehlbar und kein Investor oder Trader besitzt eine hundertprozentige Trefferquote. Warum mache ich das dann überhaupt, wenn ich gar nicht recht haben kann? Wenn der Markt ein einziges, großes Mysterium ist?

Auch wenn niemand mit absoluter Sicherheit weiß, in welche Richtung der Markt laufen wird, kannst du, basierend auf der Vergangenheit, Aussagen darüber treffen, wie hoch die Wahrscheinlichkeit für einen steigenden oder fallenden Markt ist. Hast du das verstanden, wirst du die Börse, Investieren und vor allem Trading ernst nehmen können.

Trader arbeiten auf Basis von Statistiken, erprobten Techniken und echten Daten. Nur so ergibt Trading Sinn und nur so lässt sich dieses Thema nun stückweise auseinandernehmen, wieder zusammenbauen und beherrschen! Wer Trading als eine Disziplin und nicht als Glücksspiel betrachtet, schafft die besten Voraussetzungen für Erfolg.

Trading = Kunst: Ein fairer Vergleich?

Nachdem der Hauptunterschied zwischen Investieren und Trading deutlich wurde, stellt sich die Frage: Was hat Trading mit Kunst zu tun? Kunst begegnet dir in unzähligen Formen: Gemälde, Skulpturen, Musik, Töpferei, Graffiti, Zeichnungen und vieles mehr. Doch was ist eigentlich ihr Kern?

Ich definiere Kunst für mich als den Ausdruck des Menschlichen. Der Künstler nimmt etwas aus seinem Inneren und möchte dies zur Schau stellen. Dabei ist er in der Umsetzung frei von allen

Zwängen und kann sich quasi „austoben“. Für Kunst gibt es keine festen Regeln und keine Grenzen – sie ist ein Raum völliger Freiheit.

Wie lässt sich das nun auf das Thema Trading übertragen? Solltest du das überhaupt tun und ist das sinnstiftend? Meiner Meinung nach: ja! Heutzutage neigen Menschen dazu, alles und jeden in eine Schublade zu stecken. Das Denken erfolgt häufig in vorgefertigten Mustern, gestützt auf Schablonen oder Regeln für Bekanntes und neu Kennengelerntes. Dabei gerät ein Aspekt leicht in den Hintergrund: die Individualität – ein Element, das in der Kunst unverzichtbar ist.

Was hat Trading mit Individualität zu tun? Bevor du das wirklich greifen kannst, lohnt es sich, ein paar Schritte zurückzugehen und den Begriff „Trading“ genauer zu betrachten. Der Titel des Kapitels lautet nicht umsonst: „Was ist Trading?“

Trading bedeutet, mit Finanzinstrumenten zu handeln. Du spekulierst auf steigende oder fallende Kurse und profitierst, wenn deine Prognose aufgeht. Liegt sie daneben, verlierst du einen Teil oder sogar den gesamten Einsatz. Das ist Trading – nicht mehr und nicht weniger.

Allein bei dieser Definition wird klar, dass der Spielraum für die Umsetzung nicht nur gigantisch, sondern gar grenzenlos ist. Beginnen wir mit dem Finanzinstrument: Was möchtest du handeln? Aktien, Rohstoffe, Währungen, Indizes, Kryptowährungen oder etwas völlig anderes? Dann gibt es da noch die Zeiteinheiten: Wie lange sollten Trades gehalten werden? Diese Entscheidung beeinflusst auch, wie viele Trades pro Tag, Woche, Monat oder Jahr umgesetzt werden können.

Schon diese beiden Faktoren führen zu vollkommen unterschiedlichen Szenarien. Wenn nun auch noch die eigentliche Handelsstrategie dazukommt, verschwimmen die Grenzen vollständig – und das Thema wird enorm komplex. Selbst wenn du erst am Anfang deiner Trading-Reise stehst und viele Details noch unklar sind, zeigt sich bereits jetzt: Trading ist weitaus mehr als bloßes „Kaufen“ und „Verkaufen“.

Klar ist: Ein angehender Trader muss entscheiden, was er handelt, wann er handelt und wie er handelt. Diese drei „W"s öffnen einen großen Themenkomplex – aber der Vergleich zur Kunst ist damit noch nicht wirklich vollständig erklärt. Eine entscheidende Komponente fehlt: der Trader selbst!

Stell dir einen 30-jährigen, verheirateten Mann mit zwei Kindern vor, der seit fünf Jahren investiert und nun ins Trading einsteigen möchte. Höchstwahrscheinlich wird er Aktien bevorzugen und weniger Interesse an Währungen haben. Da er seit Jahren am Markt aktiv ist und gewohnt ist, Aktien über einen längeren Zeitraum zu halten, wird er eher größere Zeiteinheiten bevorzugen. Jetzt stehen ihm unzählige Trading-Strategien offen, die alle attraktiv erscheinen. In der Vergangenheit hat er sich bereits mit Zonen beschäftigt und möchte sich auch künftig auf Preisbereiche konzentrieren, die aus seiner Sicht besonders relevant sind.

Damit ist bereits eine erste Grundlage geschaffen: Trading von Aktien auf höherer Zeitebene mithilfe von Zonen bzw. interessanten Preisbereichen. Doch das ist erst der Anfang – denn je tiefer er sich mit dem Thema beschäftigt, desto mehr persönliche Fragen tauchen auf:

- Wie viel Geld möchte er riskieren?
- Wie viel Zeit ist er bereit zu investieren?
- Handelt er nur deutsche oder auch amerikanische Aktien?

Trading ist eine Reise zu sich selbst. Eine Reise, auf der der angehende Trader sein Leben sowie sein inneres Wesen bewertet und sich darauf basierend eine Strategie entwirft. Trading ist, wie Kunst, der Ausdruck der inneren sowie äußeren Lebensumstände. Natürlich gibt es Menschen mit ähnlichen Voraussetzungen, Bedürfnissen oder Lebensmodellen. Das bedeutet:

Eine Strategie kann für viele Individuen geeignet sein. So wie auch Rap-Musik oder Van Gogh ganz unterschiedliche Menschen anspricht, werden bestimmte Strategien verschiedenen Trader-Typen gerecht. Und oft lassen sich bestehende Konzepte so an-

Denn auch der Trader ist der Schöpfer seines eigenen Glücks. Nicht nur durch das Hinterfragen seiner Techniken, sondern auch durch die Entscheidung, überhaupt mit dem Trading zu starten. Wer sich seiner Entscheidung treu bleibt und seinen eigenen Trading-Weg geht, wird langfristig belohnt. Das mag wie eine leere Floskel klingen, ist es aber tatsächlich nicht. Wer schon mal in seinem Leben „alles" für eine Sache gegeben hat, weiß ganz genau, dass der Mensch zu weitaus mehr imstande ist, als er sich selbst zutrauen mag. Und wer diese Erfahrung noch nicht machen konnte, ist herzlich eingeladen, sie durch das Trading zu erleben.

Gib dem Thema eine echte Chance. Lies dieses Buch aufmerksam, hinterfrage das Gelesene, setze die Tipps um, lerne etwas Neues, probiere dich aus – und gib nicht auf. Was wäre das Leben ohne Scheitern, Hindernisse, Herausforderungen und die daraus entstehenden Erfolge?

Wie du vielleicht merkst, geht es mir hier um mehr als nur Trading. Es geht um dich. Es geht darum, die Stolpersteine zu erkennen, die du dir selbst in den Weg legst – und gemeinsam herauszufinden, wie du sie überwindest. Das ist der Weg. Der Weg zum Trader.

Warum Vergleiche den Fortschritt stoppen

Vielleicht ist dir schon ein Muster aufgefallen: Gerade in der mentalen Vorbereitung greife ich gerne andere Lebensbereiche auf und leite die daraus gewonnenen Erkenntnisse auf das Trading ab. Warum? Zum einen ist das Thema ohnehin komplex genug, weshalb der Bezug zum „echten" Leben vieles einfacher macht. Andererseits darf nicht vergessen werden, worum es hier eigentlich geht: Trading ist eine Tätigkeit, die du erlernen kannst. Eine Tätigkeit, die es – in anderer Form – in fast jedem Lebensbereich gibt. Deshalb ist es enorm wichtig, Verbindungen herzustellen. Denn Trading wird viel zu oft als ungreifbar und unrealistisch porträtiert – und genau das möchte ich ändern.

Schauen wir uns dazu ein typisches Beispiel aus dem Alltag an: Du möchtest abnehmen, gesünder leben und entscheidest dich, ins Fitnessstudio zu gehen und dich besser zu ernähren. Voller

Vorfreude und Tatendrang absolvierst du dein erstes Probetraining, hältst dich an einen Ernährungsplan und tätigst den ersten gesunden Einkauf im Supermarkt. Der erste Tag fühlt sich wie ein großer Erfolg an:

„Ich verändere etwas an mir und meinem Leben – ich bin stolz auf mich!"

Was passiert aber beim zweiten, dritten oder vierten Besuch des Studios? Einige bleiben dran und verändern langfristig ihr Leben. Viele andere fangen leider damit an, sich mit anderen zu vergleichen. „Der eine hat einen größeren Bizeps, die andere eine schmalere Taille. Ich selbst stehe noch bei Null und kann mich kaum im Spiegel anschauen. Wozu das Ganze?"

Was dabei vergessen wird – oft unbewusst – ist der enorme Aufwand, den diese Menschen bereits betrieben haben. Jahrelanges Ackern im Fitnessstudio, akribisches Zählen der Kalorien und ein disziplinierter Lifestyle haben zu dem geführt, was man jetzt äußerlich sofort sehen kann. Dabei investierte derjenige unzählige Stunden und das über Jahre, um genau an diesen Punkt zu kommen. Ebenfalls oft übersehen: Es geht nicht nur um das Ergebnis. Auf dem Weg hin zur Wunschfigur wird dir bewusst, dass der Lebensstil und die damit einhergehenden psychischen Veränderungen so viel mehr wert sind als ein schönes Aussehen. Wer dranbleibt, lernt nicht nur etwas über Fitness, sondern vor allem über sich selbst.

Daraus ergeben sich zwei zentrale Erkenntnisse: Vergleiche aller Art rauben uns nicht nur Freude, sondern auch Motivation. Warum solltest du am Ball bleiben, wenn andere schon dort sind, wo du hinmöchtest? Dieser Gedanke ist objektiv betrachtet unsinnig – dennoch denken viele genau so, ohne es zu bemerken.

Der einzige Vergleich, der wirklich zählt, ist der mit dir selbst: **Wer warst du gestern – und was hast du heute daraus gemacht?** Wer bist du heute – und was hat sich bereits verändert? Wer diese Denkweise verinnerlicht, wird von Tag zu Tag stärker, selbstbewusster, disziplinierter und glücklicher. Es sind die kleinen Erfolge, die sich über Jahre summieren und am Ende nicht nur zum Erreichen bestimmter Ziele führen, sondern zu echter, langfristiger Erfüllung. Auch im Trading ist das nicht anders: Online findest du angebliche Trader, die Luxusautos fahren, Villen besitzen oder ständig auf Reisen sind – weil sie angeblich ortsunabhängig traden. Diese Bilder wirken beeindruckend, aber auch einschüchternd. Als Anfänger scheint der Abstand riesig – das kann frustrieren und Misstrauen wecken.

Eins sei gesagt: Diese Art von Lifestyle ist oftmals weder erstrebenswert noch realistisch. Außerdem vermittelt er ein völlig falsches Bild. Trading bedeutet nicht, schnell reich zu werden oder von überall auf der Welt arbeiten zu können. Trading ist eine potenzielle Einkommensquelle, aber keine, die du durch ein Zertifikat oder einen Schnellkurs „freischalten" kannst.

Wie bereits erwähnt, ist der Weg hin zum Trader individuell, weshalb Vergleiche schlichtweg keinen Sinn ergeben. Nach all den extremen Beispielen wird es Zeit für eines, das dir vielleicht schon in naher Zukunft begegnet: Zwei Freunde lesen dasselbe Trading-Buch. Der eine liest es in Windeseile zu Ende, hat nebenbei schon die Techniken getestet und kann nach weniger als einem Monat seinen ersten Trade eröffnen. Der andere benötigt deutlich mehr Zeit, hat das Buch zur Hälfte durch und weiß jetzt schon, dass er es ein zweites Mal lesen muss. Vieles versteht er nicht auf Anhieb und benötigt manchmal doppelt so viel Zeit wie sein Kumpel.

Wer von beiden wird der bessere Trader? Das wird sich erst zeigen, wenn beide ihr volles Potenzial ausgeschöpft haben. Erst dann wird klar, wer das Zeug zum besseren Trader hat. Der langsame Freund mag zwar länger brauchen, hat dafür aber bessere Ideen und entwickelt langfristig Strategien, die ihn zu einem Trader auf Weltklasse-Niveau machen.

Ich könnte noch viele weitere Beispiele nennen – aber das ist gar nicht nötig. Jeder angehende Trader begibt sich auf seine eigene, außerordentlich individuelle Reise. Das Tempo spielt dabei nur eine Nebenrolle. Solange sich der Trader auf das Verständnis der

Techniken und eine sorgfältige Lehre des Tradings fokussiert, wird er seine Ziele erreichen.

Warum 80 % aller „Trader" scheitern

Wer sich auch nur ein wenig mit dem Thema Trading beschäftigt hat, kennt vielleicht diesen Spruch: 70 % bis 90 % aller Trader verlieren beim Handel ihr Geld. Solche Aussagen findest du vor allem auf den Seiten von Brokern oder Plattformen, auf denen du deine Trades platzierst. Beim Lesen dieser Aussage wird wahrscheinlich jeder Anfänger schlotternde Knie bekommen. Na gut, vielleicht ist es nicht so schlimm, aber es werden gewisse Zweifel aufkommen:

- Als ob ich jemals zu den 10 % gehören werde.
- Trading klingt irgendwie nach Betrug.
- Ich lasse es lieber gleich sein.

Ich nutze diese Aussage gerade dann, wenn viele Anfänger anwesend sind. Klingt kontraproduktiv, ist aber tatsächlich extrem beruhigend für alle, die mit dem Trading beginnen. Du solltest nicht nur diese, sondern jede Aussage immer kritisch hinterfragen. Ein genauerer Blick auf diesen Satz lohnt sich:

90 % aller Trader verlieren beim Handel ihr Geld.

Doch wer genau sind diese Trader? Broker werfen hier alle Kunden in einen Topf – unabhängig von deren Erfahrung oder Absichten. So kann ein Anfänger, der gerade mal mit 10 Euro gestartet ist und bereits aufgegeben hat, mit einem erfahrenen Händler gleichgestellt werden. Es gibt logischerweise unzählige Menschen, die irgendwann in ihrem Leben ein paar Trades eröffnet haben, nur um sie mit Verlust zu schließen. Dieses Übermaß an vermeintlichen Tradern führt zu einer enorm negativen Statistik, denn: All die erfolgreichen Trader werden mit den Anfängern in einen Topf geworfen. Natürlich gibt es nur wenige, die wirklich dran geblieben sind und langfristig erfolgreich wurden. Das ist ein weiterer, essenzieller Faktor, der oft vergessen wird. Stell dir einen Studiengang vor – zum Beispiel Chemie. Ich selbst habe mal damit begonnen und eine der ersten Aussagen, die ich gehört habe, war folgende:

„70 % von Ihnen werden nächstes Jahr nicht mehr da sein."

Ich fand das damals sehr entmutigend, fast schon fies vom Professor. Warum sagt man so etwas und warum baut er uns stattdessen nicht auf? Ich werde definitiv nicht zu den 70 % gehören und bleibe dran!

Witzigerweise wurde auch ich Teil dieser Statistik, da mir der Studiengang einfach keinen Spaß gemacht hat. Die Themen wurden irgendwann redundant und ich wollte etwas anderes studieren. Und genau hier liegt der Denkfehler!

Auf den ersten Blick gehst du bei so einer Statistik davon aus, dass 70 % der Studierenden zu unfähig für den Studiengang waren und es deshalb so viele Aussteiger gibt. Dabei gibt es unzählige Studenten, die aufgrund von sich ändernden Interessen oder aus anderen Gründen aufgehört haben.

Natürlich gibt es auch Kandidaten, die dem Stoff tatsächlich nicht gewachsen waren. Macht das den Studiengang nun unattraktiver und einen Abschluss darin unrealistisch? Auch bei dieser Aussage wurden voreilige Schlüsse gezogen. Nun müssten genau diese Studenten analysiert und die Gründe für ihr Durchfallen herausgefunden werden: Lag es an fehlender Intelligenz? Am schlechten Professor? Am Feiern? Daran, dass jemand den Stoff nicht ernst genommen hat? Oder schlicht an fehlender Motivation, den Stoff ordentlich zu lernen?

Wie du siehst: Es ist kaum möglich, genau zu wissen, warum diese 70 % den Studiengang vorzeitig abbrechen. Genauso wenig lässt sich klar sagen, warum 90 % der Trader scheitern. Was sich aber beeinflussen lässt, bist du selbst.

Du kannst dich aktiv dafür entscheiden, nicht Teil dieser negativen Statistik zu werden. Du willst erfolgreich traden – und ja, das ist leichter gesagt als getan. Deshalb geben viele auf oder steigen aus anderen Gründen frühzeitig aus. Aber bevor jetzt Panik entsteht und du denkst, du müsstest dein ganzes Leben dem Trading widmen, um irgendwie Erfolg zu haben: Dem ist nicht so. Es geht vielmehr darum, an einer Sache dranzubleiben und nicht bei der erstbesten Gelegenheit bzw. dem ersten Hindernis aufzugeben. Es braucht lediglich das Bewusstsein, dass der Prozess länger dauern kann, als ursprünglich gewünscht. Gleichzeitig liegt es in deiner Hand, wie schnell dein Fortschritt voranschreitet. Alles in allem ist Trading hauptsächlich eins: individuell.

Es gibt nur wenige Disziplinen, mit denen sich Trading wirklich vergleichen lässt. Das ist auch nicht nötig, denn auch wenn Vergleiche helfen können, müssen sie nicht immer gezogen werden.

Trading ist etwas Eigenständiges und komplexer, als viele glauben. Die Komplexität liegt dabei nicht in der Technik oder den Finanzinstrumenten, sondern hinter dem, der das Trading durchführt: dem Trader selbst.

Das Fundament des Erfolgs: Psychologie

Die Psychologie des Menschen

Seit Jahrtausenden ist ein Konzept weltweit anerkannt und hat sich über alle Altersstufen hinweg eingebrannt: Arbeite und werde entlohnt. Spätestens in der Grundschule wird Kindern vermittelt, dass sie auf gute Noten hinarbeiten sollen, einen Schulabschluss benötigen und anschließend eine Ausbildung oder ein Studium beginnen sollten. Je nachdem, wie viel Fleiß in die schulische oder auch akademische Laufbahn eingeflossen ist, wirst du besser oder schlechter vergütet.

Das ist zumindest die typische Annahme – auch wenn es Ausnahmen gibt: So kann etwa jemand mit abgeschlossener Ausbildung mehr verdienen als ein Uni-Absolvent. Allgemein ist das Prinzip jedoch klar: Arbeite – und werde entsprechend bezahlt. Ob mit Köpfchen oder mit körperlichem Einsatz – bezahlt wird am Ende immer die geleistete Arbeit. Wie auch sonst? Immerhin investierst du nicht nur Zeit in deine Ausbildung, sondern verbringst rund zwei Drittel deines Lebens mit Arbeit.

Wie würdest du dich fühlen, wenn du trotz stundenlanger Arbeit und gigantischem mentalen Aufwand nicht entlohnt wirst? Und jetzt stell dir Folgendes vor: Selbst wenn du deine Aufgabe perfekt ausführst und alle Techniken meisterlich beherrschst, kannst du Geld verlieren. Wie bitte? Du sollst dein eigenes Geld riskieren – und dann auch noch ernsthaft mit Verlusten rechnen?

Das ergibt von vorn bis hinten keinen Sinn – genau deswegen wirkt Trading auf viele wie ein besonders undankbarer Beruf. Es ist ein Job, wie es ihn kein zweites Mal auf dieser Erde gibt. Du liest Bücher, schaust Videokurse, lernst die Grundlagen, entwickelst eine eigene Strategie, testest diese ausgiebig – und wirst dafür nicht einmal bezahlt. Im Gegenteil: Manchmal verlierst du sogar Geld oder erreichst vielleicht nie den Punkt, an dem du wirklich profitabel wirst. Warum in aller Welt solltest du dir das antun? Wozu all die Mühen und Zeit investieren, wenn du diese Zeit auch mit Familie, Freizeit oder erfüllenden Hobbys verbringen könntest? Soll ich ehrlich sein?

Diese Frage ist absolut gerechtfertigt. Der Mensch ist schlichtweg nicht dafür geschaffen, sein hart erarbeitetes Geld zu riskieren. Dazu kommt all der Lehrstoff: Charts, Zonen, Trends, Kerzen, Strategien und vieles mehr. Wie du vielleicht merkst: Trading ist eine besonders abstrakte Art, Einkommen zu generieren. Oftmals wird das Ganze mit Glücksspiel verglichen – warum dieser Vergleich hinkt, erfährst du im nächsten Kapitel. Aber so viel vorweg: Wenn du Trading auf seriöse Weise erlernst, hat es mit Glücksspiel nichts zu tun.

Bevor du mit Trading startest, musst du innerlich bereit sein, viel Zeit in diesen Themenkomplex zu investieren. Es wird Tage, Wochen oder gar Monate dauern, bis die ersten, monetären Erfolge eintreten. Du wirst dich wiederholt vor den Kopf gestoßen fühlen und dich fragen, wozu du dir das überhaupt antust. Wie kann ich motiviert bleiben und trotzdem nicht aufgeben?

Ich verrate dir, wie ich es geschafft habe, nicht nur motiviert, sondern sogar besessen von der Thematik zu werden. Für mich war Trading nie nur ein Weg, um schnell Geld zu verdienen. Zu Beginn dachte ich nicht im Entferntesten daran, jemals davon leben zu können. Eins hat mich enorm fasziniert und das war die Tätigkeit selbst:

- Kursverläufe nicht nur analysieren, sondern verstehen.
- Auf einen Blick erkennen, welche Chartmuster vor mir liegen.
- Eine Herausforderung, die mir Jahrzehnte Spaß bereiten könnte.

„Geld war nicht die Motivation“ – das könnte ich jetzt behaupten, nur wäre es eine dreiste Lüge. Mir war natürlich klar, dass ich damit früher oder später Gewinn erwirtschaften möchte, nur war das nicht mein primärer Antrieb. Ich wusste ganz genau, wie ich mein Geld schütze und nicht voreilig damit beginne, Trades zu eröffnen. Oft habe ich Geschichten von Tradern gelesen, die Tausende oder gar Zehntausende Euros verloren haben, nur um irgendwann einmal profitabel zu werden.

„Nicht mit mir" – dachte ich – und war nahezu ein Jahr lang in die Themen der technischen Analyse sowie Trading vernarrt. Ich entwickelte eine Leidenschaft für Charts – und mit jeder erfolgreichen Analyse wuchs meine Begeisterung für das Trading. Geld habe ich keins verdient, aber meine Fähigkeiten wurden immer ausgereifter. Jetzt dürfte so langsam aber sicher klar werden, wie du Trading sehen solltest:

Trading ist eine Herausforderung!

Der Mensch liebt Herausforderungen: Ziele setzen, Pläne schmieden, täglich Fortschritte machen, Erfolge feiern, neue Ziele ausarbeiten und sich selbst immer wieder aufs Neue übertreffen. Das ist die geheime Formel für Erfolg. Wer nur dem Geld hinterherjagt, wird mit etwas Glück kurzfristigen Erfolg erlangen, langfristig aber scheitern. Wenn du die menschliche Psychologie verstehst und dich selbst in eine Position bringst, in der du aus echter Freude an der Tätigkeit arbeitest, wirst du über kurz oder lang automatisch erfolgreich.

Ich kann nicht oft genug betonen, wie wichtig es ist, das wirklich vollständig zu verstehen. Trading ist so viel mehr als nur der Handel mit Aktien und Co. Es ist eine Reise zu dir selbst – und die meisten geben auf, bevor sie überhaupt die erste Etappe dieser Reise bewältigt haben. Die wahre Herausforderung liegt nicht in den Charts, sondern beim Menschen selbst.

Die Psychologie des Traders

Du weißt nun grob, wie der Mensch tickt. Kaum zu glauben, aber das Thema „Trading-Psychologie" ist so komplex und könnte fast schon in einem separaten Buch behandelt werden. Dieses Buch soll dich jedoch nicht ausschließlich darüber aufklären, sondern dich vom Anfänger zum Trader begleiten. Deshalb solltest du dich auf die wichtigsten Kernkonzepte konzentrieren – und selbst die verlangen bereits einiges an Aufmerksamkeit.

Der Mensch ist psychologisch darauf programmiert: Arbeit = Geld. Dieses Prinzip gehört zu den ältesten und tiefsten Glaubenssätzen der Menschheit. Mit dieser Einstellung kann der Mensch nicht am Finanzmarkt agieren bzw. kurzfristige Geschäfte tätigen. Ihm muss bewusst sein, dass er trotz perfekter Analyse Geld verlieren wird. Genau hier knüpft die Psychologie des Traders an.

Unser idealer Trader beschäftigt sich seit Jahren täglich und intensiv mit dem Finanzmarkt. Er hat viele Bücher gelesen und etliche Videokurse durchgearbeitet. Seine Strategie hat er über die letzten Jahre bis ins letzte Detail verfeinert und er könnte Trades im Schlaf umsetzen. Mit einer stabilen Profitabilität hockt er sich von Montag bis Freitag an seinen Rechner und arbeitet sein Trading-Protokoll ab.

So jemand müsste doch dauerhaft erfolgreich sein und täglich hohe Gewinne erzielen. Perfekte Analysen bedeuten stetige Gewinne – oder etwa nicht? Das ist der Punkt, an dem sich die Spreu vom Weizen trennt. Niemand muss dem Trader erklären, dass seine Analysen noch so perfekt sein können, der Markt aber dennoch gegen ihn läuft. Der Trader weiß auf Basis Tausender Trades, welche Gewinnchance ihn erwartet.

Der unerfahrene Betrachter ist hingegen auf der falschen Fährte. Der Mensch will und kann nicht verstehen, wieso eine hervorragende Leistung – etwa eine perfekte Analyse – zu einem Verlust führen kann. All die jahrelange Arbeit, die unzähligen Stunden, Verluste über Verluste und der Markt belohnt einen nicht? Wie kann das nur sein? Eins muss gesagt sein: Du musst kein erfahrener Trader sein, um dieses Prinzip zu verstehen. Dieses kleine Unterkapitel ist alles, was du als Neuling lesen und verinnerlichen solltest. Was der bewiesene Trader nämlich weiß, kann auch der unerfahrene Trader lernen. Die Kernessenz hinter dem Trading-Erfolg ist folgende: Es gibt nicht „die" eine perfekte Analyse. Der Markt kann auf unzählige Arten und Weisen analysiert werden.

Wähle deinen Weg, teste deine Strategie und übe diese – immer und immer wieder, mit denselben Parametern. Solange du in Summe Gewinn erzielst, bist du auf dem richtigen Weg!

Das ist der entscheidende Punkt: Der Trader handelt auf Basis einer Strategie, von der er weiß, dass sie ihm über viele Trades hinweg Gewinn bringt. Dabei kommt es nicht auf den einzelnen, sondern die Masse an Trades an. Natürlich muss die Strategie vorab getestet und verifiziert werden. Erst dann hat der Trader Gewissheit darüber, wonach er Ausschau hält und was er genau machen muss.

Nun weiß auch der unerfahrene Trader, was auf ihn zukommt. Ihm ist klar, dass er trotz idealer Analysen und der perfekten Ausgangslage verlieren kann. Er stürzt sich auf die Charts, beherrscht die technische Analyse und nutzt eine bereits verifizierte Strategie. Dank dieser Abkürzung kann er etwas schneller an die Märkte und seine ersten Trades abschließen. Was kann da schon schiefgehen?

- Der erste Trade – ein Verlierer.
  Schwamm drüber, weitermachen!
- Der zweite Trade – auch ein Verlierer.
  Wird schon, wir bleiben dran!
- Der dritte Trade – wieder im Verlust.
  So langsam zehrt es am Neuling.
- Der vierte Trade – Stop Loss.
  Es reicht – der Trader pausiert und muss sich sammeln.

Was ist passiert? Es kann doch nicht sein, dass er so viel Zeit investiert hat, nur um wiederholt sein Geld zu verlieren? Der unerfahrene Trader wusste doch, dass er mal verlieren kann? Nun ja, gleich vier Verluste in Folge sind ein herber Schlag ins Gesicht. Irgendwann muss doch auch mal ein Gewinner kommen, sonst macht Trading gar keinen Spaß!

Genau deshalb ist Trading ein undankbarer Beruf. Man kann sich noch so gut vorbereiten, etliche Bücher lesen, sich psychisch auf alle Szenarien vorbereiten, seine Strategie perfektionieren und dennoch: Verlust schmerzt. Versagen ist unangenehm. In den Augen eines jeden Anfängers sind Verluste gleichzustellen mit Versagen. Ein weiterer Trugschluss, der nur mehr zur Abneigung gegenüber Trading führt.

Was lässt sich daraus schließen? Wie soll ernsthaft Motivation aufrechterhalten werden, wenn trotz guter Vorbereitung Enttäuschung folgt? Welchen Nutzen bringt dann ein Buch über Trading? Genau das ist der entscheidende Punkt.

Die Erkenntnis: Trading ist komplexer als ich gedacht habe. Ich kann auf alles vorbereitet sein und am Ende trotzdem von meinen Gefühlen übermannt werden. Es ist die Fähigkeit, seine Gedanken frei und offen reflektieren zu können. Selbstreflexion ist der Schlüssel zum Erfolg – vor allem im Trading!

Der erfahrene Trader ist nicht aufgrund seiner Strategie oder seiner mechanischen Fähigkeiten erfolgreich geworden. Er hat sich Tag für Tag selbst analysiert, seine Gedanken niedergeschrieben, damit gearbeitet und seine eigenen Hürden überwunden. Ihm war klar, dass ihn kein Buch der Welt zu 100 % auf das vorbereiten kann, was auf ihn zukommen wird.

Kein Buch der Welt kann vollständig auf das vorbereiten, was in der Praxis geschieht. Auch dieses nicht. Es wäre unseriös, etwas anderes zu behaupten. „Die Kunst des Tradings" soll all die Tücken, Hindernisse, Widerstände, aber auch schönen Seiten von Trading aufdecken. Am Ende des Tages bleibt Trading eine Reise zu dir selbst. Wie du diese bestmöglich bewältigst und mit einigen hilfreichen Tipps am Ende ein waschechter Trader wirst, zeige ich dir in diesem Buch. Nicht mehr und nicht weniger!

Emotionen erkennen und bewerten

An diesem Punkt stellt sich dir möglicherweise die Frage, weshalb Trading überhaupt in Betracht gezogen werden sollte. Es ist nicht nur kompliziert, sondern auch noch psychisch herausfordernd. Weshalb sollte sich jemand freiwillig einer solchen Belastung aussetzen? Es gibt natürlich auch etliche, positive Seiten von

Trading. Ich bin nur kein Fan davon, gewisse Dinge schönzureden – schon gar nicht beim Thema Trading.

Jeder weiß, wie schön die Tätigkeit in der Theorie ist. Ortsunabhängig sein, mit ein paar Klicks Geld verdienen und der eigene Chef sein. Auf dem Papier klingt das großartig – doch all das muss sich erst erarbeitet werden. Die positiven Aspekte von Trading werden noch ausführlich behandelt – nur müssen sie zuerst verdient werden. Und da ist es wieder, das Wort „verdienen". Immer geht es darum, etwas zu verdienen. Ich leiste etwas und möchte anschließend meine Belohnung haben! Das ist nur eine von vielen Emotionen, die du als angehender Trader fühlen wirst. Immer wieder heißt es, ein Trader müsse emotionslos sein – wie eine Maschine, die mechanisch ihre Trades ausführt, ohne irgendwas dabei zu empfinden.

Aber ganz ehrlich: Selbst nach Tausenden Trades erzeugen Verluste ein unangenehmes Gefühl. Gewinne hingegen machen zufrieden – selbst nach Jahren. Unerwartete Marktbewegungen bringen auch den erfahrensten Börsenhändler aus dem Konzept. Gefühle lassen sich nicht vollständig ausschalten. Die zentrale Frage lautet also: Wie bleibt diszipliniertes Handeln möglich, wenn Emotionen unausweichlich sind?

Die Erkenntnis: Trading lehrt weit mehr als bloß den Umgang mit Charts und Zahlen. Es zeigt Seiten von mir auf, die mir bisher verborgen oder nur oberflächlich bekannt waren. Selbstreflexion rückt in den Mittelpunkt. Eine essenzielle Frage wird zum ständigen Begleiter: Was passiert innerlich, wenn X oder Y eintritt?

Ein Blick auf die beiden möglichen Szenarien eines Trades – beginnend mit dem Gewinnfall. Deine Analyse führte zu einer Handelsentscheidung, die dir letzten Endes einen erfreulichen Profit eingefahren hat. Du freust dich – fühlst Stolz, Erleichterung, vielleicht sogar Euphorie. Schließlich hast du auf etwas hingearbeitet und wirst nun belohnt. Diese Gefühle sind vollkommen normal. Es wäre seltsam, wenn ein Gewinn gar nichts auslöst. Doch selbst in dieser Situation lohnt sich ein genauer Blick, eine Selbstreflexion. Wer bin ich, wenn der Ausgang eines einzelnen Trades meine Gefühlslage so stark beeinflusst? Macht mich das zu einem Flummi, den der Markt wie er will hin und her schmeißen kann?

Aus einer anfänglich positiven Erfahrung wird in Windeseile eine kritische Hinterfragung. Wichtig ist: Du musst nicht hart mit dir ins Gericht gehen. Es geht nicht um Selbstkritik, sondern um Entwicklung. Ziel ist es, dir selbst Gutes zu tun – durch mehr Stabilität, Unabhängigkeit und emotionale Kontrolle. Entwickle eine gewisse Resilienz oder Widerstandsfähigkeit gegenüber positiven wie auch negativen Gefühlen. Als Trader wirst du Tausende Handelsentscheidungen treffen – egal ob haupt- oder nebenberuflich. Es ist keine Option, von jedem einzelnen Ergebnis emotional überrollt zu werden. Je stärker die Reaktion auf ein positives Ereignis ist, desto stärker fallen die Reaktionen auf negative Ergebnisse aus. Wie so oft im Leben herrscht auch hier das Prinzip von Yin und Yang.

Deshalb ist es so wichtig, deine Gefühle immer wieder aufs Neue zu erkennen und diese zu bewerten. Perfekte Kontrolle wird es nie geben. Aber je öfter du dich selbst beobachtest und ehrlich mit deinen Reaktionen umgehst, desto schneller wirst du dich weiterentwickeln.

Am Ende bist du als Trader dein eigener und größter Feind. Der Markt wird oftmals als Feind dargestellt und auch hier können Emotionen entstehen, die weder hilfreich noch sinnvoll sind. Eins muss nämlich klar sein: Der Markt, Aktien, Währungen, Indizes und alle möglichen Finanzinstrumente laufen vollkommen unabhängig von der Entscheidung des Traders. Trotzdem entsteht oft der Eindruck, der Markt „läuft gegen dich“. Du ärgerst dich, obwohl deine Analyse gut war. Und suchst nach einem Schuldigen – obwohl es gar keine Schuld gibt. Schon allein diese Einsicht kann emotionale Fehlreaktionen verhindern.

Eine weitere, überaus tückische Gefahr ist die sogenannte *FOMO* – Fear of missing out oder auf Deutsch: die Angst, etwas zu verpassen. Du schaust dir beispielsweise die Märkte an und siehst, dass so gut wie alle Aktien steigen. Dabei hat sich nach deiner eigenen Strategie noch kein Trade ergeben. Trotzdem spürst du eine gewisse Angst oder einen Drang, Teil dieser Aufwärtsbewegung zu sein. Bevor du gigantische Gewinne verpasst, springst du irgendwie auf den Zug und nimmst Trades mit, die deiner Strategie gar nicht entsprechen. Damit kannst du sogar kurzfristig Erfolg haben – und genau das ist das Gefährliche daran.

Viele emotionale Konflikte lassen sich mit einer simplen Herangehensweise lösen: Entspricht dieses Chartbild deiner Strategie – oder eben nicht? Wenn du dieses Prinzip über Bord wirfst und, wie im eben besprochenen Beispiel, Trades hinterherrennst, die eigentlich keine sind, wirst du niemals eine wiederholbare Vorgehensweise entwickeln. Der Sinn hinter Trading ist, eine feste Strategie mit gleichbleibenden Faktoren umzusetzen. Wer von diesem Vorgehen abweicht und dabei anfangs sogar Erfolg hat, rutscht schnell in eine negative Schleife der Abweichung: Abweichung von der eigenen Strategie, den eigenen Prinzipien – und am Ende vom Trading selbst.

Denn ohne Strategie handelt es sich nicht um Trading, sondern um Glücksspiel. Wer nach Bauchgefühl handelt, wird langfristig nicht erfolgreich sein und niemals eine Sicherheit in dem haben, was er tut. Genau darum geht es: In einer risikoreichen Disziplin Sicherheit zu schaffen – dort, wo viele andere ohne Plan agieren. Wenn du dich an diesen Grundsatz hältst und gleichzeitig deine Emotionen erkennst, bewertest sowie loslässt, hast du die besten Voraussetzungen, dich im Trading-Bereich zu beweisen.

Disziplin – Was dahinter steckt

Disziplin – ein Wort, das relativ locker und oft verwendet wird, wodurch die eigentliche Bedeutung und Schwere hinter dem Wort verloren geht. Diszipliniert zum Sport gehen, lernen, essen, arbeiten und so vieles mehr. Der Begriff wird meiner Meinung nach schon lange nicht mehr ernst genommen, deshalb lohnt sich ein Blick hinter die Fassade.

Bevor es tiefer ins Thema geht, möchte ich das Wesen des Menschen etwas genauer betrachten. Viele Dinge geschehen nur deshalb, weil eine gewisse Verpflichtung empfunden wird. Sei es

Arbeiten, Aufräumen oder Erledigungen – ohne einen gewissen „Zwang“ würden viele Tätigkeiten gar nicht ausgeführt werden. Nun trennt sich ab diesem Punkt die Gesellschaft, denn es gibt die eine Sorte Mensch, die sich abseits der üblichen Aufgaben zusätzlichen Verpflichtungen aussetzt. Ein Beispiel dafür wäre Sport:

Niemand zwingt dich, zum Sport zu gehen. Und ehrlich gesagt reicht die Motivation eines schönen Körpers oft nicht aus, um wiederholt ins Fitnessstudio zu gehen. Die wahren Beweggründe reichen viel tiefer. Sport ist für viele ein Lifestyle bzw. Lebensstil – eine bewusste Entscheidung für ein gesünderes Leben. Mehrere Lebensbereiche werden auf dieses Ziel ausgerichtet: Ernährung, Sport, Alkoholverzicht, ausreichend Schlaf, Vitamine und mehr rücken in den Fokus.

Dank dieses übergeordneten Ziels verpflichtest du dich, genannte Bereiche zu respektieren und täglich dein Soll zu erfüllen. Du überlegst nicht lange, sondern kümmerst dich um dich selbst – auch dann, wenn dir mal nicht danach ist. Disziplin entsteht erst nach einer tiefen Überzeugung. Warum solltest du dir all diesen Stress, Aufwand und Verzicht antun, wenn du nicht vollkommen von deinem langfristigen Ziel überzeugt bist?

Auch beim Trading braucht es eine starke, vorherrschende Motivation. „Mehr Geld“ alleine wird nicht ausreichen – das garantiere ich dir. Viele, die mit Trading starten und deren einziger treibender Faktor Geld war, geben früher oder später auf. Die intrinsische Motivation muss an anderer Stelle aktiviert werden. Und genau hier kommst du (endlich) zu den positiven Seiten des Tradings:

Denke an eine Vollzeitkraft – Geschlecht und Alter sowie Lebenslage spielen keine Rolle. 40 Stunden die Woche und die typischen 28 Urlaubstage sind der Standard. Ortsabhängig, gebunden und abhängig von den Wünschen des Arbeitgebers. Diese Realität betrifft einen großen Teil der Gesellschaft. Das ist nicht automatisch schlecht, aber viele verspüren den Wunsch nach Veränderung. Fragt sich nur: Welche? Was genau stört dich an deiner aktuellen Situation (wenn überhaupt)?

Wenn du mit deinem Leben zu 100 % zufrieden bist, wirst du kaum Anreiz haben, dich mit einem Thema zu beschäftigen, das Zeit, Kraft und Nerven kostet. Deshalb solltest du dir im Vorfeld klarmachen, was du wirklich willst. Vielleicht reicht dir ein unabhängiges Interesse am Trading. Du möchtest dich einlesen und es einfach mal nebenbei testen. Dagegen spricht zunächst nichts, sei dir nur bewusst: Es werden auch mal „schwierige" Phasen kommen – Momente, in denen die Motivation schwindet. Genau dann wäre es ideal, einen tieferen Sinn hinter dem Trading zu sehen. Wie wäre es mit dieser Perspektive:

„Ich möchte die Finanzmärkte besser verstehen, eine Strategie beherrschen, mich regelmäßig mit Trading auseinandersetzen und langfristig ein respektables Nebeneinkommen aufbauen. Dadurch kann ich meine Arbeitszeit im Hauptjob verringern, unabhängiger werden und mehr Zeit mit den Dingen verbringen, die mich wirklich glücklich machen! Trading ist für mich wie Radfahren – ich muss kaum mehr nachdenken und setze entspannt meine Trades um."

Wenn du dich in dieses Szenario hineinversetzt und an deinem „Traum" festhältst, kann daraus Realität werden. Ja, das klingt schon fast kitschig. Aber musst du dir wirklich so viele Gedanken machen, oder darfst du nicht einfach starten? Fakt ist:

Es gibt nicht den einen, richtigen Weg.

Wie schon erwähnt, ist der Weg hin zum Trader enorm individuell. Was ich aus eigener Erfahrung sagen kann, ist Folgendes: Eine echte Motivation mit einer konkreten Vorstellung und dazu passenden Zielen bringt dich deutlich weiter als eine kurzlebige Interessenphase. Du kennst das sicher: Mal interessiert dich Basketball, dann ist es Radfahren oder vielleicht Geige. Du durchläufst verschiedene Phasen – manche bleiben, andere verschwinden. Dies muss nicht geplant sein und geschieht gerade bei den typischen Hobbys eher aus Zufall. Aber wer sagt, dass du echtes Interesse nicht gezielt herbeiführen kannst?

Du bist zu viel mehr imstande, als du dir selbst zutraust. Reine Willenskraft, ein Plan und eiserne Disziplin sind der Schlüssel zu allem, was du dir immer wieder vornimmst. Leider verschließen viele die Augen vor dem, was sie vom Leben fernhält, das sie sich eigentlich wünschen.

Vielleicht merkst du langsam: Der Trading-Erfolg beginnt lange, bevor du den ersten Chart öffnest. Zumindest hätte ich mir gewünscht, meinen Weg anders zu starten. Wenn du dich mit diesen Themen und vor allem mit dir selbst frühzeitig auseinandersetzt, wird Disziplin nicht zur Hürde – sie wird zur Selbstverständlichkeit. Du wirst alle Techniken lernen wollen, eine Strategie bis ins kleinste Detail testen, an dir arbeiten und Tag für Tag deinen eigenen Plan abarbeiten. Dabei verlierst du dich nicht in Gefühlen, sondern konzentrierst dich auf das, was vor dir liegt: der Chart, die Strategie und die konsequente Umsetzung des Gelernten.

Der letzte Absatz beschreibt es perfekt: Disziplin – nicht mehr und nicht weniger als genau das. Warum schreibe ich trotzdem mehrere Seiten darüber, wenn es so simpel sein könnte? Der Grund: Der Mensch ist ein kurioses und teils unerklärtes Mysterium. Einfache Anweisungen reichen oft nicht aus. Du musst verstehen, warum du etwas tust – erst dann wirst du es wirklich tun. Ohne einen Sinn bleibt jede Anstrengung ebendies – eine Anstrengung.

Ein Sinn schenkt uns Kraft und verwandelt die mühevolle Aufgabe in eine erfüllende Herausforderung.

Sicherheit ohne Garantie

Ein bizarrer Titel für ein Unterkapitel – oder nicht? Nach den bisherigen psychologischen Themen geht es jetzt um ein Grundbedürfnis, das tief in jedem Menschen verankert ist: Sicherheit. Vielleicht ist dir das schon aufgefallen: Ich habe es mir zur Gewohnheit gemacht, so gut wie alles zu hinterfragen. Und genau dasselbe Spiel passiert nun auch mit dem Begriff „Sicherheit".

Unter finanzieller Sicherheit verstehen die meisten eine unbefristete Festanstellung. Man arbeitet regelmäßig und wird für diese Tätigkeit entlohnt. Dadurch entsteht eine finanzielle Sicherheit – du weißt, dass regelmäßig Geld in die Kasse kommt. Wer garantiert mir, nicht morgen ein Kündigungsschreiben zu erhalten?

Selbst wenn dieser Fall eintritt, lässt sich in den meisten Fällen relativ schnell eine neue Anstellung finden. Vielleicht mit einem höheren, vielleicht mit einem niedrigeren Gehalt – aber grundsätzlich verändert sich an der Lebensrealität nicht allzu viel. Was passiert jedoch im Falle eines schweren Unfalls oder einer chronischen, beeinträchtigenden Krankheit? Dafür gibt es beispielsweise die BU-Versicherung.

Aber bevor es zu weit in diese Richtung geht, eine zentrale Erkenntnis: Sicherheit ist niemals absolut. Was sich aufbauen lässt, ist ein gewisser Grad an Sicherheit – eine Garantie gibt es allerdings nicht. Das soll keineswegs Angst auslösen, ganz im Gegenteil: Es soll zum Nachdenken anregen. Wie oft denkst du über all die Dinge nach, die du längst als selbstverständlich betrachtest? Wahrscheinlich: so gut wie nie.

Mit dieser Erkenntnis lässt sich nun ein Bogen zum Trading schlagen. Wo genau soll im Finanzmarkt Sicherheit entstehen? Keine Institution, kein Mensch kann vorhersagen, ob der Markt morgen steigt oder fällt. Kein Analyst der Welt kennt mit Sicherheit die Richtung des *DAX*. Es gibt nun mal keine absolute, sondern nur eine relative Sicherheit. Damit wäre das schon mal geklärt, aber wie kannst du auch nur einen Hauch von Sicherheit gewinnen, wenn niemand weiß, was passieren wird? Die Antwort liegt im Wechsel der Perspektive: Statt zu fragen, was wird, hilft es, zu formulieren, was kann. Der Markt kann steigen, der Markt kann fallen. Die absolute Vorhersage wird ersetzt durch Wahrscheinlichkeiten. Nun gilt es, in einer risikoreichen und unsicheren Umgebung für einen Grad an Sicherheit zu sorgen. Wie bekommst du das als angehender Trader hin? Zumal nicht einmal die großen Banken oder fantastische Trader genau wissen, was als Nächstes am Markt geschieht. Entscheidend ist, zu verstehen, woraus Trading im Kern besteht. Es gibt im Trading nur drei essenzielle Bestandteile:

Analyse – Entscheidung – Ergebnis

Und nun zur entscheidenden Frage: Welche dieser drei Komponenten lässt sich kontrollieren?

Die Analyse: Nachdem du als angehender Trader jegliche Grundlagen beherrschst und eine gewisse Strategie lernst sowie anwendest, kannst du bei der Analyse für Sicherheit sorgen. Hierbei ist es explizit wichtig, sich immer wieder an dieselben Parameter zu halten und den höchstmöglichen Grad an Wiederholbarkeit anzustreben. Fakt ist nämlich, dass eine exakte Wiederholung der Analyse niemals möglich sein wird. Kleinste Schwankungen bei der Anerkennung eines validen Trades gehören mit dazu. Schon hier macht sich der „Grad" an Sicherheit bemerkbar. Solange aber das Verständnis dieser Mechanik gegeben ist und du dich bestmöglich bemühst, deine Strategie anzuwenden, hast du damit bereits deinen Soll geleistet – nicht mehr und nicht weniger.

Die Entscheidung: Sie geht Hand in Hand mit der Analyse und folgt direkt darauf. Nach einer verifizierten Analyse fällt die Entscheidung so gut wie von selbst – oder? Leider nicht. Du bist (mal wieder) ein emotionales Wesen. Angenommen, deine Analyse spricht für einen Trade. Du möchtest auf steigende Kurse setzen und alles deutet darauf hin. Mit genügend Erfahrung entwickelst du ein gewisses Bauchgefühl. Und genau das kann selbst bei einer klaren Analyse Zweifel auslösen.

- „Ich sollte zwar einsteigen, aber die Zone gefällt mir nicht so ganz."
- „Der Trade ist zwar valide, nur habe ich zuletzt wiederholt Geld verloren."
- „Hier muss ich wirklich einsteigen, bloß fühle ich mich heute nicht danach."

Was eigentlich der einfachste Schritt im Trading-Prozess sein sollte, wird durch Emotionen zum Stolperdraht. Du setzt valide Trades nicht um – und nimmst im Gegenzug Set-ups, die mit deiner Strategie nichts zu tun haben. Was dadurch entsteht? Eine maximale Abweichung weg von deinem Plan – und damit auch von einer langfristigen Profitabilität. Wie willst du Sicherheit aufbauen, wenn du dir selbst im Weg stehst?

Was du benötigst, ist Bewusstsein. Dieses Buch wird dir keine detaillierte Anleitung liefern, sondern dich auf die Stolpersteine vorbereiten, die du vermutlich erleben wirst. Das bloße Bewusstmachen dieser Hindernisse ist oftmals ausreichend, um die richtige Entscheidung zu treffen. Vielleicht nicht immer, aber das stetige Bewusstsein für die eigenen Fehler wird einen früher oder später zu einem erfolgreichen Trader machen.

Das Ergebnis: Analyse und Entscheidung sind getroffen. Deine Analyse gibt den Trade frei, und du setzt ihn konsequent um. Alles, was jetzt folgt, liegt nicht mehr in deiner Hand. Mehr Sicherheit ist an dieser Stelle nicht möglich. Ob du gewinnst oder verlierst – du hast alles getan, was in deiner Macht lag. Und genau deshalb kannst du dich nun zurücklehnen und auf die nächste Gelegenheit warten. Das ist Sicherheit. Du gibst als Trader alles, prüfst dabei nicht nur den Plan, sondern setzt diesen auch rigoros um. Trotz aller Sicherheit gibt es niemals eine Garantie für kurzfristigen Erfolg. Nur wer langfristig dabei bleibt, schafft sich selbst Stabilität – und damit echte Sicherheit!

Das Heilmittel für Selbstzweifel

Das menschliche Gehirn ist zwar sonderbar, aber nicht unlesbar. Du weißt inzwischen, welche Stolpersteine du dir selbst in den Weg legst – und wie du ihnen ausweichen kannst. Entscheidend ist dabei das Bewusstsein, deine eigenen Manipulationsmuster frühzeitig zu erkennen. Als Trader hast du ein klares Ziel: konsequent deiner Strategie folgen und jegliche Zweifel sowie Abschweifungen vermeiden.

Doch selbst bei absolutem Bewusstsein bleibt ein hartnäckiger Gegner bestehen: deine Selbstzweifel.

- „Ich bin fürs Trading nicht geschaffen."
- „Niemals werde ich verstehen, wie man Aktien handelt."
- „Ich bin zu dumm, faul und lerne sehr ungern. Wozu überhaupt starten?"

Vor jeder Aufgabe oder Herausforderung kommen sie – mal laut, mal leise. Alltägliche Aufgaben lösen nur selten Selbstzweifel aus, weil du dich an gewisse Abläufe gewöhnt hast. Wiederholung schafft Sicherheit – selbst bei schwierigen Aufgaben. Was heißt das für dich?

Gerade am Anfang sind Selbstzweifel besonders präsent. Das Unbekannte macht Angst, löst Überforderung aus – und lähmt dich. Gelähmt von den eigenen Erwartungen und der unbekannten Aufgabe, beginnen die meisten erst gar nicht. Wie oft wohl lebensverändernde Situationen entstehen würden, wenn es nur nicht diese Selbstzweifel gäbe? Ich bin mir sicher, dass ein jeder Leser weiß, wovon ich spreche.

Sich vor einer neuen Herausforderung zu drücken, fühlt sich im ersten Moment wie eine große Entlastung an. Du musst dir keine Sorgen mehr machen und lebst dein Leben genauso weiter wie zuvor. Irgendwann fängt es dann an: Die Reue schlägt zu. Was wäre gewesen, wenn ich mich doch getraut hätte? Wer Menschen im höheren Alter fragt, was sie bereuen, wird etliche Geschichten zu hören bekommen. Die einen wollten einen bestimmten Beruf ausüben, haben sich der Aufgabe jedoch nicht gewachsen gefühlt. Die anderen waren schwer verliebt und trauten sich nicht, die Person anzusprechen. Allesamt gelähmt vom Selbstzweifel und nun gepeinigt von der Reue.

Ich selbst kämpfe bis heute noch mit Selbstzweifeln. Der Kampf endet nie, denn das Leben wirft einem immer wieder neue Erlebnisse und Herausforderungen vor die Füße. Ob du diese wahrnimmst, liegt bei dir selbst. In Bezug auf Trading waren meine Selbstzweifel zu Beginn jedoch gar nicht vorhanden. Der Spaß und das gigantische Interesse am Thema Trading haben jeglichen Zweifel überschrieben. Mein einziges Ziel war es, die technische

Analyse und Trading zu meistern. Da war ich wohl einfach nur ein Glückspilz, oder? Nicht ganz – Selbstzweifel müssen nämlich nicht immer nur vor Beginn einer neuen Tätigkeit entstehen. Manchmal schleichen sie sich allmählich an – so wie bei mir.

Eins muss ich klarstellen: Die Selbstzweifel verschwinden nie. Als ich mit Trading begann, war ich voller Vorfreude auf das, was mir später am meisten Probleme bereitet hat – das wahre Trading. Als ich meine ersten Trades mit echtem Geld gesetzt habe, kam eine ganz neue Art von Unsicherheit. All die Zeit, die ich investiert hatte – sie musste sich doch endlich auszahlen! Wenn dann aber die ersten Trades nicht so laufen, wie du es dir gewünscht hast, entstehen neue Selbstzweifel:

- „War das jetzt alles Zeitverschwendung?"
- „Bin ich doch nicht fürs Trading geschaffen?"
- „So habe ich mir das nicht vorgestellt …"

Genau jetzt ist es wichtig, die Abwärtsspirale der Negativität zu erkennen und aufzuhalten. Nach all dem Aufwand jetzt aufzugeben? Das wäre wahrlich eine Zeitverschwendung – aufzugeben, ohne alles gegeben zu haben. Die Reise als Trader beginnt mit den ersten Zweifeln. Genau das ist einer der Hauptgründe, warum viele schon an diesem Punkt aufgeben. Sie haben stundenlang gepaukt, nur um am Ende Geld zu verlieren? Hier ist es nun besonders wichtig, dir klarzumachen, womit du es zu tun hast:

**Trading ist kein schneller Weg zu Geld.
Es ist ein Handwerk, welches verfeinert, gepflegt
und wiederholt ausgeführt werden muss.**

Man nehme als Vergleich ein Studium, dessen Inhalte man über sechs Semester oder besser gesagt drei Jahre lernt. Oder eine Ausbildung, die ebenso viel Zeit in Anspruch nimmt. Warum also sollte Trading anders sein? Mach dir bewusst, dass du nicht nur Stunden, sondern Wochen, Monate und Jahre darin investierst, mit Trading Geld zu verdienen. Je länger du dich damit beschäftigst, desto besser wirst du.

Wie also in aller Welt kannst du deine Selbstzweifel eliminieren? Wie kannst du dich auf Fortschritt fokussieren, wenn der einzige Gedanke das eigene Versagen ist? Ganz einfach: gar nicht. Du kannst, genauso wie bei deinen Emotionen, keinen „Ausschalt-Knopf" betätigen. Der Mensch ist von Natur aus ein selbstkritisches Wesen. Eine besonders befriedigende Lösung ist das nun wirklich nicht. Was kannst du gegen diese Selbstzweifel tun?

Auch hier ist es wichtig, dich immer wieder daran zu erinnern, wie du als Mensch tickst. Mach dir bewusst, dass Selbstkritik, Zweifel, Versagensängste und der Wunsch nach Erfolg dir immer wieder zu schaffen machen werden. Eines kann ich dir verraten: Die Selbstzweifel verschwinden zwar nicht, aber sie werden mit der Zeit leiser. Gleichzeitig wirst du als Trader immer resilienter und weißt, wie du mit ihnen umgehen musst. Als Anfänger ist es dementsprechend ratsam, dich auf eine einzige Sache zu fokussieren:

Aufgeben ist keine Option.
Wenn ich mit etwas starte,
ziehe ich das bis zum Ende durch.

Wer nach diesem Mantra lebt und sich im Trading beweist, wozu er imstande ist, wird auch in anderen Lebensbereichen brillieren. Die Reise zum Trader ist dadurch viel mehr als nur ein Weg zu einer neuen Einkommensquelle. Es ist eine lange, anstrengende – aber auch erfüllende – Kennenlernphase mit dem wichtigsten Menschen in deinem Leben: dir selbst.

Von der Psyche zum Trading

Warum Psychologie so wichtig ist

Jeder – wirklich jeder – angehende Trader unterschätzt die Bedeutung der menschlichen Psychologie. Als ich damit begann, mich intensiver mit dem Thema Trading auseinanderzusetzen, lag mein Fokus ausschließlich auf technischer Analyse, Strategien und Action im Markt. Kurz gesagt: Ich wollte Trading lernen – und das so schnell wie möglich. Mir war bewusst, dass ich nicht schnellstmöglich Geld verdienen werde. Vielmehr war es mein Ziel, all diese merkwürdigen Zeichnungen, Linien, Kerzen und Formationen erst einmal zu verstehen. Meine Leidenschaft für das Thema brachte mich weit – leider nur bis zu dem Punkt, an dem ich meinen ersten Trade mit eigenem, hart verdientem Geld platzierte.

Zuvor eröffnete ich viele Trades auf einem Demokonto. Dort handelst du mit virtuellem Geld, das keinen realen Wert hat – es waren „einfach nur" Zahlen. Nach einiger Zeit hatte ich die Technik im Griff und spürte kaum Emotionen. Ich wusste schon damals, dass Psychologie im Trading eine wichtige Rolle spielt. Mein Gedanke war: „Solange ich meine Psyche im Griff habe und mich an meine Strategie halte, kann mich nichts aufhalten!"

Dann kam mein erster „echter" Trade: Ich riskierte 50 €, um damit 100 € Gewinn zu erzielen – genauso wie auf dem Demokonto. Ich war mir sicher, dass auch dieses Mal alles wie geplant laufen würde. Der Trade lief zunächst gut an, der Kurs bewegte sich in meine Wunschrichtung, drehte jedoch plötzlich – und aktivierte meine Verlustgrenze. Meine ersten echten 50 €, die ich mit Trading tatsächlich verloren habe. „Schwamm drüber, der nächste Trade wird ein Gewinner", dachte ich mir.

Als sich dann der nächste Trade anbahnte, war ich wieder bereit und setzte erneut 50 € – das war mein Standard-Risiko, etwa

1 % meines Trading-Kapitals. Auch dieser Trade entwickelte sich zunächst gut, wechselte bald aber ebenfalls seine Richtung und lief gegen mich. Plötzlich spürte ich eine Angst – die Angst, wieder Geld zu verlieren. „Das ertrage ich nicht noch einmal. Dieses Mal ziehe ich frühzeitig die Reißleine." Genau das tat ich.

Die 50 € waren gerettet, es blieben sogar noch etwa 10 € Gewinn hängen. Doch wie so viele Anfänger ließ ich den Trade nicht einfach los – ich beobachtete ihn weiter. Ich wollte unbedingt die Genugtuung haben, zu sehen, wie sich meine Entscheidung bewährt. Doch es kam anders: Der Kurs drehte erneut – genau an meinem ursprünglichen Einstiegspunkt – und erreichte anschließend punktgenau mein geplantes Gewinnziel. Nur eben ohne mich. Hier begann das „Grübeln":

- „Warum habe ich mich nicht an meine Strategie gehalten?"
- „Jetzt hätte ich statt 10 € ganze 100 € Gewinn verdient!"
- „Beim nächsten Mal lasse ich ihn laufen."

Zweifel, Reue, Gier und Angst – das sind die größten Feinde eines Traders. Du kannst dich noch so gut auf die harte Realität vorbereiten, am Ende wirst du dennoch vor den Kopf gestoßen. Viele wollen sich zu Beginn gar nicht mit der Psychologie beschäftigen, denn was hat das überhaupt mit Börsenhandel zu tun? Oft wird angenommen, du müsstest nur die Regeln lernen, ein bisschen üben – und schon ließe sich aus heißer Luft Geld generieren.

Psyche und Trading sind leider untrennbar, wobei das Wörtchen „leider" nur von denjenigen genutzt wird, die mit genau dieser Thematik noch zu kämpfen haben. Meiner Meinung nach ist der eigene Kopf nicht nur Fluch, sondern vor allem ein Segen – vorausgesetzt, du weißt, wie du mit ihm umgehen musst. Das Wichtigste dabei ist: Akzeptanz. Du musst schlichtweg akzeptieren, dass du noch weit von deinem eigentlichen Ziel entfernt bist. Es gibt nichts Frustrierenderes, als bei einer langen Reise immer wieder das vermeintliche Ziel vor Augen zu haben, nur um zu merken, dass noch einige Kilometer vor dir liegen. Deshalb ist es enorm wichtig, dir selbst Folgendes einzugestehen:

„Ich stehe am Anfang einer Reise – einer Reise zu mir selbst. Dafür gibt es keine Abkürzungen, ganz im Gegenteil: Genau diese würden mich auf meinem Weg aufhalten und entmutigen. Mein Fokus liegt auf dem Verständnis der Materie und der kontinuierlichen Beobachtung meiner eigenen Gedanken. Nur so werde ich erfolgreich."

Vielleicht bekommst du in genau diesem Moment eine gewisse Erkenntnis: „Trading ist doch komplizierter, als ich dachte." Vielleicht schrecken dich die Themen Psyche, Emotionen und mentale Einstellung ab. Eigentlich wolltest du doch nur Trading lernen und nicht eine Reise zu dir selbst buchen! Wenn das alles so komplex und schwierig sein soll, warum dann überhaupt anfangen?

Ich bin normalerweise sehr verständnisvoll. Doch an dieser Stelle braucht es klare Worte – und die bekommst du jetzt: Erinnerst du dich an die Statistik? 90 % aller Trader verlieren ihr Geld beim Handel. Nur 10 % schaffen es, langfristig profitabel zu werden. Diese Statistik gilt nicht nur für das Trading, sondern für jede Disziplin, in der mehr vom Menschen verlangt wird, als er es gewohnt ist. Die meisten unterschätzen, wozu sie imstande sind – und hören oft auf, ehe sie überhaupt richtig angefangen haben.

Dabei kann ich dir eins versichern: Trading selbst ist mit ein wenig Aufwand nicht besonders kompliziert und jeder kann besagte Techniken bzw. Strategien erlernen. Sich mit der eigenen Psychologie auseinanderzusetzen mag unangenehm sein – ist aber absolut notwendig. Wenn du dir und dem Trading wirklich eine echte Chance geben willst, musst du bereit sein, Zeit und Mühe zu investieren.

Anfangs wirkt vieles unmöglich. Im Endeffekt ist der Weg zum erfolgreichen Trading mit überschaubaren Mühen verbunden. Du willst kein Chirurg werden oder komplexe Weltprobleme lösen – und das hier ist keine Ausbildung und auch kein Studium. Trading ist die Kunst, ein Handwerk zu meistern und seinen Geist darauf zu schulen, sich voll und ganz auf genau dieses Handwerk zu fokussieren. Dafür musst du weder besonders begabt noch talentiert sein. Aber du musst eines unbedingt sein:

Entschlossen – entschlossen, dich neben Beruf, Familie und sonstigen Lebensbereichen für etwas einzusetzen, das dir langfristig echte Freiheit verschaffen kann.

Und selbst wenn dich diese Einführung ein wenig eingeschüchtert hat: Du hast bereits jetzt, allein durch das Lesen der ersten Kapitel, ein stärkeres Fundament als viele andere Anfänger. Allein das Bewusstsein für mögliche Hindernisse macht den Weg deutlich entspannter.

Bei aller Seriosität darfst du eins nicht vergessen: Es ist *nur* Börsenhandel. Du riskierst weder Leib noch Leben – und wirst auch keine lebenswichtigen Ersparnisse aufs Spiel setzen. Trading ist ein komplexes Spiel für Erwachsene – für Menschen, die bereit sind, sich einer echten Herausforderung zu stellen – nur um am Ende zu erkennen, dass sie nie gegen den Markt gekämpft haben, sondern gegen sich selbst.

Realismus und Optimismus vereint

Die Grundlage für den Erfolg im Trading ist gelegt. Jetzt kommt es darauf an, dir klarzumachen, was du überhaupt erreichen willst – und was davon realistisch erreichbar ist! Ziel ist es, keine unrealistischen Erwartungen zu haben – dich aber gleichzeitig auch nicht kleinzureden. Der Mensch denkt meist in zwei Extremen: positiv und negativ. Um eine gesunde Basis für deine Ziele zu schaffen, solltest du dich von jeglicher Negativität, aber auch übermäßiger Positivität entfernen. Anstatt Erwartungen aufzubauen, solltest du dich als angehender Trader auf die Fakten konzentrieren. So lässt du kaum Raum für Enttäuschung, Hoffnung, Angst oder andere Emotionen.

Was bedeutet also der Titel dieses Unterkapitels? Lässt sich Realismus wirklich mit Optimismus vereinen? Die kurze Antwort: Ja, definitiv. Auch die ausführlichere Betrachtung spielt eine Rolle – den Anfang macht das Thema Realismus:

Stell dir einen Anfänger-Trader vor, der mit 5.000 € Kapital startet. Sein Ziel: das Geld innerhalb eines Jahres verdoppeln – und am besten jeden Monat 10 % davon auszahlen.

Um zu verstehen, wie unrealistisch dieses Ziel ist, reicht ein grundlegender Blick auf Statistik und Wahrscheinlichkeiten. Einige dieser Themen werden später im Buch noch detaillierter behandelt. Deshalb hier nur die Kurzfassung:

Statt dich in solchen Wunschvorstellungen zu verlieren, solltest du dich auf eine realistische Vorgehensweise konzentrieren – und den ursprünglichen Plan kritisch bewerten. Mit einem Kapital von 5.000 € lässt sich definitiv gut arbeiten, keine Frage. Wenn du Trading jedoch ernst nimmst, benötigst du ein übergeordnetes Ziel:

„Ich möchte mein Kapital schrittweise erhöhen und werde vorerst keine Auszahlungen tätigen."

In diesem Satz stecken zwei wichtige Erkenntnisse:

1. Du richtest den Fokus auf eine kontinuierliche, nicht schlagartige Kapitalvermehrung.
2. Du verzichtest bewusst auf Auszahlungen, um dein Kapital gezielt aufzubauen.

Mit dieser Einstellung schaffst du ideale mentale Voraussetzungen. Zu Beginn geht es nicht darum, das große Geld zu verdienen und sich schnellstmöglich Auszahlungen zu gönnen, sondern um die kontinuierliche Steigerung des eigenen Kapitals. Denn je höher das Kapital, desto höher die Gewinne und desto interessanter werden auch die zukünftigen Auszahlungen!

Um das erreichen zu können, musst du dich mit Risikomanagement beschäftigen. Dabei geht es darum, einen festen Einsatz festzulegen, den du mit jedem Trade riskierst. Ein gesundes Maß dafür wäre 1 % des gesamten Kapitals, sprich: Pro Trade riskierst du einen festen Betrag – idealerweise 1 % bzw. 50 € deines Gesamtkapitals. Gleichzeitig solltest du darauf achten, dass dein Gewinnziel immer mindestens doppelt so hoch liegt, also 2 % bzw. 100 €.

Verlierst du einen Trade, fehlen dir 50 €. Geht ein Trade auf, erhältst du 100 € – dein Verhältnis von Risiko zu Gewinn ist also 1:2. Und genau hier wird die Trefferquote interessant. Viele Anfänger denken, sie müssten irgendwann in 70 % oder sogar 90 % der Fälle richtig liegen. Eins kann ich versprechen: Langfristig kann sowas kein einziger Trader auf dieser Welt erreichen. Bevor du zu einer realistischen Trefferquote kommst, hätte ich eine Frage:

Welche Trefferquote würdest du benötigen, um bei +/- 0 rauszukommen? Du riskierst 50 € und könntest 100 € Reingewinn erwirtschaften.

Antwort: Es sind 33 %. Du brauchst also nur bei einem Drittel deiner Trades richtig zu liegen, um keine Verluste zu generieren. Viele angehende Trader beruhigt diese Realisation, da sie extrem viel Last von den Schultern des Händlers nimmt. Üblicherweise gehst du von 50 % Trefferquote aus, was aber oftmals ein Trugschluss ist. Es kommt nicht allein auf die Trefferquote an, sondern auf das Verhältnis von Risiko zu Gewinn.

Was wäre denn nun ein realistisches Ziel? Wenn du über das Jahr hinweg eine Trefferquote zwischen 40 % und 60 % erreichst, zählst du bereits zu den profitablen Tradern. Durchschnittlich solltest du bei jedem zweiten Trade richtig liegen und könntest allein damit profitabel sein und genau darauf kommt es an! Es geht nicht darum, dein Kapital jedes Jahr zu verdoppeln. Solche Vorhaben können auf kurze Sicht potenziell funktionieren, sind aber unmöglich langfristig erreichbar. Was wären also realistische Ziele?

Folgende Ziele kann sich der angehende Trader setzen:

1. Beherrsche die Grundlagen.
2. Meistere deine gewählte Trading-Strategie.
3. Setze sie erfolgreich im Demokonto um.
4. Werde profitabel im Handel.

Gerade zu Beginn solltest du nicht fragen, wie schnell du Summe X verdienen kannst. Das Endziel ist der profitable Handel. Und sobald du dieses Ziel erreicht hast, sind deinen Möglichkeiten keine Grenzen gesetzt! Genau hier kommt der Optimismus ins Spiel.

Der Weg zum profitablen Handel mag simpel erscheinen, ist jedoch mit einigen Herausforderungen verknüpft. Einige davon hast du bereits kennengelernt. Wenn du dir realistische Ziele gesetzt hast, kommt es jetzt auf die eigene Einstellung an. So merkwürdig es klingen mag: Du brauchst von nun an Optimismus. Solange du innerhalb der realistischen Grenzen mit Optimismus voranschreitest, wirst du langfristig erfolgreich sein. Jeder, der im Bereich XY erfolgreich ist, hat unerbittlich an seinen Zielen festgehalten und war optimistischer, als es die allermeisten Menschen sind.

Sobald du profitabel handelst, entfaltet sich dieser Optimismus noch weiter: enorme Steigerung des eigenen Kapitals, regelmäßige Auszahlungen, die Erkundung neuer Strategien, der Einsatz von Fremdkapital und vieles mehr. Wie bereits erwähnt: Trading ist grenzenlos – sobald du deine eigenen Grenzen überwunden hast.

Wer es schafft, Realismus mit Optimismus zu kombinieren, wird unaufhaltbar.

Im Gesamtbild wird Trading dadurch nicht nur attraktiver, sondern allen voran realistischer! Die Ziele sind erreichbar, simpel und herausfordernd – die perfekte Mischung für eine Aufgabe. Dementsprechend sollte jeder angehende Trader mit Vorfreude, Planung, Optimismus und realistischen Vorstellungen starten. Wenn du zusätzlich bereit bist, dich mit der eigenen Psychologie auseinanderzusetzen, wird Trading eine der wertvollsten Erfahrungen, die du im Leben sammeln kannst.

Und jetzt geht’s auch endlich los mit dem eigentlichen Trading – mit Charts, Analyse, Take-Profit, Stop Loss und all dem!

Der Übergang zum Trading

Endlich ist es soweit – das wahre Trading wartet um die Ecke. Nachdem du dich ausführlich mit der Einführung und den Tiefen der menschlichen Psychologie beschäftigt hast, kann ich eine Sache vorwegnehmen: Ab jetzt spielen deine Psyche und all die teils kritischen Themen keine unmittelbare Rolle mehr. Der Fokus liegt ab sofort ganz auf dem Verständnis der technischen Analyse, dem Trading selbst – und allem, was dazugehört. Aber warum überhaupt die lange Vorbereitung, wenn diese Themen nun vermeintlich unwichtig sind?

Ganz einfach: eine realistische Erwartungshaltung! Es ist essenziell, dir im Vorfeld der kommenden Herausforderungen bewusst zu werden – bevor du dich blindlings ins Trading stürzt. Du wirst später Momente erleben, in denen du an deiner Strategie, an dir selbst oder sogar am gesamten Konzept Trading zweifelst. Deshalb ist es so wichtig, diese Gedanken frühzeitig einzuordnen und mit realistischen Vorstellungen in die Praxis zu starten.

Zu oft geistert die Vorstellung herum, mit Trading lasse sich schnell das große Geld verdienen – und das Ganze sei auch noch kinderleicht. Statt die unangenehmen Themen am Ende zu nennen, greife ich sie bewusst vorweg – denn Trading ist nicht nur spannend, sondern bereitet auch Freude. Ich würde alles dafür geben, das Gefühl von damals erneut zu durchleben, meine erste Analyse getätigt zu haben.

Alles, was ab diesem Punkt folgt, soll dir keine Angst, sondern Spaß bereiten! Zu Beginn mögen Charts, Kurse, Zonen, Kerzen und all das überwältigend wirken. Solange du dich Stück für Stück vorarbeitest, wirst du merken, dass Trading viel interessanter sein kann, als du es zuvor erwartet hättest. Mein Beweggrund für den Start war zwar das Geld – was mich aber gepackt hat, war die Leidenschaft am Trading selbst.

Wenn du die ersten Preisbereiche markierst und einige Tage später live beobachten kannst, wie der Kurs genau dort reagiert, ist das zunächst ein unbeschreibliches Gefühl. Kerzenformationen lösen eine Kursumkehr aus. Trends setzen sich über Jahre fort,

Kursziele werden abgeholt und agieren anschließend als Widerstand. Es gibt etliche Szenarien, die einen Anfänger vom Hocker hauen werden.

Ich vergleiche das gerne mit einem Lied, das du über alles liebst und etliche Male gehört hast. Was würdest du dafür geben, um dieses Gefühl erneut spüren zu dürfen? Alle Nuancen im Lied, die Melodie, der Text und der Bass, die zusammen ein Meisterstück ergeben – das ist Kunst. Genauso ist auch Trading für mich eine Kunst.

Der Kursverlauf bzw. der Chart ist das leere Papier. Du kreierst daraus ein individuelles und einzigartiges Kunstwerk. Dabei gibt es zwar gewisse Regeln – am Ende sieht aber jedes Gemälde vollkommen anders aus. Jede Analyse hat ihren eigenen Charakter und spiegelt auch den des Künstlers wider.

Der eine zeichnet seine Zonen besonders breit ein, was für einen eher risikofreudigen Trader spricht, da er hierdurch mehr potenzielle Trades umsetzen kann. Der andere legt Wert auf präzise Preisbereiche, die zwar weniger, aber dafür bessere Chancen liefern. Der Chart – genauer gesagt: die Art deiner Analyse – zeigt, wer du als Trader bist.

Nun könnte ich hier ewig ausschweifen und von der Schönheit des Tradings schwärmen, doch mir geht es lediglich darum, eine Sache ins Rampenlicht zu rücken:

Trading soll Spaß machen!

Das heißt nicht, dass du auf jegliche Regeln verzichten solltest und alles genauso machst, wie du es gerade willst. Der wahre Spaß entsteht genau dann, wenn du alle Elemente miteinander vereinst und etwas erschaffst, auf das du stolz sein kannst. Mit jedem kleinen Erfolg wächst die Freude – vor allem, wenn sich diese Erfolge im Laufe der Zeit summieren.

Wenn du mit etwas Neuem beginnst, wirst du gezwungenermaßen Fehler machen, keine Frage. Du wirst auch Zeiten erleben, in denen du dich selbst und dein Vorhaben hinterfragst. Vielleicht ist ein Themenbereich besonders herausfordernd und bringt dich an deine persönlichen Grenzen. Genau das sind dann die Momente, die die Spreu vom Weizen trennen. Bist du jemand, der beim kleinsten Hindernis das Handtuch wirft? Oder bleibst du entschlossen dran? Egal, wie du es drehst oder wendest:

Trading ist mit positiven und negativen Gefühlen verbunden.

Du wirst Verluste hinnehmen müssen und Gewinne feiern. Manche Konzepte verstehst du sofort, bei anderen brauchst du einige Tage oder Wochen, bis es „klick“ macht. Dasselbe gilt überall im Leben. Es kann nicht alles schwarz oder weiß sein.

Höhen, Tiefen und Kompromisse sind die Pfeiler im Leben. Wenn du das akzeptierst, wirst du deine Ziele nicht nur verfolgen, sondern auch erreichen. Trading kann weit mehr sein als nur eine weitere Einkommensquelle. Es ist ein herausfordernder Weg, der dir vieles abverlangt. Gesät von Erfolgen und Misserfolgen, werden am Ende diejenigen belohnt, die drangeblieben sind.

Nun bin ich in diesem ersten Teil oft in den philosophischen Bereich getreten. Für mich war Trading eine lebensverändernde Tätigkeit – und das nicht nur wegen des Geldes, sondern allem voran durch all das, was ich daraus gelernt habe. Ich musste mich bewusst zurückhalten, nicht allzu sehr auszuschweifen – sonst wäre das kein Trading-, sondern ein Psychologie-Buch geworden! In diesem Sinne: Dieser Teil ist abgeschlossen. Jetzt geht es endlich um das, worauf du gewartet hast – Trading!

Eine spannende Reise wartet. Du wirst nicht nur die technische Analyse kennenlernen, sondern alle Seiten des Tradings. Risiko-Management, das Setup, die Suche nach Trades oder die finale Umsetzung im Alltag – keine Frage soll unbeantwortet bleiben. Es geht los!

TEIL II

DIE TECHNISCHE ANALYSE

Einführung in die technische Analyse

Die Vergangenheit als Wegweiser

Die technische Analyse (kurz: TA) ist vielen, die sich mit der Börse beschäftigen, ein vertrauter Begriff. Was wirklich dahintersteckt, wissen jedoch die wenigsten. Im Gegensatz zur fundamentalen Analyse kämpft die technische Vorgehensweise teils noch mit Vorurteilen.

Viele Investoren vertrauen darauf, sich die Geschäftsberichte des jeweiligen Unternehmens anzuschauen, diese zu analysieren und darauf basierend zu entscheiden, ob eine Investition in Aktie XY lohnenswert ist. Dabei werden vergangene Ergebnisse ausgewertet und in die Zukunft projiziert. Steigende Umsätze, besser werdende Margen, höhere Gewinne, geringer werdende Schulden und vieles mehr werden dabei unter die Lupe genommen.

Die Vergangenheit dient dabei als Grundlage für die Einschätzung zukünftiger Entwicklungen. Wenn ein Unternehmen wie *Apple* konstante Wachstumsraten aufweist, liegt die Annahme nahe, auch zukünftig mit ähnlichen Raten zu rechnen. Natürlich sollten hier noch weitere Berechnungen einfließen, und vom Prinzip her ist die Vorgehensweise klar:

Die Vergangenheit und die Erwartungen formen die Zukunft.

Viele Menschen fühlen sich sicherer, wenn sie mit konkreten Zahlen arbeiten können. Gewinn, Umsatz, Marge und all jene Begriffe sind zumindest geläufig. Das schafft Vertrauen, zumal die fundamentale Analyse allgemein bekannt ist. Doch was passiert, wenn du dich statt der Geschäftsberichte ausschließlich auf den Kursverlauf konzentrierst? Kannst du daraus Rückschlüsse auf die zukünftige Entwicklung ziehen?

Die Herangehensweise ist ähnlich: Bei der technischen Analyse spielt die vergangene Kursentwicklung eine entscheidende Rolle. Du schaust dir Trends, essenzielle Preisbereiche, typische Kursmuster, Volumendiagramme und diverse Indikatoren an. Die Möglichkeiten sind nahezu grenzenlos, wobei der Fokus meist auf den Grundlagen liegt – wie zum Beispiel dem Trend.

Kurz gesagt: Aktien, die über Jahre oder Jahrzehnte hinweg steigende Hoch- und Tiefpunkte bilden, gelten als besonders interessant. Sie befinden sich in einem Aufwärtstrend. Solange dieses Muster aus steigenden Hochs und Tiefs erhalten bleibt, ist mit einer weiterhin positiven Entwicklung bzw. steigenden Kursen zu rechnen. Diese einfache Annahme ist einer der Gründe für die gängigen Vorurteile gegenüber der technischen Analyse.

Zeichnungen, Linien, Punkte, bunte Farben und ein Hauch von Fantasie: So stellen sich manche Börsianer die technische Analyse vor. Von außen wirkt sie wie eine wirre Anordnung von Zeichnungen, die auf unseriöse Weise irgendwie die Zukunft voraussagen sollen. Das ist nur eines von vielen Vorurteilen. Anstatt jedes einzeln zu entkräften, möchte ich ein neutrales Bild der technischen Analyse zeichnen. Ich würde lügen, wenn ich behaupte, dieser Methode von Anfang an vertraut zu haben.

Was mir die Augen geöffnet hat? Eine sachliche Betrachtung der Analyseform. Mit der TA möchte man keinesfalls die Zukunft bestimmen – wie auch? Wenn das tatsächlich funktionieren würde, hätte es bereits jeder gemacht. Es handelt sich bei der TA auch nicht um willkürliche Zeichnungen. Du lernst gewisse Grundlagen und kannst darauf basierend präzise Bereiche markieren, Trends einordnen, Kursmuster erkennen und Indikatoren gezielt einsetzen. Genau wie die fundamentale Analyse basiert auch die technische Analyse auf vergangenen Daten.

Simpel ausgedrückt nutzt du vergangene Muster im Kursverlauf, um daraus potenzielle Entwicklungen abzuleiten. Am Beispiel eines Aufwärtstrends lässt sich das gut veranschaulichen: Ich persönlich nutze bei meinen Investitionen den Trend als Primärfilter. Das bedeutet konkret: Ich investiere nahezu ausschließlich in Aktien, die sich über Jahre hinweg in einem Aufwärtstrend befinden – auf höheren Zeiteinheiten!

Es klingt fast schon zu einfach, um wahr zu sein, ist jedoch erstaunlich effektiv. In den meisten Fällen spiegeln sich starke Trends auch in den Geschäftsberichten wider. Warum sollte eine Aktie über Jahrzehnte hinweg steigende Hochs und Tiefs bilden, wenn das Unternehmen wirtschaftlich am Abgrund steht? Alles, was es an Informationen gibt, ist im Chart bzw. Kursverlauf bereits eingepreist.

Neben dem Trend betrachtest du als Analyst noch einen weiteren wichtigen Baustein: Zonen bzw. Preisbereiche. Wenn ein Kurs wiederholt an einer bestimmten Kursmarke scheitert und an dieser Stelle seine Richtung schlagartig ändert, markierst du diesen Bereich als Zone. Bei einem erneuten Anlauf ist es wahrscheinlich, dass der Kurs dort erneut reagiert. Falls nicht, bricht die Zone – auch das lässt sich einordnen.

Wie du vielleicht merkst, geht es bei der technischen Analyse darum, wiederkehrende Muster zu erkennen und für sich zu nutzen. Dabei ist keine Richtung vorgegeben. Der technische Analyst betrachtet sowohl positive als auch negative Aspekte eines Charts und wägt diese gegeneinander ab. Was heute positiv einzustufen ist, kann morgen schon negativ sein. Man betrachtet nicht nur die Vergangenheit, sondern arbeitet flexibel mit der Gegenwart und versucht, die zukünftige Entwicklung grob einzuschätzen.

Beim Investieren betrachtest du relativ große Zeitabschnitte, also Monate, Jahre und Jahrzehnte. Ziel ist es, starke Aktien zu finden, günstige Einstiege zu etablieren und über Jahre hinweg von Kursanstiegen zu profitieren. Beim Trading nutzt du dieselben Werkzeuge, also Trends, Zonen, usw., bewegst dich jedoch auf kleineren Zeiteinheiten und versuchst, die Entwicklung über die nächsten Stunden bzw. Tage einzuordnen. Die Vorgehensweise ist dieselbe, der Zeitrahmen deutlich enger.

Die technische Analyse bildet somit das Fundament für das Trading. Achtung:

Die Analyse ist nicht gleich der Trade!

Dieser Irrtum war mir anfangs selbst nicht bewusst. Die Analyse dreht sich allein um den Chart: Wie kannst du ihn lesen, was lässt sich daraus ableiten, welche Szenarien sind möglich?

Trading hingegen basiert auf einer Strategie. Statt alle möglichen Aspekte der technischen Analyse zu nutzen, selektierst du bestimmte Faktoren, kombinierst sie und erstellst daraus eine feste Vorgehensweise mit klaren Regeln. Du filterst Aktie für Aktie, bis du auf eine triffst, die deinen gewünschten Kriterien für einen Trade entspricht.

Deshalb ist es wichtig zu verstehen, dass die technische Analyse eine Voraussetzung und die Grundlage für das eigene Trading bildet. Wer sich jedoch beim Trading selbst immer wieder alle möglichen Trends, Zonen und Chartmuster anschaut, wird niemals einen wiederholbaren Prozess schaffen können.

Beim Investieren gilt es ebenfalls, feste Abläufe und Ansprüche aufzustellen. Ohne Strategie verlierst du die Orientierung und kommst niemals an dein Ziel. Dementsprechend gilt es, die technische Analyse als grenzenlose Disziplin zu betrachten, während es beim Trading darum geht, in dieser Grenzenlosigkeit für Ordnung zu sorgen und einen gleichbleibenden Prozess zu entwickeln. Nur so entsteht Wiederholbarkeit, die mithilfe von Statistik und Wahrscheinlichkeitsrechnung zum Profit führen kann!

Selbst in der Kunst gibt es dieses Dilemma: Du lernst alles über Proportionen, Formen, Licht, Linienführung, Farben und Maltechniken. Aber erst durch Spezialisierung kannst du wirklich zielgerichtet arbeiten. Wenn du dich auch hier nicht auf eine bestimmte Vorgehensweise festlegst, wirst du im Meer der Möglichkeiten ertrinken und erreichst kein Ziel.

Wie in der Kunst lernst du auch im Trading ein breites Repertoire – doch erst mit Spezialisierung entsteht Wiederholbarkeit. Genau deshalb ist der Titel „Die Kunst des Tradings" nicht zufällig gewählt.

Jetzt liegt der Fokus auf dem Fundament: der technischen Analyse. Und bevor es richtig losgeht, solltest du das wichtigste Werkzeug kennenlernen – den Chart.

Grundbaustein der TA: Der Chart

Möglicherweise stellst du dir die Frage, wie aus einem simplen Linienchart eine konkrete Analyse entstehen soll. Auch ich wäre skeptisch, gäbe es da nicht eine Vielzahl anderer Darstellungsarten. Der Vollständigkeit und Einfachheit halber geht es trotzdem zunächst mit der gewohnten Kursansicht los: dem Linienchart. Damit solltest du bereits vertraut sein:

Abb. 1: *Apple*-Linienchart (Charts by *TradingView*)

Das ist die gesamte Kurshistorie der *Apple*-Aktie. Auf der unteren X-Achse findest du die Zeit, auf der Y-Achse kannst du den Preis ablesen. Das ist die bekannteste Darstellung eines Kursverlaufs und wird über alle Medien sowie Broker hinweg genutzt. Der Preis Y zum Zeitpunkt X kann kinderleicht abgelesen werden – viel mehr gibt der Linienchart allerdings auch nicht her!

Genau aus diesem Grund nutzen einige Investoren, allen voran jedoch die Mehrheit aller Trader, den sogenannten Kerzenchart. Dieser liefert deutlich mehr Informationen und damit auch neue Anhaltspunkte für fundierte Analysen.

Im Gegensatz zum Linienchart, an dem lediglich die Schlusskurse abgelesen werden kann, bietet der Kerzenchart vier Schlüsselwerte: Eröffnungskurs, Höchstkurs, Schlusskurs, Tiefstkurs. Diese Daten beziehen sich jeweils auf die Zeiteinheit des betrachteten Charts. Bevor es an die Anwendung geht, lohnt sich ein Blick auf den Aufbau einer einzelnen Kerze:

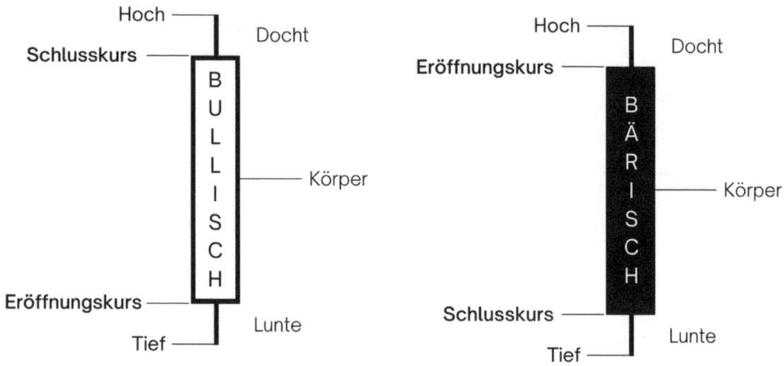

Abb. 2: Die bullische & bärische Kerze im Detail

Links siehst du eine bullische (positive) Kerze mit einem Körper (dem Rechteck) sowie Docht und Lunte. Der Körper zeigt die Distanz zwischen Eröffnungs- und Schlusskurs, Docht und Lunte markieren Hoch und Tief.

Angenommen, eine Aktie bildet beispielsweise am kommenden Montag um 09:00 Uhr ihren ersten Preis. Das wäre dein Eröffnungskurs, den du zur Eröffnung der jeweiligen Börse ablesen kannst. Im Laufe des Tages bewegt sich der Kurs unter das Niveau der Eröffnung, schießt gegen Ende der Handelszeit nach oben, schließt letzten Endes jedoch niedriger. Die Lunte stellt in diesem Fall das Tagestief und der Docht den Höchststand des Tages dar. Zu guter Letzt findest du an der Oberseite des Körpers den Schlusskurs bzw. den finalen Preis, den die Aktie am Ende der Handelszeit aufweist. Dadurch hast du alle wichtigen Informationen über den Preis in einer einzelnen Kerze!

Rechts siehst du eine bärische, also negative Kerze. Vom Prinzip her verhält sich dieses Konstrukt ähnlich zur positiven Kerze, mit nur einem bedeutenden Unterschied: Der Kurs eröffnete höher, als er letzten Endes geschlossen hat. Das bedeutet, die Aktie ist im Wert gefallen, weshalb die rechte Kerze einen negativen Tag darstellt. Alle anderen Komponenten sind dieselben. Somit ergibt sich sogar eine zusätzliche Information, die im Linienchart nicht ersichtlich ist: Verlief der Tag positiv oder negativ? Eine Info, mit der ein Trader bereits einiges anfangen kann.

Du kannst dir solche Kerzen nicht nur für einzelne Tage anzeigen lassen, sondern auch für Wochen, Monate oder Stunden. Dadurch entsteht eine flexible Betrachtungsweise der lang-, mittel- und kurzfristigen Entwicklung einer Aktie! Genau das ist das Fundament, das ein jeder Analyst und Trader benötigt, um eine ausgewogene und fundierte Analyse anfertigen zu können.

Im nächsten Schritt geht es um einen vollwertigen Kerzenchart: In der nachfolgenden Abbildung handelt es sich wieder um die Charthistorie von *Apple*, wobei dir nun jede Kerze die Entwicklung von drei Monaten zeigt:

Abb. 3: *Apple*-Kerzenchart (Charts by *TradingView*)

Diese Kursbetrachtung eröffnet Möglichkeiten, die während der Nutzung eines Liniencharts verschlossen bleiben. Jede einzelne Kerze steht für die Preisentwicklung eines jeden Quartals. So wird auf einen Blick deutlich, ob ein Quartal positiv oder negativ war. Wo eröffnete der Kurs jeweils und an welcher Stelle gab es eine starke Umkehr? Sowas erkennst du beispielsweise anhand von langen Lunten bzw. ausgeprägten Lunten an der Unterseite der jeweiligen Kerze.

Das ist dein Spielfeld – oder besser gesagt: das leere Gemälde eines Traders. Jetzt geht es darum, das Gebilde an Kerzen und die etlichen Informationen gezielt zu filtern, um daraus eine konkrete Handelsentscheidung abzuleiten. Doch bevor es so weit ist, braucht es ein Verständnis für einen der Grundpfeiler der technischen Analyse: den Trend.

Trends erkennen und bestimmen

Normalerweise verstehst du unter einem Trend etwas, das topaktuell und in aller Munde ist – vielleicht Mode oder eine bestimmte Aktivität. Dabei ist dir auch klar, dass ein jeder Trend früher oder später Platz machen muss für den nächsten. Trends besitzen von vornherein den Charakter, relativ kurzlebig und ohne währenden Charakter zu sein. Ganz anders gestaltet sich dies in der technischen Analyse.

Dort steht ein Trend für eine Richtung, die so lange besteht, bis sie eindeutig gebrochen wird. Ein Trend kann wenige Stunden dauern – oder sich über Jahrzehnte hinweg erstrecken. Für viele Analysten ist er das Fundament ihrer Analyse. Ein Trend zeigt dir, wie sich ein Wert über die Zeit bewegt, wann eine gewisse Richtung eingeschlagen wurde und wie stark sie sich fortsetzt.

Der Trend ist das oberste Maß in der technischen Analyse, besonders bei mittel- bis langfristigen Bewegungen. Grundsätzlich gilt: Je höher die betrachtete Zeiteinheit, desto langlebiger der Trend. Um diese Thematik im grundlegenden Sinn zu verstehen, solltest du dir die drei möglichen Trendarten genauer anschauen:

Links erkennst du den Trend, den du dir für Investitionen oder Trades in steigende Richtung wünschst: den Aufwärtstrend. Er besteht aus einer Abfolge von steigenden Hoch- und Tiefpunkten. Jedes neue Hoch wird als Impuls und jedes neue Tief als Korrektur gewertet. Der Aufwärtstrend endet, wenn das letzte Tief unterschritten wird. Das gilt als negatives Signal und kann auf eine potenzielle Trendwende hinweisen.

Abb. 4: Die drei Trendarten

Auf der rechten Seite siehst du das Gegenstück: den Abwärtstrend. Hier handelt es sich um eine Abfolge fallender Hochs und Tiefs. Die neuen Tiefs stellen den Impuls und alle Hochs die Korrektur dar. In diesem Fall würde die Überschreitung des letzten Hochpunktes zu einem Trendbruch und einer möglichen Trendwende führen.

Wenn ein Trend bricht, bewegt er sich in einer zunächst trendlosen Phase, genauer gesagt dem neutralen Trend. Zeitgleich steht dieser für Kurse, die ohne eine konkrete Richtung ähnliche Hoch- und Tiefpunkte bilden. Das Gebilde wird oft als Seitwärtsphase bezeichnet und steht für ein Gleichgewicht zwischen Käufern und Verkäufern.

Alle drei Trendarten können für Investoren und Trader zugleich sinnvoll sein. Meiner Meinung nach ist es essenziell, den Sinn hinter Trends verstanden zu haben und diese grob erkennen zu können. Manche Trading-Strategien nutzen den Trend als Basis, andere wiederum als Einstiegssignal. Das wäre bei einer meiner Strategien der Fall. Leider stellt der Trend für viele Anfänger jedoch ein großes Hindernis dar. In der Theorie ist der Trend zwar verständlich, doch in der Praxis kommt es schließlich oft zu Problemen bei der Interpretation von den Hoch- sowie Tiefpunkten und den Trendbrüchen. Was in der Theorie nur simple Linien sind, entpuppt sich in der Praxis zur Meisterdisziplin. Welche Kerze nutzt du als Hochpunkt, wann entsteht konkret die Trendwende und was ist für einen Trend irrelevant? All das sind Aspekte, die Anfänger eher vom Trading abhalten.

Glücklicherweise gibt es diesbezüglich eine gute Nachricht:

Die später im Buch behandelte Strategie hat mit Trends nichts zu tun! Du kannst also aufatmen und dich darauf verlassen, den Trend lediglich kennengelernt und verstanden zu haben. Warum erwähne ich den Trend dennoch, obwohl er für die vorgestellte Strategie nicht notwendig ist? Jeder Trader sollte die Grundlagen der technischen Analyse einmal kennengelernt haben. Fakt ist, dass eine Trading-Strategie niemals alle Aspekte der TA einfangen kann. Das wäre unpraktisch und würde zu einer ziellosen Vorgehensweise führen. Trends mögen für gewisse Techniken essenziell sein, sind aber bei Weitem keine Voraussetzung, um profitablen Handel betreiben zu können.

Ziel dieser etwas „anderen" Trading-Strategie ist es, den Fokus auf die simpelsten Faktoren der technischen Analyse zu legen und genau die Punkte im Chart zu finden, die für eine kurzweilige Umkehr sprechen. Näheres dazu findest du in späteren Kapiteln – sonst müsste ich zu viel vorwegnehmen und einen gigantischen Bogen spannen. Fest steht: Als angehender Trader musst du dich nicht näher mit dem Trend beschäftigen.

Zum Abschluss des Themas noch ein kurzer Appell an dich als Investor: Ein Blick auf den langfristigen Trend lohnt sich immer! Dazu reicht es, die Thematik grob verstanden zu haben, die gesamte Charthistorie einer Aktie zu öffnen und die Richtung des Kursverlaufs zu betrachten. Eine solide Investition muss zwar nicht zwingend auf einem Aufwärtstrend basieren, kann dadurch aber eine starke und nachhaltige Basis haben!

Indikatoren – Spielerei oder sinnvoll?

Mit dem Begriff „Indikator" bist du vermutlich bereits vertraut. Das prominenteste Beispiel dafür ist die 200-Tageslinie. Ihre Funktion besteht darin, ein besonders grober Trendfilter zu sein. Wenn ein Kurs über dieser Linie notiert, sprechen manche von einem Aufwärtstrend, darunter von einem Abwärtstrend. Da du mittlerweile weißt, wie Trends tatsächlich bestimmt werden, ist diese Funktion für mich eher überflüssig.

Stattdessen nutze ich die 200-Tageslinie als eine Art gleitendes Trampolin. Um das besser zu verstehen, lohnt sich zunächst ein Blick auf die Berechnung dieser Linie. Es werden die letzten 200 Schlusskurse genommen, woraus ein Durchschnitt berechnet wird. Mit jedem neuen Tag ersetzt der letzte Schlusskurs den ältesten. So entsteht eine fortlaufende Linie, die sich meist nahe am Kurs bewegt – mal oberhalb, mal unterhalb.

So sieht die 200-Tageslinie in einem Chart aus:

Abb. 5: *Apple* im Wochenchart + 200-Tageslinie (Charts by *TradingView*)

Hier siehst du den Chart von *Apple*. Jede Kerze stellt eine Woche dar. Die graue Linie zeigt die 200-Tageslinie. An den Punkten kannst du erkennen, wo der Kurs am Indikator gedreht hat. Deshalb nenne ich sie auch gerne das „dynamische Trampolin", jedoch kannst du auch unschwer immer wiederkehrende Durchbrüche erkennen. Daraus ergibt sich eine essenzielle Erkenntnis:

Indikatoren sind nicht unfehlbar.

Mal liefern sie brauchbare Signale – mal spiegeln sie bloß belanglose Kursbewegungen wider. Für mich spielt die 200-Tageslinie in einer meiner Strategien eine entscheidende Rolle in der Auswahl meiner Trades – ähnlich wie der Trend. In Bezug auf die Strategie, die später im Buch vorgestellt wird, brauchst du diese allerdings nicht. Ähnlich wie beim Trend ist auch die 200-Tageslinie kein Bestandteil der Strategie. Da sie jedoch zu den beliebtesten und bekanntesten Werkzeugen der Börsenwelt zählt, wählte ich sie als Beispiel. Doch was ist mit all den anderen Indikatoren?

Es gibt eine Vielzahl an Indikatoren, die in vier Hauptkategorien unterteilt werden können: Trendfolge, Momentum, Volatilität und Volumen. Die 200-Tageslinie gehört zur Trendfolge, der RSI zu Momentum, der VIX zur Volatilität und das zeitbasierte Volumendiagramm zum Volumen. Das sind durchweg hilfreiche Indikatoren, die auch ich gerne nutze – die meisten Einsteiger kennen sie jedoch nicht. Welche davon brauchst du nun für die Strategie in diesem Buch?

Ganz genau: keinen einzigen! Wie bereits erwähnt, basiert die Strategie aus diesem Buch auf den simpelsten Faktoren der technischen Analyse. Dabei benötigst du keine Indikatoren, Funktionen oder sonstige mathematische Berechnungen. Alles, was du für einen Trade benötigst, zeigt dir bereits der nackte Chart. Warum gibt es trotzdem ein ganzes Kapitel zu diesem Thema?

Ganz einfach: aus Gründen der Vollständigkeit und zur Orientierung. Wenn du neu in die technische Analyse oder ins Trading einsteigst, wirst du mit einer Flut an Werkzeugen, Indikatoren und anderen Spielereien bombardiert. Gerade am Anfang weißt du oft nicht, womit du anfangen sollst – oder was tatsächlich hilfreich ist. Deshalb spreche ich auch Aspekte an, die zwar allseits bekannt und anerkannt sind, die du jedoch für dein Vorhaben nicht benötigen wirst.

Es ist gut zu wissen, dass es in der Trading-Welt noch weitaus mehr gibt, aber eins muss jederzeit fortbestehen: die eigene Strategie. Der Fokus muss immer auf die eigene Vorgehensweise gelegt werden und dabei solltest du keineswegs davon abschweifen. Bevor du also in das eigentliche Konzept einsteigst, folgt noch ein Blick auf einen weiteren weit verbreiteten Bereich der technischen Analyse.

Die Tiefen der technischen Analyse

Ich hätte von Anfang an alle Bestandteile der technischen Analyse aufzählen und der Reihe nach bis ins kleinste Detail erklären können. Doch wie du bereits am Anfang des Buches gelesen hast, möchte ich deine Zeit nicht mit Dingen verschwenden, die du später ohnehin nicht benötigen wirst. Auch wenn ich die technische Analyse und all ihre Facetten liebe, weiß ich ganz genau, dass dein Ziel ein anderes ist: Du möchtest profitabel an der Börse handeln.

Deshalb liegt der Fokus dieses Buches auf den Aspekten, die Teil der Strategie sind. Logischerweise stellt das nur einen Bruchteil der gesamten TA dar, und dennoch: Genau in diesen Teil solltest du eintauchen. Bislang ging es um Grundlagen, die du für die vorgestellte Strategie nicht brauchst: Trends und Indikatoren. Dabei gibt es weitaus mehr, was die technische Analyse zu bieten hat.

Ein besonders großer Bereich sind Chartformationen. Doppelboden, Schulter-Kopf-Schulter, Bullenflagge und Doppeltop sollten allseits bekannte Kursmuster sein, auf deren Basis etliche Menschen Handelsentscheidungen treffen. Niemand sagt, dass diese Muster nicht funktionieren oder gar unbrauchbar sind, ganz im Gegenteil: Auch ich handle sehr gerne Chartformationen, wenn sich denn welche ergeben!

Das Problem ist nur, dass solche Formationen äußerst selten auftauchen und sie sich dementsprechend auch kaum handeln lassen. Ihre Validität wurde von unzähligen Tradern bewiesen, und wer sich damit näher befasst, wird einiges über die Geschehnisse im Markt und die dahinterliegende Psychologie verstehen.

Als ich mit dieser Materie begonnen habe, lernte ich so gut wie alles über die technische Analyse. Es hat mir sehr dabei geholfen, meinen Weg als Trader zu finden, langfristige Aktienanalysen anzufertigen und den Markt besser zu verstehen. Am Ende war aber klar, dass ein Großteil der TA für das Trading an sich nicht notwendig ist. Für mich zählen am Ende vor allem folgende Fragen:

- Was zeigt mir der nackte Chart?
- Welche Preisbereiche deuten auf eine Umkehr hin?
- Wo entsteht frisches Momentum, welches ich nutzen kann?

Diese drei Fragen bilden die Grundlage der Strategie, die du in diesem Buch kennenlernen wirst. Ob das die meiner Meinung nach beste Strategie ist, die es gibt? Natürlich nicht – wie könnte ich das behaupten? Es gibt unzählige Handelsstrategien und jede hat ihre Daseinsberechtigung. Für mich ist diese Strategie eine der einfachsten und zugleich effektivsten. Sie vereint die wichtigsten Elemente der technischen Analyse, und das auf eine verständliche Art und Weise.

Also: Schluss mit allem, was dich nicht weiterbringt. Jetzt geht es um die Bausteine der technischen Analyse, auf denen deine künftige Strategie aufbaut.

Die Kerze unter der Lupe

Weshalb Kerzen wichtig sind

Im vorherigen Kapitel wurde das Thema „Kerzen“ bereits angerissen. Eines vorweg: Die Strategie in diesem Buch basiert größtenteils auf Kerzen bzw. bestimmten Kerzenformen. Dieses Kapitel bildet dementsprechend eine essenzielle Grundlage für deinen weiteren Weg im Trading. Warum also ausgerechnet Kerzen - und nicht Liniencharts? Schließlich zeigt auch dieser den Kursverlauf - und genau darauf kommt es doch an, oder?

Nicht ganz. Wie bereits erklärt, zeigt ein Linienchart lediglich aneinandergereihte Schlusskurse. Dadurch bleibt verborgen, was innerhalb einer Stunde, eines Tages, einer Woche oder eines Monats tatsächlich passiert ist. Stell dir zum Beispiel einen Tagesschlusskurs von 100 € vor. Das ist die einzige Information, die der Linienchart liefert. Was dabei fehlt, sind entscheidende Details:

- Wo wurde der Kurs eröffnet?
- Wo lag der Höchststand des Tages?
- Wie tief fiel der Kurs zwischenzeitlich?

Das sind unfassbar wichtige Informationen, die uns als Trader sonst abhandenkommen würden. Lass uns das Beispiel einmal genauer anschauen:

Liegt der Schlusskurs bei 100 €, sagt das zunächst wenig aus. Wenn aber bekannt ist, dass der Eröffnungskurs bei 90 € lag, ergibt sich ein deutlicher Gewinn von über 10 % an nur einem Handelstag. Interessanterweise lag der Höchststand sogar bei 110 €, wobei die Verkäufer gegen Ende des Tages nochmal für einen Rückgang sorgten. Am auffälligsten ist jedoch der Tagestiefstand: 60 €! Was zeigt uns das konkret?

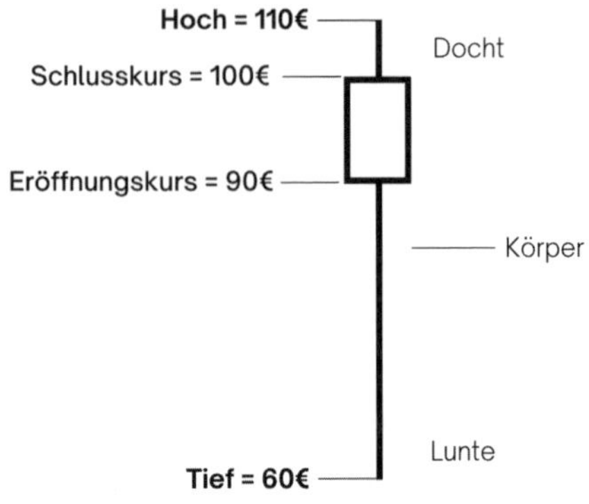

Abb. 6: Aufbau einer Kerze

Im Tagesverlauf dominierte klar die Verkäuferseite. Der Kurs verlor ein Drittel seines Wertes, jedoch konnte die Gegenseite bis Ende des Tages nicht nur den Verlust wiedergutmachen, sondern zusätzlich an Gewinn zulegen. Dieses Verhalten spricht für eine starke Käuferseite und könnte auf weitere Kursanstiege in den Folgetagen hinweisen.

Andererseits könnte es sich auch um eine kurzfristige Übertreibung handeln – abhängig vom vorherigen Kursverlauf. Zeigt die Aktie zuvor bereits anhaltend steigende Hochs, wäre die starke Abwärtsbewegung zu Beginn des Tages möglicherweise das erste Anzeichen für nachlassende Stärke. In diesem Fall könnte sich eine Trendumkehr anbahnen.

Wie du siehst, kann eine einzige Kerze zu etlichen Theorien führen. In einer vollständigen Analyse werden darüber hinaus vorangegangene Kerzenmuster berücksichtigt. Das Gesamtbild erzählt einem erfahrenen Analysten eine Geschichte, einen ewig währenden Kampf zwischen der Käufer- und Verkäuferseite. Es wäre grob fahrlässig, sich allein auf Schlusskurse zu verlassen, wenn sich währenddessen tagtäglich eine Schlacht zwischen den beiden Seiten abspielt.

Das ist die Macht der Kerzen! Was auf den ersten Blick wie simple Rechtecke und Linien wirkt, bietet erfahrenen Analysten ein enormes Maß an Interpretationsspielraum. Jede einzelne Kerze erzählt eine Geschichte und die Gesamtheit ergibt einen Roman. Auch wenn einzelne Kerzen unterschiedlich interpretiert werden können, gelten klare und nachvollziehbare Regeln.

Neben den klassischen Kerzenformationen, auf die gleich noch eingegangen wird, gibt es unendlich viele Zwischenformen, jede mit eigener Aussagekraft. Wie man jede Kerze korrekt liest, wird nun im nächsten Kapitel näher erläutert.

Zwischenformen der Kerze

Fest steht: Kerzen sind aus dem Werkzeugkasten eines Traders nicht wegzudenken. Jede Kerze sieht anders aus und kann unzählige Zwischenformen bilden. Einige deuten auf eine bullische, andere auf eine bärische Tendenz hin. Bevor es ins Detail geht, sollten die beiden Begrifflichkeiten bekannt sein.

Bullisch steht für steigende Kurse, Käuferdominanz und eine positive Kursentwicklung. Bärisch steht für fallende Kurse, Verkäuferdominanz und eine negative Entwicklung.

Wir starten mit bullischen Zwischenformen und ihrer Rangfolge:

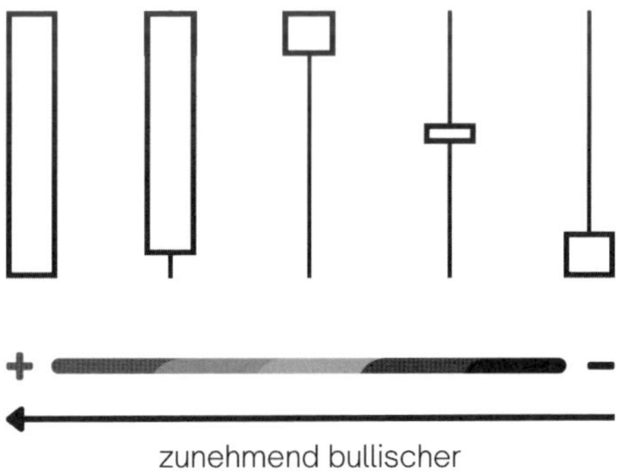

Abb. 7: Arten von bullischen Kerzen

Die Grafik zeigt fünf Zwischenformen bullischer Kerzen. Da sich nicht jede mögliche Variante behandeln lässt, dienen diese fünf Kerzen als Basis. Zwischenformen können anhand der vorgestellten Beispiele eingeordnet werden. Ganz links siehst du die stärkste Ausprägung einer positiven Kerze. Sie besitzt weder Docht noch Lunte und symbolisiert eine dominante Käuferseite. Der Kurs eröffnete und stieg ohne Zwischenhalt – also ohne eine Hoch- oder Tiefbildung – an, bis er am Ende den Schlusskurs bildete.

An zweiter Stelle ist eine ähnliche Kerze zu sehen. Dabei fällt ein feiner Unterschied auf – in diesem Fall ist eine Lunte vorhanden. Der Kurs wurde kurz nach seiner Eröffnung leicht unter den Eröffnungspreis gedrückt. Am Ende setzte sich die Käuferseite durch und sorgte für einen aussagekräftigen Schlusskurs. Aufgrund der beginnenden Schwäche befindet sich diese Kerzenausprägung auf dem zweiten Platz.

Drittranging ist eine Formation, die manchen bereits bekannt sein sollte – der Hammer. Konkrete Formationen und ihre Bedeutung werden später näher erläutert. In diesem Fall zeigt sich ein kleiner Körper, der sich am oberen Ende der Kerze befindet. Darunter ist eine lange Lunte zu erkennen, die für eine zunächst starke Verkäuferseite spricht. Gegen Ende der Zeiteinheit wurde der Kurs jedoch maßgeblich hochgekauft und schloss am Ende über dem ursprünglichen Eröffnungsniveau. Dies zeugt von einer vorherrschenden Käuferseite, wodurch sich diese Zwischenform in der Mitte aller Formen platziert.

Die vierte Zwischenform stellt ebenfalls eine Kerzenformation dar: den Doji. Hier ist ein perfektes Gleichgewicht zwischen Bullen und Bären bzw. Käufern sowie Verkäufern zu sehen. Mit dem typischen, kaum vorhandenen Körper und den beiden, stark ausgeprägten Hoch- und Tiefpunkten ist das die perfekte neutrale Kerze. Als alleinstehendes Muster ist sie wenig aussagekräftig und muss im Gesamtbild interpretiert werden.

Der bullische Doji wird üblicherweise am Tief einer Bewegung gebildet und spricht für ein plötzliches Gleichgewicht innerhalb einer Abwärtsbewegung. Damit hat selbst die viertplatzierte, bullische Zwischenform eine bedeutende Rolle im Trading! Das Schlusslicht ist erneut eine bekannte Kerzenformation, nämlich der inverted Hammer. Er stellt das Gegenstück zum bullischen

Hammer dar und zeugt von einer schwächelnden Käuferseite. Auch wenn der Körper weiß und damit positiv zu werten ist, erkennt man einen überproportional langen Docht. Dieser spiegelt die anfängliche Stärke der Käuferseite wider, die gegen Ende der zu betrachtenden Zeiteinheit vollumfänglich von dem Verkäufer übertrumpft wurde. Daraus entsteht die schwächste Zwischenform aller bullischen Kerzen.

Wie bereits erwähnt, ist die Spannweite innerhalb der Zwischenformen nicht messbar. Ich würde nicht empfehlen, diese Zwischenformen stumpf auswendig zu lernen. Stattdessen sollte jeder Anfänger die Funktion hinter jedem Körper, Docht und jeder Lunte verstehen. Was bedeutet ein besonders kleiner Körper? Liegt der Körper eher an der Ober- oder Unterseite? Wie sehen die Proportionen zwischen Docht und Lunte aus?

Wer zu Beginn jede Kerze analysiert und den Hintergrund ihrer Entstehung nachvollzieht, entwickelt schnell ein fundiertes Verständnis für Kerzencharts. Denn wer eine einzelne Kerze lesen kann, wird auch das Gesamtbild verstehen. Bevor es gleich zu den Kerzenformationen geht, folgt ein Blick auf die bärischen Zwischenformen der Kerze:

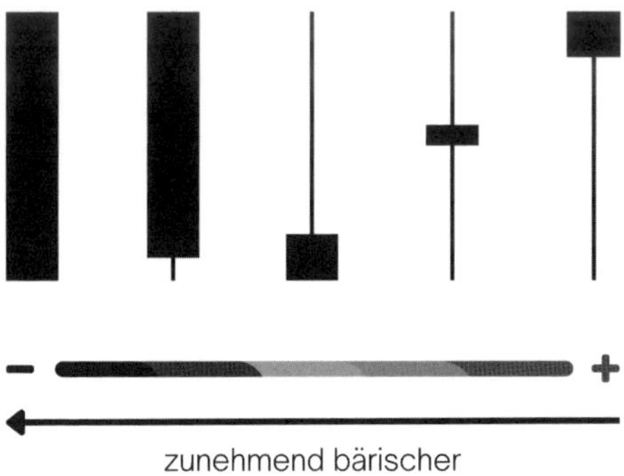

Abb. 8: Arten von bärischen Kerzen

Da die bullischen Zwischenformen bereits ausführlich beschrieben wurden, fällt die Beschreibung der bärischen Gegenstücke etwas kürzer aus.

An erster Stelle steht wieder eine Kerze, die ausschließlich aus einem Körper besteht. Hier eröffnete der Kurs und wurde sofort von der Verkäuferseite dominiert, was am Ende zu einem Schlusskurs ohne Hoch oder Tief führte. Rechts davon siehst du eine leicht abgeschwächte Version der ersten Kerze, wobei die Käuferseite kurz vor Bildung des Schlusskurses eine leichte Gegenreaktion auslöst. Dadurch entsteht eine kurze Lunte, welche die seichte Präsenz der Käufer aufzeigt.

Mittig platziert liegt eine Kerzenformation namens „Shooting-Star“. Sie spiegelt mit dem langen Docht eine starke Käuferphase wider, die letzten Endes von der Stärke der Verkäufe übermannt wurde. Zu erkennen ist ein kleiner, aber sichtbarer Körper an der Unterseite, der durch die schwarze Färbung für einen negativen Schlusskurs spricht.

An vierter Stelle reiht sich erneut der Doji ein, dieses Mal mit einem dunklen Körper. Im Falle dieser Kerzenformation spielt die Farbe des Körpers eine untergeordnete Rolle, denn entscheidend sind hier der lange Docht und die lange Lunte. Sie zeigen den Machtkampf zwischen Käufern und Verkäufern auf.

Abschließend präsentiert sich der sogenannte „Hanging Man“, eine bärische Kerzenformation, auf dem letzten Platz. Auch wenn der Körper schwarz und die Kursentwicklung damit negativ ist, waren die Bären zuvor deutlich stärker. Gegen Ende der Zeiteinheit preschten die Bullen voran, schafften es jedoch nicht, für einen positiven Schlusskurs zu sorgen. Das ist die schwächste, bärische Form der Kerze.

Damit ist die Bandbreite möglicher Kerzenformen abgedeckt. Wer Kerzen korrekt einordnen möchte, sollte sich an der Rangfolge orientieren und sich anhand echter Praxisbeispiele mit der Bedeutung ihrer Bestandteile auseinandersetzen. Dazu öffnest du einen beliebigen Chart, wechselst in die Zeiteinheit „Tag“ und schaust dir dort jede einzelne Kerze an.

Ein Hinweis: Das ist keine Voraussetzung, um am Ende die Trading-Strategie handeln zu können. Getradet wird mit einer Auslese an konkreten Kerzenformationen, jedoch bildet die allgemeine Interpretation von Kerzen eine wichtige Basis, um später effektiver und schneller Formation zu erkennen. In diesem Sinne folgt nun der Einstieg in die Welt der Kerzenformationen!

Die Welt der Kerzenformationen

Was genau sind Kerzenformationen? Im Prinzip handelt es sich dabei um bestimmte Zwischenformen von Kerzen, die ein konkretes Signal liefern können - etwa ein Kauf- oder Verkaufssignal. Häufig findest du vorgefertigte Übersichten mit allen möglichen Kerzenformationen. Oft liegt der Fokus darauf, diese auswendig zu lernen, um sie anschließend stumpf im Chart anzuwenden. Meines Erachtens ist es jedoch essenziell, den Sinn und Ursprung einer solchen Formation zu verstehen.

Anstatt die Formationen bloß auswendig zu lernen, kannst du die Kerze oder Kerzen schlichtweg lesen - insbesondere die Geschichte ihrer Entstehung. Dieses Verständnis verhindert eine zu starre Herangehensweise bei der Auswahl oder der Identifizierung von Formationen. Gerade Einsteiger neigen dazu, ausschließlich nach idealtypischen Mustern zu suchen, die dem Lehrbuchbeispiel exakt entsprechen. Zur besseren Veranschaulichung folgt nun die wohl beliebteste und bekannteste Kerzenformation in der technischen Analyse: der Hammer.

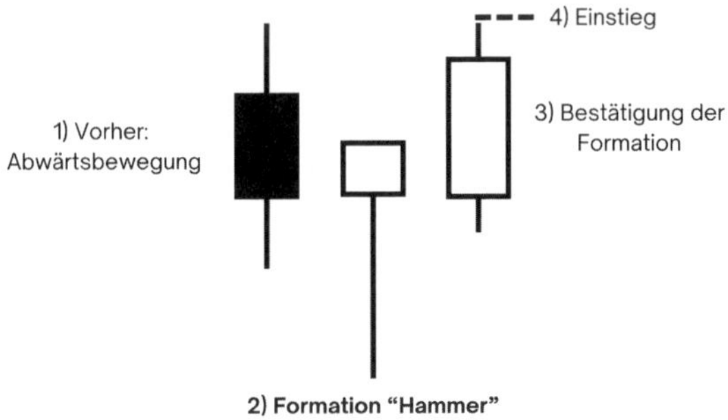

Abb. 9: Kerzenformation "Hammer"

Viele Kerzenformationen bestehen aus zwei oder drei Kerzen – daher auch der Name „Formation“. Es gibt jedoch auch Ein-Kerzen-

Formationen wie den Hammer, die für sich allein ein klares Signal geben können. Die erste Kerze stellt die Grundlage der Formation dar. Als bullische Kerzenformation sollte dem Hammer eine Abwärtsbewegung vorausgehen. Ziel ist es, eine mögliche Umkehr vorherzusagen, was eine vorherige Gegenbewegung erfordert.

Wenn also ein Kurs abwärts läuft und mehrere bärische Kerzen bildet, könnte sich – wie im Beispiel – eine Hammerformation entwickeln. Diese zentrale Kerze ist entscheidend für das gesamte Muster. Nach ihr folgt eine Bestätigung, ebenfalls in Form einer Kerze. Diese sollte zwingend bullisch bzw. positiv sein und bestätigt in diesem Fall die bullische Umkehr. Über dem Hoch dieser letzten Kerze könnte beispielsweise ein Einstieg platziert werden.

Im Endeffekt ist die Formation nichts anderes als ein Indiz dafür, dass ein Kurs seine Richtung potenziell ändern könnte. Der Hammer selbst zeigt, dass die Verkaufsseite zwar zu Beginn stark war, gegen Ende jedoch die Käufer die Überhand gewonnen haben. Daraus entsteht eine lange Lunte an der Unterseite und ein bullischer Körper an der Oberseite. Die letzte Kerze dient lediglich dazu, die endgültige Wende zu validieren.

Bei der Hammerformation sind einige Aspekte zu beachten. Denn nicht jede Kerze, die einem Hammer ähnelt, ist auch einer:

Verhältnis Körper zu Lunte = 3:1

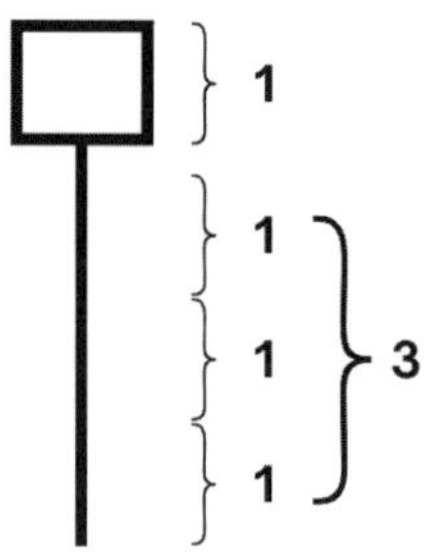

Abb. 10: Das korrekte Verhältnis für den Hammer

Die Grundvoraussetzung für einen validen Hammer ist das Verhältnis zwischen Körper und Lunte. Angenommen, der Hammer wäre beispielsweise einen Zentimeter lang, müsste die darunterliegende Linie mindestens drei Zentimeter lang sein. Natürlich wird die Länge bzw. Höhe von Kerzen nicht in Zentimetern gemessen, jedoch hilft das oft beim Verständnis. In der Praxis zählt die prozentuale Höhe der jeweiligen Parameter. Wenn diese Voraussetzung gegeben ist, wird der Hammer als solcher eingestuft.

Doch das alleine reicht. Gerade am Anfang besteht die Tendenz, Formationen zu streng zu bewerten. Um dem entgegenzuwirken, hilft es, sich andere Beispiele von Hammern anzusehen, die ebenfalls korrekt wären. Denn nicht jede Formation ähnelt ihrer perfekten Vorgabe.

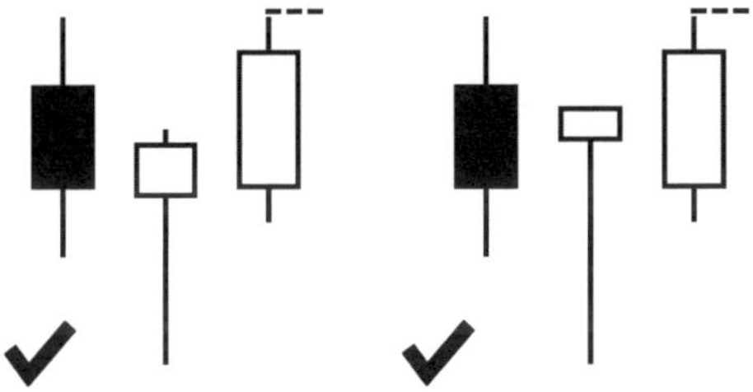

Abb. 11: Zwischenformen des Hammers

Die mittlere Kerze auf der linken Seite wirkt auf den ersten Blick fragwürdig. Der Körper passt von der Größe her und auch die Lunte scheint verhältnismäßig zu stimmen. Allein dieser kleine Docht könnte dich dazu verleiten, die Formation nicht als Hammer einzustufen. Dabei ist das definitiv noch ein Hammer! Solange das Verhältnis stimmt, darf nämlich der Docht an der Oberseite etwas herausstechen und wirkt damit nicht entgegen der eigentlichen Formation.

Rechts ist eine weitere Ausprägung des Hammers zu sehen. Diese Zwischenform wird tendenziell häufiger als valide eingestuft, da du hier zwar keinen Docht erkennen kannst, dafür aber einen relativ kleinen, schmalen Körper. Auch das wäre noch ein valider Hammer!

Daraus lernst du, dass es auch bei Formationen gewisse Zwischenformen gibt, die immer noch korrekt sind. Wenn du dir bereits die positiven Varianten angesehen hast, solltest du auch zwei klare Gegenbeispiele kennen:

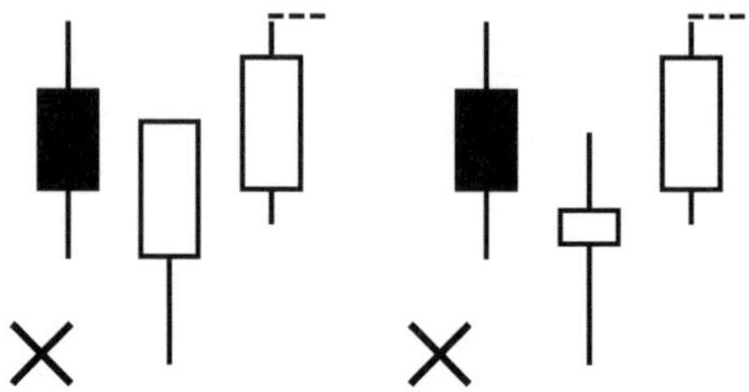

Abb. 12: Kerzen, die keinen Hammer darstellen

Auf der linken Seite dürfte schnell klar sein, warum es sich hier nicht um einen Hammer handelt. Das Verhältnis zwischen Körper und Lunte liegt eher bei 1:2 und nicht bei 1:3. Damit ist diese Zwischenform sofort auszuschließen.

Rechts wäre eine Formation, die bereits aufgezeigt wurde. Es handelt sich hier nicht um einen Hammer, sondern um einen Doji. Genauere Infos dazu folgen in späteren Kapiteln. Allgemein gilt jedoch Folgendes: Wenn eine Kerze zwei Formationen ähnelt, zählt stets diejenige, zu der die Kerze am besten passt. Dabei geht es schlichtweg um Formalitäten, denn in diesem Beispiel würdest du sowohl den Hammer als auch den Doji auf der rechten Seite als bullisches Umkehrsignal interpretieren. Das sollte den Druck und die Angst vor der Formationserkennung deutlich verringern.

Wie du siehst, kann schon eine einzelne Formation mit ihren Abweichungen und Sonderformen reichlich Interpretationsspielraum bieten. Die Welt der Kerzenformationen ist weitaus größer und komplexer, als es auf den ersten Blick erscheint. Dieses Beispiel dient als Einstieg – die Details folgen im Strategie-Kapitel. Eine wichtige Erkenntnis solltest du bereits mitnehmen:

Kerzenformationen sind nur Zwischenformen von bullischen und bärischen Kerzen. Sie bestehen aus zwei bis drei Einzelkerzen und können immer logisch hergeleitet werden. Die Begriffe für diese Formationen wurden eingeführt, um bestimmte Muster leichter benennen zu können. Auch wenn das zunächst simpel klingt, bleibt dieses Feld eines der beliebtesten in der technischen Analyse und im Trading.

Zahlreiche Trader vertrauen auf Kerzenformationen und es gibt unzählige Bücher, die sich nur mit diesem Thema beschäftigen. Wer tiefer einsteigen will, kann das jederzeit tun – aber gerade Anfänger sollten sich davon nicht überfordert fühlen. Zu Beginn reicht es vollkommen aus, eine einzige Formation vollständig zu verstehen. Am Ende zählt nicht das theoretische Wissen, sondern die praktische Anwendung. Wie das genau funktioniert, lernst du im fortgeschrittenen Teil des Buches!

Bevor es nun zum mit Abstand wichtigsten Teil der technischen Analyse geht, zeige ich zum Abschluss ein Beispiel aus der Praxis:

Abb. 13: Praxisbeispiel Hammer – *Apple*-Chart (Charts by *TradingView*)

Es handelt sich hier um den Wochenchart der *Apple*-Aktie. Eine Kerze repräsentiert jeweils die Preisentwicklung einer Woche. Im Mai 2021 bildet sich nach einer kurzweiligen Abwärtsbewegung eine Hammer-Formation. Um das dreiteilige Muster zu vollenden, folgt direkt auf den Hammer eine Bestätigungskerze. Anschließend bewegte sich der Kurs mit hohem Momentum aufwärts.

Das rechte Beispiel zeigt eine umso stärkere Ausbildung des Hammers. Wieder lässt sich eine vorangegangene Abwärtsbewegung erkennen, gefolgt von der Formation und ihrer Bestätigung. Auch hier erfolgt eine deutliche Kursumkehr.

Nun scheint es so, als wäre die Hammer-Formation unfehlbar. Diese Muster sind jedoch bei Weitem nicht „perfekt“. Es existiert faktisch kein Signal in der technischen Analyse, welches eine hundertprozentige Trefferquote nachweisen kann. Natürlich kommen bei der Einführung zu solchen Themen vor allem Positivbeispiele zum Einsatz; dennoch bleibt stets im Hinterkopf zu behalten, dass es sich hierbei um Wahrscheinlichkeiten handelt.

Dasselbe gilt dementsprechend für alle Kerzenformationen, Trends, Zonen, Kursmuster und Indikatoren. Keines dieser Werkzeuge garantiert eine korrekte Vorhersage der zukünftigen Kursbewegungen. Sie liefern lediglich Indizien für eine potenzielle Kursumkehr oder -fortsetzung.

Damit endet der Abschnitt über Kerzen – und der Fokus rückt auf das Fundament vieler Trading-Strategien: Zonen.

Die Zone als Wegweiser

Der psychologische Sinn hinter Zonen

Der Chart lässt sich nun lesen, Kerzen können korrekt interpretiert werden – damit ist die wichtigste Grundlage für das Trading gelegt. Eine Kursbewegung muss nachvollzogen werden, ehe eine Prognose zur zukünftigen Entwicklung möglich ist. Kerzenformationen alleine reichen dabei noch lange nicht aus. Der Grund:

Ein Kerzenmuster stellt einen Faktor dar, der für eine Umkehr im Chart spricht. Aus analytischer Sicht, insbesondere als Trader, braucht es mindestens zwei Faktoren, die eine Kursprognose stützen. Formationen können willkürlich und überall im Chart entstehen, was sie für sich genommen wenig handelbar macht. Es braucht Bereiche, in denen das Potenzial für eine Umkehr maßgeblich steigt. Genau hier kommt die Zone ins Spiel.

Eine Zone ist ein Preisbereich, der in der Vergangenheit wiederholt angelaufen wurde und zu einer Umkehr der Kursrichtung führte. Verbildlicht sieht das wie folgt aus:

Abb. 14: Beispiel für Zonen (Charts by *TradingView*)

In der Abbildung siehst du einen Teil der Kurshistorie der *Mercedes-Benz*-Aktie. Zwei graue Kästen markieren exakt jene Preisbereiche, die wiederholt zu einer Gegenreaktion geführt haben – unten etwa bei 17,60 €, oben bei rund 77,50 €. Läuft der Kurs erneut in diese Bereiche, ist mit einer weiteren Gegenbewegung zu rechnen – zumindest handelt es sich dabei um das wahrscheinlichste Szenario. Woran liegt das?

Um das zu verstehen, ist ein Blick auf die psychologischen Grundlagen notwendig. Die technische Analyse basiert auf menschlichem Verhalten. Menschen haben Muster, Begriffe und Konzepte wie Formationen definiert. Der Hammer ist kein beliebig gewählter Name – er ergibt sich logisch aus der Interpretation. Die lange Lunte steht für eine starke Verkaufsphase, der kleine Körper oben für ein Comeback der Käufer.

Was bedeutet das nun für Zonen? Stell dir vor, du hättest eine Aktie direkt am Tief nach dem Crash im Jahr 2020 gekauft und anschließend satte Buchgewinne feststellen können. Was passiert, wenn sich diese Aktie ihrem Allzeithoch nähert? Was für Gefühle kommen auf?

- „Vielleicht wird es Zeit, die Aktie zu verkaufen."
- „Soll ich meinen Gewinn riskieren und auf ein neues Allzeithoch hoffen?"
- „Sollte das Allzeithoch nicht direkt überwunden werden, werde ich verkaufen!"

Je höher eine Aktie steigt, desto höher wird auch die Wahrscheinlichkeit für eine Umkehr – das weiß jeder Investor. Vielleicht nicht bewusst, jedoch spürst du unterbewusst eine gewisse, schleichende Angst. Eine Aktie läuft und läuft, doch eine Korrektur bleibt aus. Die Gewinne steigen immer weiter, wie lange das wohl noch gut gehen kann? Das ist ein typisches menschliches Denkmuster.

Genau aus diesem Grund kannst du nach Erreichen des Allzeithochs oftmals eine Umkehr erkennen. Nicht, weil das Hoch objektiv eine Zone ist, sondern aufgrund der Gedankengänge der

Investoren und Trader. Zuerst kommt der Mensch, dann die Zone und anschließend die Reaktion. Die technische Analyse wird manchmal als Wundermittel betrachtet. Dabei nutzt du nichts als Indizien und stellst Prognosen auf.

Zurück zum Szenario: Auf Basis der getroffenen Feststellungen und der Analyse der menschlichen Psychologie, wäre ein Allzeithoch ein potenziell guter Bereich, um entweder Gewinne zu realisieren oder auf fallende Kurse zu setzen. Dementsprechend könntest du an diesem Punkt eine Zone einzeichnen, um sie als möglichen Umkehrbereich zu markieren, aber Achtung:

Eine hohe Wahrscheinlichkeit ist kein Garant.

Kurse können trotz Zone weiterlaufen – das gehört zur Natur der Märkte! Sollte ein Allzeithoch nachhaltig überwunden werden, wirkt dies sogar bullisch und kann das Aufwärtsmomentum zusätzlich antreiben. Deshalb gilt: Der technische Analyst ist kein Wahrsager, sondern ein kalkulierter Mathematiker, der von Wahrscheinlichkeiten besessen ist.

Ein weiteres Szenario zur Veranschaulichung: Erinnerst du dich an die Aktie, die du am absoluten Tiefpunkt des Jahres 2020 gekauft hast? Anstatt sie am Allzeithoch zu verkaufen, hast du gewartet und musstest eine niederschmetternde Korrektur erleben. Der Kurs lief über Monate hinweg abwärts und erreichte ein Jahr später sogar genau den Tiefpunkt, an dem der Einstieg erfolgte! Es tauchen unterschiedlichste Gedanken auf:

- „Soll ich nachkaufen?“
- „Der Kurs wird bestimmt nochmal durchstarten!“
- „Oder lieber verkaufen, bevor Verluste entstehen?“

Auf der einen Seite schmerzt es, an die verpassten Gewinne zu denken. Du hoffst auf eine weitere, genauso starke Umkehr wie beim letzten Mal. Andererseits wäre es eine Erleichterung, wenn die Position ohne Gewinn und ohne Verlust geschlossen würde. In so einer Situation entstehen verschiedene Gefühle und wie die Entscheidung am Ende ausfällt, ist vollkommen individuell. Idealerweise gibt es auch hierfür Strategien – allerdings würde das den Rahmen des Buches an dieser Stelle sprengen.

Stattdessen folgt der Blick auf die Perspektiven eines Traders. Dieser hatte mit der Aktie nichts zu tun, beobachtete aber genau den Preisbereich, der bereits vor einem Jahr eine deutliche Umkehr ausgelöst hatte. Was ihm zusätzlich aufgefallen ist:

Der Kurs drehte bereits in den Jahren 2012, 2015, 2018 und zuletzt 2020 innerhalb desselben Preisbereichs. Daraus ergibt sich eine klare Chance – die Wahrscheinlichkeit für eine erneute Reaktion ist extrem hoch. In seinem Fall muss die Umkehr gar nicht erst gravierend ausfallen. Selbst eine moderate Reaktion würde genügen, um profitabel zu handeln.

Es gibt Tausende Szenarien, die den Nutzen einer Zone verdeutlichen. Entscheidend ist jedoch nicht das konkrete Szenario, sondern der Mensch selbst. Technische Analysten stellen gewisse Thesen auf und vertrauen darauf, dass sie korrekt sind. Doch niemand weiß, wie die Märkte tatsächlich funktionieren. Solche Beispiele helfen zwar, den Sinn hinter Zonen zu verstehen, jedoch sind sie nicht der Grund für das Endergebnis.

Kurse drehen manchmal vollkommen willkürlich oder aufgrund unerwarteter Nachrichten. Manchmal gelingt die Vorhersage – ein anderes Mal geht die aufgestellte These nicht auf. Warum also all die Beispiele und psychologischen Erklärungen? Wozu das alles, wenn am Ende sowieso alles keinen Sinn ergibt? Genau das ist der springende Punkt: Es muss gar keinen Sinn ergeben! Der Versuch, allem eine logische Bedeutung zuzuschreiben und jede Kursbewegung wissenschaftlich zu erklären, kann sogar hinderlich sein.

Es geht nicht darum, für jede Kerze und jede Zone eine Erklärung zu finden. Natürlich lassen sich Thesen formulieren – aber warum ein Kurs exakt an Punkt X dreht, bleibt oft unklar. Und das ist völlig in Ordnung. Als Analysten und Trader helfen uns gewisse

Regeln und Ideen dabei, sich zu orientieren – ohne zu behaupten, den Markt vollständig zu verstehen. Was bleibt also? Du lernst gewisse Konzepte und wendest diese im Markt an. Es geht nicht darum, die Kursentwicklung jedes Mal zu 100 % verstanden zu haben. Stattdessen hältst du dich an das, was du gelernt und geübt hast. Das wendest du immer und immer wieder im Chart an.

Zusammenfassend solltest du dir bewusst machen, dass es Preisbereiche gibt, an denen ein Kurs wiederholt gedreht hat. Sollte jener Kurs einen der Bereiche anlaufen, steigt die Wahrscheinlichkeit für eine Umkehr. Das liegt nicht am verzweifelten Investor oder ambitionierten Trader, sondern allein an dieser Tatsache: Vergangene Muster werden erkannt und in die Zukunft projiziert.

Was bereits wiederholt geschah, kann erneut geschehen.

Solange die Wahrscheinlichkeit auf Seiten des Traders liegt, gilt die Entscheidung als korrekt. Zonen bilden somit ein zentrales Fundament im Trading. Sie liefern Hinweise darauf, wo und wann ein Kurs drehen könnte. Erst in Kombination mit einer passenden Kerzenformation entsteht ein valider Einstiegspunkt und et voilà: Eine Trading-Strategie ist geboren!

Da das Thema Zonen noch lange nicht abgeschlossen ist, folgt die konkrete Strategie erst später. Dies war lediglich ein kleiner Ausblick. Jetzt geht es um die zwei Arten von Zonen – und wie diese korrekt eingezeichnet werden.

Unterstützung und Widerstand

Die potenziellen Gründe für die Funktionsweise von Zonen wurden bereits besprochen und es ist klar, dass du auf psychologische Erklärungen verzichten kannst. Ich bin ein großer Freund davon, technisch komplexe Aspekte mithilfe von bekannten Denkweisen und Mustern zu erklären. In diesem Fall möchte ich jedoch den Fokus darauf legen, die konkrete Nutzung und Einzeichnung von Zonen zu behandeln. Die technische Analyse ist allgemein gesehen ein relativ nüchternes, technisches Thema – schöne Metaphern sind hier selten zu finden. Warum das nicht zwingend so sein muss und wie du ganz ohne Bezug zur „realen" Welt die technische Analyse verstehen kannst, wird gleich deutlich.

Worum geht es nun konkret? Es geht darum, zu verstehen, was eine Unterstützung darstellt und was ein Widerstand bedeutet. Vorweg: Die Zone bildet das absolute Fundament der Trading-Strategie. Eine Zone zeigt, bei welchen Preisen die Wahrscheinlichkeit einer Kursumkehr steigt. Dieser Zusammenhang wurde bereits behandelt. Jetzt geht es darum, die zwei Unterarten der Zone näher zu untersuchen. Den Anfang macht die Unterstützung:

Wie der Begriff bereits vermuten lässt, agiert diese Art von Zone als Unterstützung für den Kurs. Stell dir einen Aktienkurs vor, der immer weiter fällt und quasi auf ein Rettungsnetz oder ein rettendes Trampolin wartet, um erneut in Richtung Norden geschickt werden zu können. Eine Unterstützung ist nichts anderes als ein Preisbereich, dessen einzige Aufgabe es ist, einem fallenden Kurs entweder Halt oder die Kraft für eine Umkehr zu bieten.

Wie häufig betont: Nichts in der technischen Analyse ist sicher. Auch wenn die Aufgabe der Unterstützung klar ist, hängt die Vollendung der Aufgabe von diversen Faktoren ab. Einerseits sollte der Preisbereich eine gewisse Vergangenheit vorweisen können. Konkret bedeutet das, er sollte schon einige Male für das gewünschte Szenario gesorgt haben. Andererseits darf die Unterstützung weder schmal noch breit sein. Das liegt wiederum am Analysten, der die Zone einzeichnet.

Wichtige Fragen lauten daher:

- Worauf kommt es bei der Markierung solcher Bereiche an?
- Wie lässt sich die „perfekte" Unterstützung bestimmen, die die höchstmögliche Wahrscheinlichkeit für eine Kursumkehr liefert?

Ein einfacher erster Schritt besteht darin, mehrere markante Tiefpunkte aus der Vergangenheit clever miteinander zu verbinden:

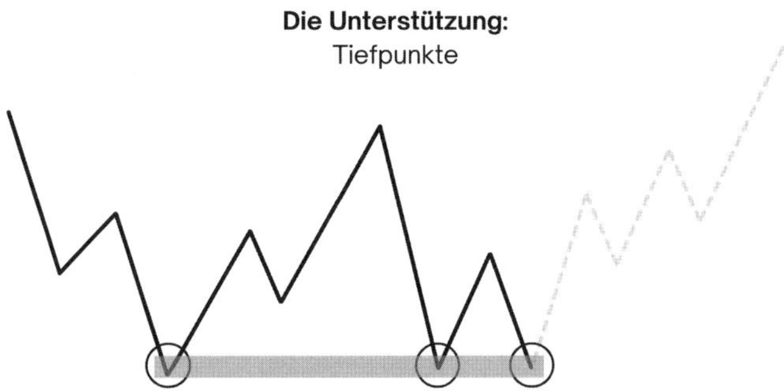

Abb. 15: Die Unterstützung in der Theorie

In der Theorie gilt: Suche dir mindestens zwei Tiefpunkte, von denen aus der Kurs jeweils eine deutliche Aufwärtsbewegung startet. Erreicht der Kurs erneut diesen Preisbereich, lässt sich eine bullische Reaktion erwarten. In der Praxis sieht das wie folgt aus:

Abb. 16: Die Unterstützung in der Praxis (Charts by *TradingView*)

Diese Unterstützung ähnelt zwar nicht der Theorie, funktioniert jedoch genauso gut. An dieser Stelle sei gesagt, dass du nur selten Zonen finden wirst, die exakt der Theorie entsprechen. Jeder Chart ist anders, wodurch auch jeder Preisbereich eine eigene Ausprägung haben wird. Hinzu kommen die persönlichen Vorlieben bzw. der Fortschritt des Analysten. Im dargestellten Chart zeigt sich links eine dichte Ansammlung ähnlicher Tiefpunkte.

Bei diesem Beispiel verbindest du den tiefsten mit dem höchsten der markanten Tiefs (= kleine Kreise) und legst damit deinen Umkehrbereich fest. Einige Wochen später kehrt der Kurs von seinem Höhenflug zurück und berührt die vorher markierte Zone. Hier kam es nicht nur einmal, sondern zweimal zu einer positiven Umkehr.

Zwei Dinge solltest du bei der Zeichnung von Zonen bedenken: Zum einen gibt es da keine perfekte Vorgehensweise für die Festlegung des Bereichs. Welche Feinheiten du hier beachten kannst und solltest, wird im Strategie-Kapitel bis ins letzte Detail erläutert. Zum anderen solltest du niemals erwarten, dass jede Unterstützung immer hält und für eine starke Reaktion sorgt. Früher oder später wird jede Zone nachgeben und durchbrochen werden. Solange du saubere Preisbereiche markierst und die richtigen Kaufsignale nutzt, ist das kein Problem. Mehr dazu im Verlauf des Buches!

Neben dieser klassischen Form existiert noch eine weitere Art der Unterstützung. Zuvor folgt noch ein Blick auf das Gegenstück: den Widerstand.

Der Widerstand:
Hochpunkte

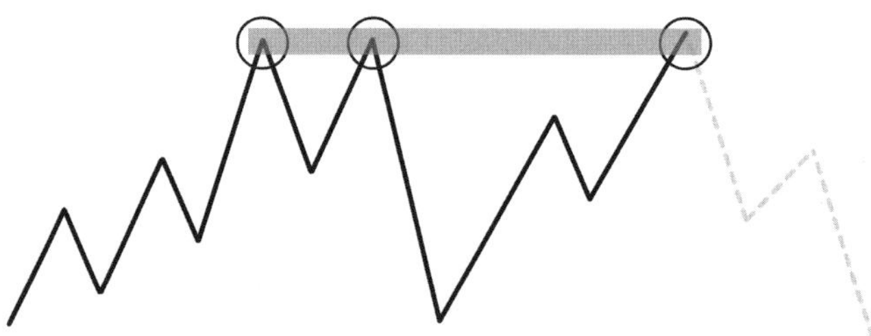

Abb. 17: Der Widerstand in der Theorie

Während bei einer klassischen Unterstützung nach ähnlichen Tiefpunkten gesucht wird, gilt es beim Widerstand, eine Reihe von ähnlich hohen Hochpunkten zu ermitteln. Diese Zone wirkt nicht stabilisierend, sondern bremsend. Trifft ein steigender Aktienkurs auf einen Widerstand, steigt die Wahrscheinlichkeit einer negativen Umkehr um ein Vielfaches. Die Gründe sind dieselben wie bei der Unterstützung, nur betrifft es nun Hochpunkte, die ein fallendes Szenario einleiten könnten.

Neben dieser Funktion agiert der Widerstand auch als wichtiger Negativ-Faktor im Trading. Da meist auf steigende Kurse gesetzt wird, sollte ein Widerstand nicht unmittelbar vor einem Long-Einstieg liegen – sonst droht eine Korrektur, bevor der Trade überhaupt Fahrt aufnehmen kann. Auch das wäre wieder ein Thema für ein Kapitel im fortgeschrittenen Teil. Weiter zum Beispiel aus der Praxis:

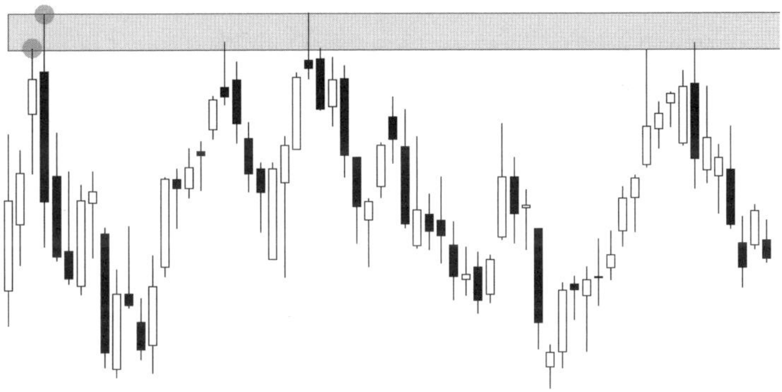

Abb. 18: Der Widerstand in der Praxis (Charts by *TradingView*)

Links im Chart befinden sich die beiden relevanten Hochpunkte, die zur Zone führen. Die Untergrenze bildet das erste Hoch, die Obergrenze das zweite. Nach der Markierung fällt der Kurs, zeigt eine kurzzeitige bullische Gegenbewegung und trifft erneut auf den Widerstand. Es folgt die nächste Reaktion – und schließlich die finale, bärische Umkehr.

Was unterscheidet nun Unterstützung und Widerstand? Zunächst scheint die Antwort einfach: Unterstützung erzeugt positive Reaktionen, Widerstand negative. Technisch betrachtet besteht der einzige Unterschied im aktuellen Kursniveau.

Beide Preisbereiche rufen mit ziemlich hoher Wahrscheinlichkeit eine Gegenreaktion hervor. Ob es sich dabei um Tief- oder Hochpunkte handelt, spielt tatsächlich keine Rolle! Entscheidend ist die Lage des Kurses in Relation zur Zone. Simpel ausgedrückt: Notiert der Kurs …

- oberhalb der Zone, wird diese als Unterstützung eingestuft.
- unterhalb der Zone, wird sie als Widerstand eingeordnet.

Wie kann nun ein Widerstand, welcher aus Hochpunkten besteht, als Unterstützung interpretiert werden? Genau das zeigt das nächste Kapitel!

Wie der Name schon verrät, kann jede Zone als Unterstützung und Widerstand interpretiert werden. Die Definition hängt lediglich von der aktuellen Lage des Kurses im Chart in Relation zur Zone ab. Zur Veranschaulichung dient zunächst ein theoretisches Beispiel:

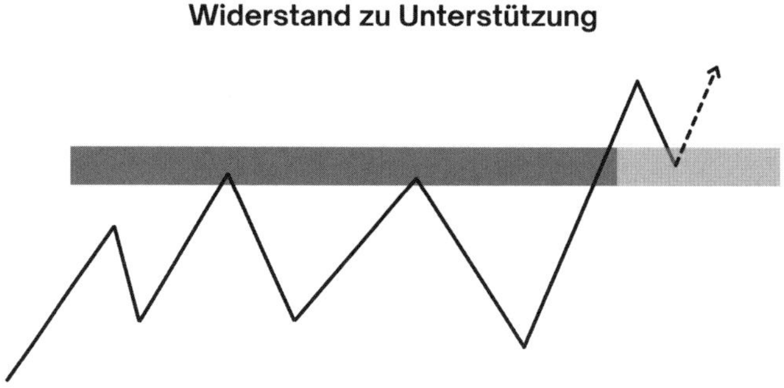

Abb. 19: Der wechselnde Charakter der Zone (Theorie)

Der dunkelgraue Balken markiert einen Widerstand – er entsteht durch zwei ähnlich hohe Hochpunkte. Bei einer erneuten Berührung wäre eine weitere Gegenreaktion erwartbar. Doch wie bereits mehrfach betont: Jede Zone wird irgendwann durchbrochen. Was passiert in diesem Fall?

Ein vormals gültiger Widerstand wandelt sich zu einer Unterstützung! Die Hochpunkte behalten dabei ihre Funktion, denn sie sorgen weiterhin für eine Kursumkehr. Dieses Konstrukt ist auch unter dem Begriff „Break und Retest" bzw. „Ausbruch und Rücklauf" bekannt – eines der stärksten Trading-Setups überhaupt. Das Konzept scheint zunächst unlogisch: Hochpunkte sollen doch weitere Hochpunkte verhindern – das war ja der Sinn hinter dem Widerstand. Doch genau hier liegt ein Denkfehler: Was in einer Richtung Wirkung entfaltet, kann in umgekehrter Richtung ebenso eine Wirkung zeigen. Als Analysten interessiert es uns nicht, ob eine Zone nur aus Hoch- und Tiefpunkten oder einer Kombination besteht. Entscheidend sind drei klare Kriterien:

1. Wie viele Berührungspunkte sind vorhanden?
2. Wie weitläufig fallen Reaktionen auf die Zone aus?
3. Wie oft kam es in der Vergangenheit zu Durchbrüchen?

Diese drei Fragen helfen dabei, einzuschätzen, ob es sich um eine verlässliche Zone handelt, die als Grundlage für Trading-Entscheidungen dienen kann. Letztlich führt auch dieses Kapitel zur bekannten Erkenntnis zurück: Die psychologischen Hintergründe der technischen Analyse mögen spannend sein – entscheidend für die Praxis sind sie jedoch nicht. Anstatt bestimmte Techniken zu hinterfragen, kommt es einzig darauf an, sie sauber anzuwenden. Wer nach Beweisen sucht, findet sie im Chart. Wahrhaftige Sicherheit und Überzeugung entstehen vor allem dann, wenn du dich selbst überzeugst.

Sieh dir die Charts an, identifiziere Kerzenformationen, markiere Zonen und erlebe live, wie sich diese Techniken entfalten.

Mal wird die Prognose zutreffen, ein anderes Mal liegst du komplett daneben. Genau darum geht es in der technischen Analyse und im Trading – um nüchterne Anwendung und eine gesunde Erwartungshaltung.

Wenn das klar ist und du das Verständnis für die Grundlagen verinnerlicht hast, kannst du dich den wirklich wichtigen Dingen widmen. In diesem Sinne endet das Kapitel zur technischen Analyse – der Übergang zum Trading beginnt!

TEIL III

DIE WELT DES TRADINGS

Von der technischen Analyse zum Trading

Warum wir nur ein Drittel der TA benötigen

Es gibt etliche Bücher über das Thema der technischen Analyse. Viele davon umfassen Hunderte von Seiten und behandeln jedes Unterthema bis ins letzte Detail. Wäre das nicht so, würde etwas gewaltig schieflaufen. Natürlich liegt die Erwartung nahe, dass ein Fachbuch zur technischen Analyse alle Aspekte wie Trends, Kerzen, Zonen, Kursmuster, Kerzenformationen, Indikatoren und vieles mehr abdeckt. Und tatsächlich findest du zu einzelnen Bereichen – etwa den Kerzen – ganze Werke, die ebenfalls mehrere Hundert Seiten lang sind. Was sagt dir das?

Die Welt der technischen Analyse ist riesig – fast schon unüberschaubar. Du kannst dich in die unterschiedlichsten Teilbereiche vertiefen und in einzelnen Feldern zum wahren Experten werden. Genau das ist empfehlenswert, wenn du dich langfristig auf diesen Bereich spezialisieren möchtest. Auch ich habe damals damit begonnen, mich intensiv mit der TA auseinanderzusetzen und über die Jahre eine Menge an Wissen aufgebaut. Wende ich all dieses Wissen im Trading an? Niemals – das wäre auch gar nicht möglich!

Aus genau diesem Grund erspare ich dir in diesem Buch das endlose Ausschweifen über sämtliche Aspekte der TA. Ich könnte allein zu diesem Thema ein eigenes Buch verfassen – doch hier geht es um Trading. Das Einzige, was du wissen musst, um mit der Trading-Strategie in diesem Buch handeln zu können, sind folgende vier Punkte:

1. Charts lesen und verstehen
2. Kerzen interpretieren
3. Kerzenformationen erkennen
4. Zonen einzeichnen

Nur diese vier Komponenten der technischen Analyse sind tatsächlich relevant. Als Einstieg hast du dich bereits oberflächlich mit ihnen beschäftigt. Im weiteren Verlauf dieses Buches werden alle vier Bereiche detailliert erklärt – mit echten Praxisbeispielen.

Zum jetzigen Zeitpunkt könntest du vielleicht grob ein paar Zonen einzeichnen oder gelegentlich eine Kerzenformation erkennen – aber traden? Davon bist du noch weit entfernt!

Mit etwas Übung kannst du dich bald unter den Anfänger-Analysten einordnen. Ein Trader bist du damit aber noch nicht! Worin liegt also der Unterschied zwischen einem Analysten und einem Trader? Ist ein Trader automatisch jemand „Besseres" – oder ist das bloß ein Etikett, mit dem du dir besondere Fähigkeiten zuschreibst?

Analyst vs. Trader

Mit der letzten Frage möchte ich keine Diskussion eröffnen, stattdessen beantworte ich die Frage kurz und knackig: Nein. Weder der Analyst noch der Trader ist „etwas Besseres". Es handelt sich um zwei völlig unterschiedliche Bereiche. Aber wie lässt sich hier nun eine klare Trennung vornehmen?

Zunächst gilt es, die technische Analyse deutlich abzugrenzen. Als Analyst analysierst du eine Aktie umfassend. Du untersuchst den lang-, mittel- und kurzfristigen Zeithorizont und bewertest verschiedene Faktoren. Bei einer klassischen Analyse einer Aktie gehst du etwa so vor:

1. Welche Trends dominieren auf den verschiedenen Zeiteinheiten?
2. Gibt es auffällige, aktienspezifische Muster?
3. Einzeichnung aller relevanten Zonen (Monats-, Wochen- und Tageschart)
4. Prüfung auf potenzielle Chartmuster, wie zum Beispiel Doppelböden

5. Analyse des Volumens
6. Lage der gleitenden Durchschnitte
7. Einschätzung des Momentums
8. Entwicklung eines bullischen und bärischen Szenarios
9. Abwägung der Eintrittswahrscheinlichkeiten
10. Finale Bewertung der Aktie auf Basis der genannten Punkte

Mit dieser Struktur erhältst du ein klares Gesamtbild und kannst die potenzielle Entwicklung einer Aktie grob einschätzen. Jeder Analyst arbeitet dabei auf seine Weise – aber alle greifen auf Techniken und Methoden der TA zurück. Wo liegt nun die Grenze zum Trading?

Als Trader fokussierst du dich auf ein einziges Setup. Das heißt: Du suchst nach ganz bestimmten Mustern im Chart – und zwar solchen, die du bereits getestet hast. Mithilfe des sogenannten „Backtestings" kannst du die Zeit im Analyseprogramm „zurückdrehen" und deine Strategien systematisch testen. Aus einer Idee wird so Schritt für Schritt eine konkrete Vorgehensweise. Du legst Regeln fest und handelst immer wieder nach genau diesem Schema.

Hier kann ich gerne etwas vorweg greifen und unsere Trading-Strategie in der simpelsten Form erklären. Mit der Rocketcandle-Strategie handelst du ausschließlich Aktien. Im Tageschart suchst du nach möglichen Zonen, zeichnest diese unter bestimmten Kriterien ein und wartest darauf, dass der Kurs sie berührt. Nach erfolgter Berührung wechselst du in den 1-Stundenchart und suchst hier nach einer Kerzenformation, die ein Signal in die Gegenrichtung liefert. Bei gegebenem Signal steigst du oberhalb der Formation ein, platzierst deine Verlustgrenze am äußersten Rand der Zone und zielst auf einen Gewinn von 2R ab. Das ist Trading.

Dein Vorgehen ändert sich im Groben nie, da du immer wieder nach bestimmten Zonen und Kerzenformationen suchst. Der Prozess wiederholt sich jedes Mal aufs Neue und jeder Trade bietet eine neue Chance. Du weichst nicht vom Regelwerk ab und nutzt einen starken Filter, wodurch du zu manchen Zeiten mehr und zu anderen Zeiten weniger potenzielle Trades findest.

Der zentrale Unterschied zwischen Analyse und Trading liegt zum einen im Regelwerk und zum anderen in der Handlung. Der Analyst nutzt ein breites Spektrum an Techniken, quasi einen großen Werkzeugkoffer, um die zukünftige Kursentwicklung einzuordnen. Die Analyse selbst führt nicht zwangsläufig zu einer Handlung.

Als Trader hingegen handelst du ein einziges Muster – und hältst dich an ein klares Regelwerk. Es geht immer um eine konkrete Entscheidung: Du setzt auf steigende oder fallende Kurse. Das Ziel ist immer klar – das Ergebnis jedoch offen. Um mit dieser Unsicherheit umgehen zu können, brauchst du Tests, Daten und Vertrauen in deine Strategie. Nur wenn du weißt, dass du langfristig öfter richtig liegst als falsch, entsteht Sicherheit.

Die Unterschiede sind nun klar – doch in der Praxis lauert eine große Verlockung: ein häufiger Fehler, der dem Trader nicht nur Gewinne, sondern auch Nerven kostet.

Die ständige Verlockung

Angenommen, ein Trader stößt auf ein valides Setup – von der Zone bis zur Kerze ist alles stimmig. Eine perfekte Unterstützung und eine ideale Hammer-Formation setzen klare Zeichen: Hier musst du auf steigende Kurse setzen! Nun fällt dem Trader eine Kleinigkeit auf, die ihm nicht gefällt:

Die 200-Tageslinie liegt direkt über dem Einstieg – das zählt als ein dynamischer Widerstand und hier solltest du eher nicht einsteigen, oder? Das Volumen nimmt während der Abwärtsbewegung zu, was bedeutet, dass die Verkäufer mit ordentlich Kraft auf die Zone treffen. Das könnte womöglich zu einem Durchbruch führen! Auch der Chart zeigt einen klaren Abwärtstrend. Die Zone ist stark, aber der Trend steht doch über allen Zonen, Kerzen und sonstigen Mustern. Vielleicht sollte der Trader nicht einsteigen. Der Trade selbst mag zwar korrekt sein, aber es spricht zu viel dagegen, als dass du hier auf steigende Kurse setzen kannst.

Hast du den Fehler erkannt? Das Tückische am Trading ist, dass jeder angehende Trader zuvor ein Analyst war. Jeder beschäftigt sich mit den unterschiedlichsten Bereichen und gewinnt damit ein teils fundiertes Wissen über die grundlegende Analyse von Aktien. Vollkommen egal, wie du es drehst und wendest: Der analytische Teil des Trader-Hirns wird immer aktiv sein und genau das kann dir zum Verhängnis werden.

Wie soll Trading funktionieren, wenn ständig nach links und rechts geschaut wird? Wenn alle Bedingungen perfekt erfüllt sein müssen, bevor ein Trade eröffnet wird? Wenn Strategie zur absoluten Willkür wird, die unberechenbar ist? Das ist eine der größten Herausforderungen im Trading. Solange es gut läuft, fällt das kaum auf. Was passiert aber, wenn es mal nicht so läuft, wie du es dir vorgestellt hast? Hier wurzeln weitere Probleme:

„Jetzt ging der Trade in den Stop Loss. Das lag bestimmt am Volumen! Vielleicht sollte ich das auch in Betracht ziehen. Die Zonen funktionieren auch nicht immer. Ich sollte nur welche mit mindestens sieben Berührungspunkten wählen. Dann wäre da noch die Hammer-Formation. Sie funktioniert nur zu 50 %, ich sollte sie aussortieren."

Was als Abschweifung in die technische Analyse begann, führt zu Zweifeln an der Trading-Strategie. Bewährte Konzepte werden über Bord geworfen und neue Theorien aufgestellt. Dieser Teufelskreis führt zu einem Phänomen, welches „Strategie-Hopping" genannt wird. Eigentlich beschreibt der Begriff den ständigen Wechsel zwischen verschiedenen Strategien, jedoch verwende ich diesen Begriff auch anderweitig. Denn wer seine Strategie immer mal wieder anpasst und niemals eine feste Vorgehensweise findet, wechselt ebenfalls ständig Strategien.

Das absolute Gegenteil stellt die Optimierung einer Strategie dar. Nach unzähligen Trades sammelst du früher oder später eine gigantische Menge an Daten und kannst diese dementsprechend verwerten. Daraus könnten Mikro-Anpassungen entstehen, die zu einer leichten Verbesserung der Trefferquote führen. Solange diese Optimierungen getestet werden, spricht nichts gegen das Vorgehen. Statt nun mit Nachdruck zur bedingungslosen Einhaltung der Strategie aufzurufen, bleibe realistisch: Menschen handeln emotional und oft irrational. Anstelle Perfektion bzw. die ideale Umsetzung der Strategie zu erwarten, rate ich dazu, eine Checkliste zu nutzen. Diese könnte wie folgt aussehen:

1. Ist die Zone valide?
2. Liegt eine korrekte Kerzenformation vor?
3. Gibt es störende Widerstände?

Wenn alle Fragen mit „Ja" beantwortet wurden, muss die Entscheidung für die Eröffnung des Trades fallen. Mit Checklisten oder anderweitigen, mentalen Hilfen kann der Trader sein Hirn in schwierigen Zeiten überlisten und sich damit immer wieder auf die Strategie fokussieren. All das klingt komplizierter, als es am Ende des Tages ist.

Anstelle das Thema weiter auszuführen, möchte ich damit lediglich eine weitere mentale Vorbereitungsmaßnahme treffen. Zu dieser Zeit hast du dich noch nicht einmal mit dem Trading selbst beschäftigt, sondern allen voran mit den psychologischen Hintergründen. Damit steht die Basis fürs Trading und du darfst nun in die Welt des Tradings eintauchen! Du wirst genau die Aspekte behandeln, die du vor der Strategie benötigst:

1. Was bedeutet Long und Short?
2. Wie ist ein Setup aufgebaut?
3. Welche Orderarten gibt es?
4. Was ist Risiko-Management?

Diese Punkte – zusammen mit den bisherigen Kapiteln – bilden das Fundament für das Verständnis und die spätere Umsetzung der Rocketcandle-Strategie.

Die Grundlagen eines Trades

Was ist ein Trade?

Psychologie und technische Analyse – das bildete bisher den inhaltlichen Schwerpunkt. Damit wurde eine stabile Basis für den Trading-Erfolg gelegt. Wenn du deinen Geist im Griff hast und die Grundlagen der technischen Analyse verstanden hast, bist du auf dem besten Weg, ein Trader zu werden. Jetzt geht es endlich zum Kernthema des Buches – dem Trading selbst! Und die Grundlage dafür bildet der Trade – doch was genau ist damit gemeint?

Ein Trade ist nichts anderes als eine Handelsentscheidung.

Du entscheidest, ob du auf steigende oder fallende Kurse setzt, und investierst dabei einen ganz bestimmten Geldbetrag. Besser gesagt: Du riskierst einen Teil deines Trading-Guthabens. Ganz einfach formuliert: Du nimmst Geld in die Hand und entscheidest dich, auf einen steigenden oder fallenden Kurs zu setzen. Das ist die Definition eines einzelnen Trades. Bevor es an die Details geht, ist eines besonders wichtig:

Der Fokus liegt immer nur auf einem einzelnen Trade.

Was davor geschehen ist und wie viele der vorherigen Trades in den Gewinn bzw. Verlust gelaufen sind, spielt dabei keine Rolle. Aus Sicht der Wahrscheinlichkeitsrechnung hängen alle getätigten Trades nicht miteinander zusammen. Sie hängen auch nicht voneinander ab, sondern stellen ein einziges Ereignis dar – und das immer wieder aufs Neue.

Ganz gleich, ob du ein Anfänger, Fortgeschrittener oder Experte im Trading bist – du wirst immer wieder damit kämpfen, mehrere

Trades miteinander zu verknüpfen und darauf basierend falsche Entscheidungen treffen. In einem Szenario könnten die letzten fünf Trades gegen einen laufen. Manche Trader würden nun ihren Einsatz erhöhen, um die Verluste gutzumachen. Andere Trader könnten die Anzahl ihrer Trades drastisch erhöhen und müssten dabei ihre Strategie verletzen.

Und genau das macht Trading so schwierig. Während du dich ganz darauf konzentrierst, eine Serie erfolgreicher Trades zu erzeugen, verlierst du die Strategie selbst aus dem Blick. Alles, was du gelernt hast und jegliche Mühen werden dadurch über Bord geworfen. Stattdessen solltest du dich jedes Mal auf nur diesen einen Trade fokussieren. Im Idealfall schaffst du es, dein Gehirn so weit positiv zu polen, dass vor jedem Trade absolute innere Ruhe herrscht. Es wird kein Gedanke verschwendet – weder an die Vergangenheit noch an die Zukunft. Alles, was zählt, ist dieser eine Trade.

Was genau diesen einen Trade ausmacht und welche Feinheiten darin stecken, wird jetzt Schritt für Schritt erklärt.

Das Trade-Setup

Bevor du dich auch nur ansatzweise mit den Feinheiten eines Trades beschäftigst, steht zuerst die wichtigste Entscheidung an: Handle ich in Richtung steigender oder fallender Kurse? Dafür nutzen Trader die Begriffe „long", repräsentativ für steigende Kurse, und „short", repräsentativ für fallende Kurse. Fortan werde ich größtenteils diese beiden Begrifflichkeiten nutzen, um die beiden Handelsrichtungen zu unterscheiden.

Stell dir vor, du sitzt am Rechner und möchtest einen Trade platzieren. Ohne Vorkenntnisse entscheidest du dich für steigende Kurse und setzt dein Geld auf eine beliebige Aktie. Per Definition wäre das bereits ein Trade. Doch wenn du dieses Buch aufmerksam gelesen hast, weißt du: Hier stimmt etwas gewaltig nicht.

- Warum steigst du in diesen Trade ein?
- Wo genau wählst du deinen Einstieg?

- Wo liegst du im Verlustfall?
- Wann nimmst du deine Gewinne mit?

All das sind entscheidende Fragen, die du vor jedem Trade beantworten solltest – und genau diese Elemente gehören in ein sogenanntes Trade-Setup. Daher auch der Name: Setup. Übersetzt bedeutet es „Vorbereitung“, „Konstellation“ oder „Aufbau“. Es geht also darum, den Trade bewusst vorzubereiten und konkrete Faktoren im Vorfeld festzulegen.

So sieht ein Trade-Setup für die Long-Seite aus:

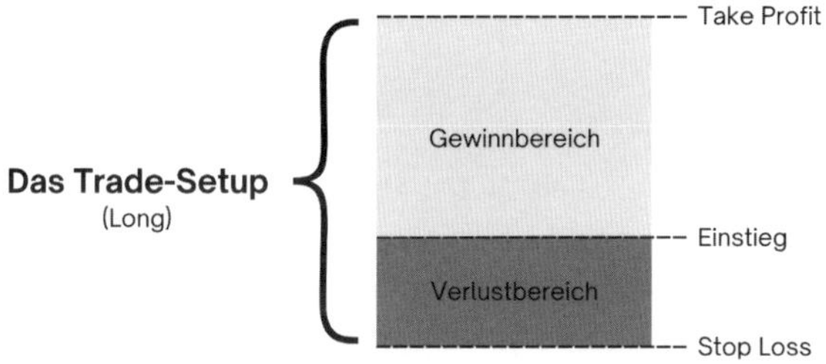

Abb. 20: Das Long-Setup

Das Trade-Setup besteht aus zwei Bereichen: dem Gewinn- und Verlustbereich. Die Grenze dazwischen ist der Einstiegspunkt. An dieser Stelle wird die Position eröffnet und der Trade ist aktiv. Von hier aus kann sich der Kurs in den Verlustbereich oder in Richtung Gewinn bewegen. Wichtig ist, dass der Verlustbereich klar durch einen sogenannten „Stop Loss“ (kurz „SL“) abgegrenzt wird. Wird dieser Punkt unterschritten, endet der Trade automatisch und du realisierst den Verlust. Im Gewinnbereich liegt entsprechend der „Take Profit“ (kurz „TP“) – das Ziel, bei dem du die Position mit Gewinn schließen kannst.

Sowohl der SL als auch der TP werden im Idealfall bei Berührung automatisch aktiviert. Der Trade wird entweder im Verlust oder Gewinn geschlossen. Der wesentliche Unterschied zur bloßen Entscheidung für long oder short liegt darin, dass in ein Setup deutlich mehr Überlegungen einfließen.

Noch bevor du dein Geld überhaupt einsetzt, hast du die festen Parameter für den Einstieg, SL und TP festgelegt. Jetzt brauchst du die Position „nur noch" zu eröffnen – der Rest läuft automatisch. Während der impulsive Trader nervös auf jede Kursbewegung starrt, lehnt sich der erfahrene Trader zurück – sein Setup steht.

Bevor es ins Detail geht, folgt nun das Short-Setup:

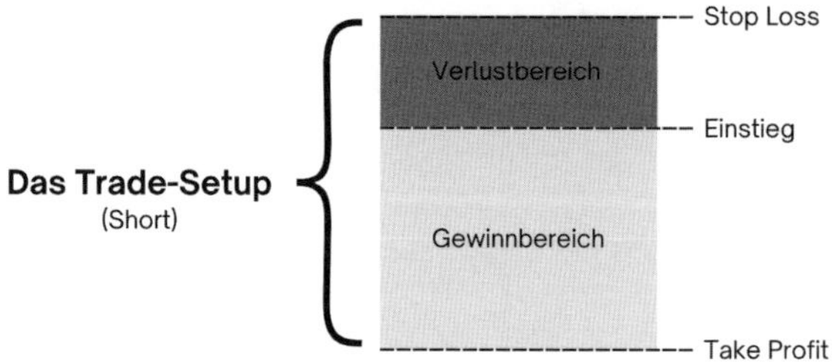

Abb. 21: Das Short-Setup

Während du beim Long-Trade auf steigende Kurse setzt und der Gewinnbereich an der Oberseite liegt, ist es beim Short-Setup das genaue Gegenteil. Da du auf fallende Kurse setzt, liegt besagter Gewinnbereich an der Unterseite, wo sich auch der Take Profit befindet. Umgekehrt sitzt der Verlustbereich oben, genauso wie der Stop Loss. Vom Prinzip her handelt es sich hier um dasselbe Setup, nur auf der Gegenseite.

Was fällt hier eventuell auf? Der Verlustbereich ist halb so groß wie der Gewinnbereich. Hier kommt das sogenannte „Chance-Risiko-Verhältnis" (CRV) ins Spiel – die wohl wichtigste Kennzahl eines jeden Setups. Die Chance spiegelt den Gewinnbereich wider und zeigt, welcher Profit im Gewinnfall erzielt werden könnte. Das Risiko befindet sich währenddessen im Verlustbereich und repräsentiert den Geldeinsatz.

Angenommen, du riskierst 50 € für diesen Trade. Das ist dein Einsatz – in der Trading-Sprache entspricht das 1R. Da der Gewinn im Vergleich zum Verlustbereich doppelt so groß ist, würde man seinen Einsatz im Gewinnfall verdoppeln. Damit hätte man 100 € bzw. 2R-Gewinn. Im Falle dieses Trade-Setups würdest du dementsprechend 1R bzw. 50 € riskieren, um potenziell 100 € bzw. 2R zu gewinnen. Im Trading geht es im Kern lediglich um Wahrscheinlichkeiten und Risiko:

- Wie wahrscheinlich ist es, dass dieser Trade gemäß deiner Strategie aufgeht?
- Welchen Prozentsatz deines Trading-Guthabens riskierst du?

Diese beiden Faktoren entscheiden allein darüber, ob du mit dem Trading erfolgreich bist – und wie viel Gewinn du langfristig erzielen kannst. Das Thema Risiko ist so umfangreich, dass es ein separates Kapitel erhält. Doch bevor es so weit ist, benötigst du einen Überblick über die verschiedenen Orderarten – also darüber, wie du überhaupt einen Trade eröffnest.

Die Ordertypen

Bevor du mit dem Trading beginnst, solltest du wissen, wie eine Order platziert bzw. eine Position eröffnet wird. „Order" lässt sich mit „Bestellung" übersetzen und steht sinngemäß für den Kauf oder Verkauf eines Wertpapiers. Wer bereits in Aktien oder ETFs investiert, kennt wahrscheinlich den Begriff „Kauf zum Marktpreis". Dabei wählst du eine beliebige Aktie aus, klickst auf „Kaufen" und erwirbst die Aktie zum aktuellen Marktpreis. Das ist die einfachste Form der Order – im Trading wird jedoch in der Regel ein anderer Typ genutzt. Hier sind die drei Hauptformen der Ordertypen im Überblick:

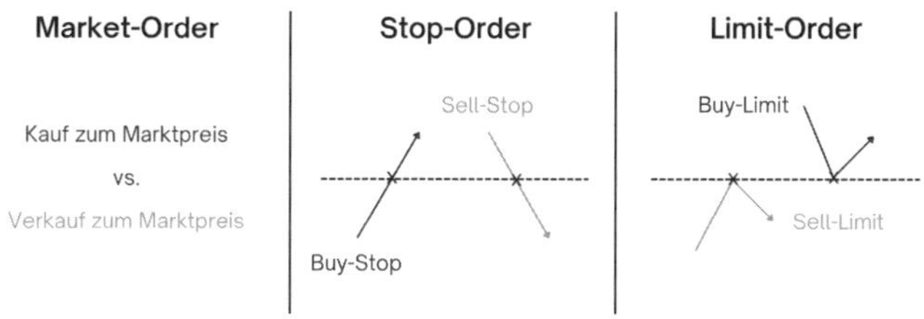

Abb. 22: Die drei verschiedenen Ordertypen

Auf der linken Seite findet sich die eben erläuterte Orderart – die Market-Order. Du entscheidest dich für Kauf oder Verkauf – und bist sofort im Trade. Diese Vorgehensweise lässt sich zwar problemlos umsetzen, kann jedoch mit Stress verbunden sein. Gerade wenn du mehrere potenzielle Trades zugleich im Auge hast, kann die Umsetzung aller Bestellungen etwas überfordernd sein. Deshalb nutze ich am liebsten den zweiten und allgemein beliebtesten Ordertypen: die Stop-Order.

Ein **Beispiel:** Eine Zone wird angelaufen und eine perfekte Kerzenformation ist bereits erkennbar. Der Kurs hat jedoch das ideale Einstiegsniveau noch nicht erreicht, notiert aber knapp darunter. Statt auf den exakten Moment zu warten, setzt du eine sogenannte Buy-Stop-Order mit der Bedingung: Eröffne den Trade, sobald der Preis X von unten überschreitet.

Wird diese Bedingung erfüllt, startet der Trade automatisch. Falls der Kurs jedoch vorher dreht und das Niveau nie erreicht, bleibt der Einstieg aus – und die Order wird nicht ausgeführt.

Umgekehrt zielst du bei der Sell-Stop-Order darauf ab, auf fallende Kurse zu setzen. Wenn das Signal bereits gebildet wurde, kannst du deinen Sell-Stop entspannt platzieren und sobald der Einstieg geschnitten wird, würde automatisch der Trade eröffnet werden.

Was wäre aber, wenn du gerade so den Einstieg verpasst? Ein Long-Trade wäre bereits aktiv, jedoch erfolgte kein Einstieg. Solange der Kurs nicht zu weit davongelaufen ist, lässt sich nun eine Buy-Limit-Order platzieren. Sollte der Chart nämlich kurzzeitig abwärts laufen, bekommst du bei der erneuten Berührung des Einstiegs, dieses Mal von oben, eine neue Chance für die Eröffnung des Trades! Kurz gesagt: Die Limit-Order stellt das Gegenteil der Stop-Order dar.

- **Stop:** Das Einstiegsniveau wird von unten geschnitten
- **Limit:** Das Einstiegsniveau wird von oben geschnitten

Zusammenfassung: Die Market-Order ist die simpelste Form – ideal, wenn du einen Trade manuell und sofort eröffnen möchtest. Die Stop-Order bietet Komfort und Präzision – du legst den Einstieg im Voraus fest und lässt den Markt die Ausführung übernehmen. Die Limit-Order ist hilfreich, wenn du einen Einstieg knapp verpasst hast und auf eine kleine Gegenbewegung spekulierst.

Für alle Ordertypen gilt: Stop Loss und Take Profit sollten immer festgelegt werden. Auch wenn es theoretisch optional ist, ist es in der Praxis unverzichtbar – wie du bereits gelernt hast.

Nun geht es weiter mit einem der wichtigsten Themen im gesamten Buch: dem Risiko-Management. Es entscheidet darüber, ob du dein Kapital schrittweise vermehrst – oder es vollständig verlierst.

Risiko-Management

Der größte Hebel im Trading

Trading-Psychologie, technische Analyse und sogar eine funktionierende Strategie – all das wird wertlos, wenn der größte Hebel im Trading vernachlässigt wird: das Risiko. Risiko steht für den Kapitaleinsatz pro Trade. Dabei geht es nicht darum, wie viel Kapital insgesamt verwendet wird, sondern um den Teil, den du im schlimmsten Fall komplett verlieren kannst. Das klingt zunächst abschreckend – schließlich möchte niemand Geld verlieren. Doch ohne Risiko gibt es keine Chance und ohne Einsatz keinen Gewinn.

Wer Rendite anstrebt, muss Kapital riskieren. Ohne Einsatz – kein Ertrag. Je mehr du riskierst, desto mehr kannst du gewinnen. Dazu solltest du folgende drei Fragen ehrlich beantworten:

1. Wie viel bin ich bereit zu verlieren?
2. Wie emotional belastbar bin ich?
3. Wie risikobereit bin ich?

Als ich mit dem Trading begonnen habe, habe ich mir diese drei Fragen gestellt und bin zu folgenden Ergebnissen gekommen:

1. Ich möchte nichts verlieren.
2. Ich bin extrem unsicher.
3. Ich verabscheue Risiko.

Klingt erst einmal wie das komplette Gegenteil eines Traders, oder? Das kommt ganz darauf an, wie du die Antworten betrachtest. Auf der einen Seite ist es nicht gerade vorteilhaft, wenn du nichts riskieren möchtest, unsicher bist und allgemein kein Fan von Risiko bist. Gerade Glücksspiel war mir immer suspekt, da ich hier so gut wie keine Kontrolle über mein Geld besitze und die

Spielbank sowieso immer am längeren Hebel sitzt. Das Schöne an der ganzen Sache? Trading ist kein Glücksspiel.

Genau aus diesem Grund gefallen mir die Antworten im Nachhinein besonders. Wer risikofreudig ist und „Bock“ auf Trading hat, tendiert eher dazu, unnötige sowie nicht einkalkulierte Risiken einzugehen. Damit verbrennst du dir schnell die Finger und stempelst Trading sofort als Glücksspiel ab. Wer hingegen sein Geld und das Risiko des Marktes respektiert, besitzt die besten Voraussetzungen, ein behutsamer Trader zu werden. Dennoch stellen die drei Antworten ein Problem dar. Wie lässt sich dieses Problem lösen?

Deine emotionale Belastbarkeit wächst mit dem Studium der technischen Analyse, der Übung im Chart und der ständigen Arbeit mit deinem eigenen Geist. Du gewinnst zunehmend an Sicherheit und wirst Stück für Stück ein emotional belastbarer Trader. Wenn du dich über Monate hinweg mit Trading beschäftigst und unzählige Male positive Beweise für die Funktionalität der eigenen Strategie sammelst, wird es langsam spannend. Du weißt, dass du profitabel handeln könntest. Du müsstest lediglich über deinen eigenen Schatten springen und die ersten Mini-Trades platzieren. An dieser Stelle beginnst du, dich mit dem Risiko anzufreunden. Risiko ist kein Feind, sondern dein stärkster Verbündeter im Trading, ohne den der Handel gar nicht möglich wäre.

Solltest du mit kleinen Einsätzen Stück für Stück sicherer werden und ein kleines Gewinnpolster aufgebaut haben, steigt automatisch deine Risikobereitschaft. Du beweist dich im Markt und kannst live miterleben, wie deine Gewinne sich häufen. Es gibt natürlich auch mal schlechte Phasen, insgesamt erkennst du jedoch eine positive, steigende Kurve. In solchen Momenten gewinnst du nicht nur an Sicherheit, sondern traust dich, mehr zu riskieren.

In einem Traum-Szenario würdest du früher oder später nur noch Gewinne riskieren und dein anfangs investiertes Trading-Guthaben wäre vergleichsweise gering. Das ist der Punkt, an dem Trading so richtig Spaß machen kann.

Wie du merkst, sind Risikoaversion und Angst eher deine Freunde als Feinde. Was dich auf den ersten Blick zurückhält, sorgt stattdessen für eine stetige Kurve der Verbesserung. Nun folgt ein Blick auf die Fakten, die das Risiko greifbarer machen. Wie kannst du es dir konkret vorstellen? Wie viel solltest du einsetzen? Dazu dient ein beispielhaftes Trading-Konto mit einer Größe von 10.000 € zur Veranschaulichung:

Depotgröße:	10.000 €	**1 R**	= 1 % = 100 €
Einsatz pro Trade:	100 €	**2 R**	= 2 % = 200 €
Prozentsatz:	1 %	**0,5 R**	= 0,5 % = 50 €

Abb. 23: Beispielrechnung für das Risiko mit einem 10.000 € Konto

Angenommen, dein Trading-Konto umfasst 10.000 €. Pro Trade sollen maximal 1 % bzw. 100 € riskiert werden. Im Verlustfall wären also exakt diese 1 % bzw. 100 € deines Kapitals verloren. Dieser Betrag wird im Trading als 1R bezeichnet – eine standardisierte Risikoeinheit, die unabhängig von der Kontogröße genutzt werden kann. Auf der rechten Seite finden sich verschiedene Kombinationen mit R. 1R entspricht 1 % bzw. 100 € Verlust – dem maximalen Risiko pro Trade.

Bei Anwendung der vorgestellten Trading-Strategie liegt der mögliche Gewinn im Erfolgsfall bei 2R, also 2 % bzw. 200 €. Wird ein Trade beispielsweise aufgrund schlechter Nachrichten vorzeitig beendet, ergibt sich womöglich ein Gewinn von 0,5R, also 0,5 % bzw. 50 €.

Die Darstellung in R statt in konkreten Geldbeträgen ermöglicht eine objektive Kommunikation zwischen Tradern – unabhängig von der Höhe des Depotvolumens. Eine Risikoeinheit würde bei dem einen Trader 100 € darstellen und bei einem anderen 2.000 € oder 50 €. Spricht ein Trader darüber, wie viel Gewinn in einem bestimmten Monat erwirtschaftet wurde, geht es nicht um Prozentangaben oder Eurobeträge, sondern um R's:

- **Trader A:**
  „Ich habe diesen Monat 7R Gewinn gemacht."
- **Trader B:**
  „Sehr stark, ich bin zwar nur bei 3R, aber für den Monat immer noch profitabel!"

Ein weiterer Nebeneffekt: Durch die Verwendung von R tritt der tatsächliche Geldbetrag in den Hintergrund. Der Fokus liegt auf der Strategie und ihrer Ausführung – nicht auf dem Euro-Wert des Ergebnisses. Dadurch fällt es leichter, emotionslos zu handeln und konsequent zu bleiben.

Bis hierher stand alles im Zeichen von Gewinn oder Verlust. Doch was wäre, wenn beides nicht den wichtigsten Aspekt im Trading darstellen würde? Es gibt etwas, das deutlich einfacher – und dennoch oft unterschätzt – ist.

Kapitalerhalt ist wichtiger als Profit!

Während sich viele auf Profit fokussieren, bleibt die wichtigste Komponente im Trading im Hintergrund: der Kapitalerhalt. Das solltest du nicht falsch verstehen, denn profitabler Handel ist und bleibt das oberste Ziel als Trader. Entscheidend ist jedoch die Reihenfolge der Prioritäten: Die Profitabilität steht am Ende der Kette, der Kapitalerhalt am Anfang.

Aus psychologischer Sicht wird klar, dass der Mensch nur ungern etwas verliert, erst recht nicht sein selbst erarbeitetes Geld. Dementsprechend muss dafür gesorgt werden, dass das Trading-Guthaben bestmöglich geschützt wird. Wie schon erwähnt, wäre die erste Maßnahme, dafür zu sorgen, dass die Fähigkeiten des Traders bestens ausgeprägt sind. Eine Historie an erfolgreichen Trades ohne den Einsatz von Kapital ist die wichtigste Voraussetzung, ehe du mit dem Echtgeldhandel startest.

Wenn das gegeben ist, kannst du dich um die Risikokomponente kümmern und den Fokus auf Kapitalerhalt legen. Gerade in den ersten Monaten muss Wert darauf gelegt werden, sein Kapital bestmöglich halten zu können. Selbst wenn du zu Beginn nicht sofort profitabel handelst, wäre allein der Erhalt des Kapitals bereits als Erfolg zu werten.

Wie nutzt du nun das Risiko auf eine schlaue Art und Weise, ohne dabei den Verlust des Kapitals unnötig zu erhöhen? Ein Beispiel zeigt, wie zwei Trader mit identischer Kontogröße unterschiedliche Ansätze verfolgen:

Depotgröße:	10.000 €	**1 R**	= 1 % = 100 €
Einsatz pro Trade:	100 €	**2 R**	= 2 % = 200 €
Prozentsatz:	1 %	**0,5 R**	= 0,5 % = 50 €

Abb. 24: Trader A – Konservativ

Depotgröße:	10.000 €	**1 R**	= 10 % = 1.000 €
Einsatz pro Trade:	1.000 €	**2 R**	= 20 % = 2.000 €
Prozentsatz:	10 %	**0,5 R**	= 5 % = 500 €

Abb. 25: Trader B – Aggressiv

Die Vorgehensweise von Trader A kennst du bereits. Wie viele Trades müsste diese Person in Folge versemmeln, um das gesamte Trading-Kapital zu verbrauchen? Da der Trader pro Trade 1 % riskiert, könnte er sich insgesamt 100 Verlusttrades leisten. Nun stellt sich die Frage, wie wahrscheinlich so ein Fall wäre, wenn du mit einer soliden Trading-Strategie handelst.

Die Antwort: Es wäre nahezu unmöglich, 100-mal in Folge einen Trade im Verlust zu schließen. Selbst wenn du willkürlich und ohne Strategie handelst, wäre es eine Mammutaufgabe, das Konto mit diesem Risiko-Einsatz zu plätten. Im Vergleich dazu zeigt sich Trader B als deutlich aggressiver, da pro Trade ganze 10 % bzw. 1.000 € riskiert werden. Bereits zehn verlustreiche Trades würden ausreichen, um das gesamte Kapital zu vernichten. Wie wahrscheinlich wäre nun dieses Szenario?

Auch das wäre kein Normalfall, aber durchaus möglich! In einer besonders schlechten Phase, bei der du aus Zufall mehr Verlierer als Gewinner erwischst und die „guten" Trades aus beispielsweise Zeitgründen übersiehst, kann dies zu einer Verlustkette von zehn Trades führen. Neuigkeiten, die die Welt erschüttern, während du mehrere Positionen offen hast – ein weiteres Szenario, in dem diese Folge an Verlusten realistisch werden kann.

An diesem Beispiel lässt sich sehr gut erkennen, wie entscheidend der Umgang mit Risiko und der Fokus auf Kapitalerhalt sind. Trader A konzentriert sich darauf, sein Kapital möglichst stabil zu halten, und läuft kaum Gefahr, sein gesamtes Trading-Guthaben zu verlieren – vorausgesetzt, die eigene Strategie ist fundiert und erprobt. Im Gegensatz dazu bewegt sich der aggressive Trader ständig an der Grenze zum Totalverlust. Es braucht nicht einmal zehn Verlusttrades in Folge. Bereits eine Serie mit überwiegenden Verlusten kann ausreichen, um das Kapital erheblich zu schmälern. In diesem Szenario hätte Trader A weiterhin Zugriff auf den Großteil seines Kapitals, während Trader B entweder frisches Geld nachschießen oder das Trading vollständig einstellen müsste.

Was würde passieren, wenn das Risiko pro Trade von 1 % auf 0,5 % reduziert wird? In diesem Fall stünden 200 mögliche Trades zur Verfügung, bevor das gesamte Kapital verloren ginge. Bei einem Risikoniveau von 0,25 % wären es sogar beeindruckende 400 Trades, die du theoretisch in Folge vergeigen müsstest, um dein Trading-Konto gegen die Wand zu fahren. Risiko ist eine der wenigen Komponenten, die über langfristigen Erfolg oder schnellen Totalverlust entscheiden. Bleibt die zentrale Frage: Welches Risiko ist individuell sinnvoll – 0,5 %, 1 % oder vielleicht sogar 2 %? Genau das erfährst du im nächsten Kapitel.

Die perfekte Positionsgröße

Auch wenn die allgemeingültige, „perfekte" Positionsgröße nicht existiert, lässt sich auf Basis verschiedener Faktoren ein grober Richtwert finden. Bevor du dich mit der Höhe des Einsatzes beschäftigst, müssen einige Aspekte abgehakt werden:

1. Beherrschst du die Grundlagen der technischen Analyse?
2. Bist du der Trading-Strategie mächtig?
3. Konntest du deine Fähigkeiten bereits auf die Probe stellen?
4. Wie viele Trades hättest du in der Theorie umgesetzt?
5. Welchen Profit hättest du in der Theorie erwirtschaftet?
6. Wie viel Geld möchtest du fürs Trading beiseitelegen?
7. Bist du wirklich bereit, echtes Kapital zu riskieren?

Wenn du diese Fragen positiv beantworten und entsprechende Ergebnisse vorweisen kannst, bist du bereit, dich mit der perfekten Positionsgröße auseinanderzusetzen.

Beim Blick auf das Beispiel des Traders mit dem 10.000 €-Konto – unter der Annahme, die Strategie wurde vollständig verstanden und mehrfach angewendet – empfiehlt sich ein Risiko zwischen 0,5 % und 1 %. Besonders zu Beginn sind 0,5 % sinnvoll, um zunächst ein gewisses Gewinnpolster aufzubauen. Doch was bedeutet das konkret?

Angenommen, bei einem Risiko von 0,5 % wurden bereits 20R erzielt – das entspricht einem Gewinn von 10 % bzw. 1.000 €. Damit steigt die Kontogröße auf 11.000 €. Ab diesem Punkt lässt sich in Erwägung ziehen, die Positionsgröße beziehungsweise das Risiko auf 0,75 % oder sogar 1 % zu erhöhen. Solange die Schwelle von 10.000 € nicht unterschritten ist, erfolgt das Trading ausschließlich mit dem aufgebauten Gewinn – das ursprüngliche Kapital bleibt unberührt.

Dies bildet eine ideale Grundlage für emotionsfreies und strategiebasiertes Trading. Sobald ein Polster vorhanden ist, auf das sich zurückgreifen lässt, nehmen Ängste und Sorgen mit jedem weiteren Trade spürbar ab. Genau das stellt ein erstrebenswertes – und mit der beschriebenen Herangehensweise durchaus erreichbares – Ziel dar. Ob das Risiko nach dem Aufbau des Polsters erhöht oder konstant bei 0,5 % gehalten wird, liegt allein in der Hand des Traders. Du triffst jederzeit eigenständig die Entscheidung, wie viel Risiko eingegangen werden soll. Es gibt keine festen Regeln – lediglich Empfehlungen anderer Trader oder Hinweise aus diesem Buch.

Ein anderer Fall: Bei einer Kontogröße von 1.000 € entspricht ein Risiko von 1 % gerade einmal 10 €. In solchen Fällen können bereits Gebühren einen spürbaren Anteil des Gewinns schmälern. Hier bietet sich ein höheres Risiko – etwa 2 % – als sinnvoller an. Damit stünden theoretisch 50 Verlust-Trades zur Verfügung, was in der Praxis äußerst unwahrscheinlich ist. 2 % mögen zunächst viel erscheinen, entsprechen in der Realität jedoch „nur" 20 €. Im Vergleich zum 10.000 €-Konto wirkt dieser Betrag verschwindend gering. Dennoch sollte nicht außer Acht gelassen werden, dass auch 20 € pro Trade ein spürbarer Betrag sein können – je nachdem, wie du persönlich dazu stehst. Wie sich zeigt, ist die Wahl der Positionsgröße eine sehr individuelle Angelegenheit.

Eine weitere Komponente, die ebenfalls eine Rolle spielt, ist der zu erwartende Gewinn. Wie viel Profit lässt sich pro Trade anpeilen – und welche Trefferquote liegt vor? Die Kombination aus beiden ergibt folgende Variable: R pro Trade. Auf Basis der getätigten Trades lässt sich abschätzen, wie viel Gewinn im Durchschnitt pro Trade erreicht wird. Fällt dieser Wert besonders hoch aus, reicht bereits ein geringes Risiko, um dennoch solide Erträge zu erwirtschaften. Ist das durchschnittliche R hingegen niedrig, kann eine höhere Positionsgröße sinnvoll sein.

Dieser Blickwinkel eröffnet eine enorme Bandbreite an Möglichkeiten. Je nach Strategie, Person, Marktphase und Kontophase entstehen andere, potenzielle Richtwerte für die Positionsgröße. Wie sollst du da nur einen konkreten Wert für das eigene Risiko finden, wenn die Möglichkeiten undenkbar verschieden sind? Die Antwort: Es wird niemals „den" perfekten Einsatz geben! Vollkommen unabhängig davon, ob du ein großes oder kleines Konto bzw. große oder kleine Gewinne anpeilst – es gibt etliche Positionsgrößen und es könnte potenziell jede funktionieren!

Was tun, wenn die Richtung noch nicht ganz klar ist?

Starte klein, wachse mit der Erfahrung, erhöhe deinen Einsatz vorsichtig und senke ihn, wenn es nicht läuft. Bleibe dynamisch, ohne täglich die Positionsgröße zu wechseln. Ideal wäre es, den Einsatz einmal im Monat oder quartalsweise anhand der eigenen Ergebnisse zu überprüfen – und entsprechend zu justieren oder beizubehalten.

Für den Anfang empfiehlt es sich jedoch immer, so niedrig wie möglich und so hoch wie nötig zu starten. Wenn der Einsatz so gering ist, dass die Gebühren den Profit fressen, solltest du ihn gerade so viel erhöhen, um dennoch einen gesunden Gewinn erwirtschaften zu können. All das ist ein Findungsprozess, den jeder durchlebt haben muss.

Sobald du dich intensiv mit einer Trading-Strategie, Backtesting, Livetesting und Demokonten beschäftigt hast, kristallisiert sich die Antwort von selbst heraus. Bevor du dir also jetzt schon Sorgen darüber machst, wie viel du denn einsetzen möchtest, sollte der Fokus auf einem ganz anderen Punkt liegen – dem Trading selbst!

Zu oft erlebe ich, wie sich Anfänger mit Themen beschäftigen, die erst im späteren Verlauf der Trading-Karriere wichtig werden. Wer sich zuvor mit dem Trading selbst und der Strategie auseinandersetzt, wird später kaum Probleme damit haben, seine individuelle Positionsgröße zu finden. Warum erzähle ich all das jetzt und nicht nach der Strategie?

Klarheit und Aufklärung! Wie oft beschäftigen sich angehende Trader mit der technischen Analyse und einer Strategie, nur um später von den Tücken der eigenen Psyche und dem Thema Risiko-Management übermannt zu werden? Die Antwort: zu oft! Damit sei eins gesagt:

Wer es bis hierhin geschafft hat, beweist Ausdauer, Disziplin und echtes Interesse. Genau diese Eigenschaften sind jetzt gefragt – im nächsten und mit Abstand wichtigsten Kapitel. Denn dort geht es um das, was letztlich den Unterschied macht: die Trading-Strategie: Rocketcandle!

TEIL IV

DIE ROCKETCANDLE-STRATEGIE

Der Ursprung von Rocketcandle

Vom Problem über die Idee hin zur Strategie

Die Rocketcandle-Strategie entstand im Juli 2023. Da ich ja schon länger aktiv handle, stellt sich die Frage: Wie habe ich davor getradet – und warum wollte ich überhaupt eine neue Strategie entwickeln? Um das zu verstehen, braucht es einen kurzen Blick auf meine vorherige Herangehensweise.

Vorweg: Ich handle zwar nach wie vor mit meiner ursprünglichen Strategie, mein Fokus liegt mittlerweile aber zu rund 80 % auf Rocketcandle – kurz: RC.

Als ich begann, mich intensiv mit technischer Analyse und Trading zu beschäftigen, war für mich klar: Meine Strategie soll möglichst viele Facetten der TA abdecken! Mein Ziel war es, genau die Setups zu finden, die mit einer hohen Wahrscheinlichkeit zu profitablen Trades führen. Dazu musste ich mir zunächst Gedanken machen, was ich überhaupt handeln möchte.

Da ich bereits zuvor in Aktien investiert hatte, fiel die Entscheidung leicht – ich wollte bei Aktien bleiben, diese aber nun kurzfristig handeln. Außerdem stand für mich fest, dass ich nicht stundenlang vor dem Bildschirm sitzen möchte, sondern Trades eröffnen möchte, die sich über Tage entwickeln.

Also wählte ich den Tageschart als meinen Hauptfokus und den 1-Stundenchart für die konkreten Einstiege. Nach intensiver Planung und zahlreichen Tests entwickelte sich daraus Schritt für Schritt die Herangehensweise, aus der Rocketcandle entstanden ist.

Das mag auf den ersten Blick erschlagend aussehen, ist jedoch deutlich einfacher, als es scheint.

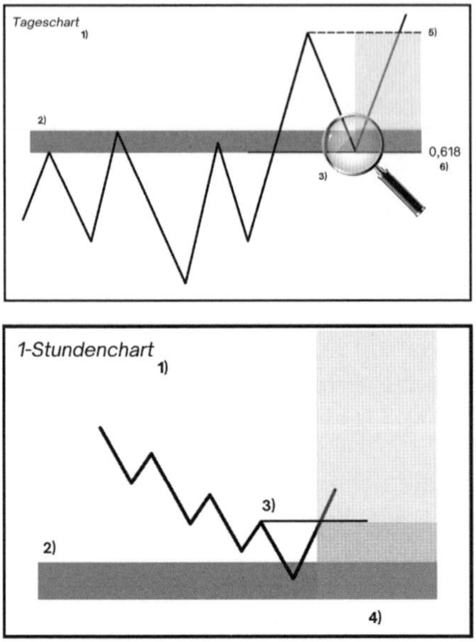

Abb. 26: Übersicht zur SR11t-Strategie

1) Zeiteinheiten: Tages- und H1-Chart
2) Fundament: Zone im T1-Chart
3) Einstieg: H1-Trendbruch
4) Stop Loss: Zonenbegrenzung
5) Take Profit: Swinghoch
6) Bonus: 0,618-Fibonacci-Level

Im Kern ging es mir darum, im Tageschart nach Aufwärtstrends zu suchen. Das war die erste Grundvoraussetzung, wodurch bereits viele Aktien aussortiert wurden. Später wurde diese Regel angepasst, da ich merkte, dass der Trend nicht zwingend aufwärtsgerichtet sein muss, um solide Gewinne erzielen zu können.

Zusätzlich musste eine starke Zone vorhanden sein, die vom Kurs berührt werden sollte. Sobald das geschieht, folgt die Suche nach einem Trendbruch oder Trendwechsel im 1-Stundenchart – genau dort sollte dann der Einstieg erfolgen.

Daneben gab es weitere Bonuskriterien, die ein Setup erfüllen konnte. Ein Fibonacci-Retracement, die 200-Tageslinie, auffälliges Volumen, bullisches Momentum im 1-Stundenchart oder gar Chartformationen wie zum Beispiel eine inverse Schulter-Kopf-Schulter-Formation. All das klingt nach einer Menge Variablen – gerade für Anfänger schnell zu viel auf einmal. Eine vollständige Erklärung der Strategie würde hier zu weit führen – die Zeit wird an anderer Stelle dringender gebraucht.

Auf Basis des bereits erlangten Wissens würde ich gerne eine Frage an den Leser stellen: Was könnte mit dieser Herangehensweise ein Problem darstellen? Die Antwort: die Anzahl der Trades!

Die SR11-Strategie (S = Support/Unterstützung, R = Resistance = Widerstand, 1 = 1-Tageschart, 1 = 1-Stundenchart) umfasst eine Vielzahl von Kriterien, die alle beachtet werden sollten. Auch wenn ich die Strategie über Jahre getestet, gehandelt und verfeinert habe, ist die Entscheidung über die Eröffnung oder Nicht-Eröffnung eines Trades jedes Mal anders.

Eine einzelne Zone reicht beispielsweise nicht aus, um einen Trade anzustoßen. Die Struktur des Charts und andere, besagte Faktoren müssen ebenfalls stimmen bzw. dürfen nicht stören. Daneben gibt es einen weiteren Filter, wodurch zwar die Zonen oft angelaufen wurden, es aber seltener zu Einstiegen kam: der Trendbruch im 1-Stundenchart. In der Theorie klingt das gut – in der Praxis tritt dieses Muster allerdings selten auf. Genauer gesagt: Die Kombination aus allen gewünschten Bedingungen führt dazu, dass passende Setups selten entstehen.

Für mich war das aber über lange Zeit kein Problem. Ich fand immer wieder valide Trades und konnte diese entspannt mitnehmen. Natürlich gab es auch hier mal gute und schlechte Zeiten, insgesamt lief die Strategie jedoch einwandfrei. Leider gab es auch Zeiten, zu denen kaum bis gar keine Trades entstanden sind. Wurde dann einer verpasst, war die Enttäuschung groß. Die Frage kam auf, ob sich das jemals ändern würde.

Rückblickend war das nicht dramatisch – es war einfach eine Phase mit geringem Handelsaufkommen. Mir hat es aber gezeigt, dass ich nicht immer damit rechnen kann, potenzielle Trades zu finden, und genau das hat mich gestört. Auch wenn ich diszipliniert und eher ruhig bin, liebe ich es, mit Aktien zu handeln. Es ist mehr als nur eine Art, Geld zu verdienen. Über die Jahre wurde es zur Leidenschaft, die ich inzwischen mit Tausenden von Menschen teilen darf.

Also wurde gehandelt statt gehadert: Warum nicht eine Strategie entwickeln, bei der nie wieder das Gefühl aufkommt, keine Trades zu finden? Genau hier begann die Reise mit Rocketcandle.

Die Entstehung von Rocketcandle

Zwei Probleme sollten mit der neuen Strategie beseitigt werden:

1. Zu wenige potenzielle Trades
2. Einstiege, die oft nicht zustande kommen

Außerdem wollte ich etwas erschaffen, das jeder verstehen kann. Da ich eine Premium-Community mit damals über 500 Mitgliedern betreut habe, war es mir wichtig, eine einfache und nachvollziehbare Strategie zu entwickeln. Davon würden auch zukünftige Mitglieder profitieren. Trading sollte nicht bedeuten, möglichst viele Komponenten in eine Strategie zu packen und sie damit unnötig zu verkomplizieren. Ziel war vielmehr eine einfache, realistisch anwendbare Vorgehensweise – das spiegelt den wahren Kern erfolgreichen Tradings wider: Die nüchterne Wiederholung möglichst einfacher, standardisierter Abläufe.

Dass das mit SR11 in dieser Form nicht möglich war, war mir damals schon bewusst. Es galt, eine Kombination aus wenigen, aber effektiven Elementen zu entwickeln, die trotzdem eine hohe Trefferquote liefert. Eins stand von Anfang an fest: Ich möchte weiterhin Zonen handeln. Sie sollten das Fundament der Strategie bilden. Indikatoren oder Trendanalysen sollten dabei keine Rolle mehr spielen. Zu guter Letzt sollte die Auswahl der Zonen nicht willkürlich, sondern auf Basis von festgelegten Parametern stattfinden. Dadurch wird die Auswahl zwar eingegrenzt, aber gleichzeitig klarer und strukturierter.

Die Grundlage war damit gelegt – fehlte nur noch ein entscheidender Teil: der Einstieg! Da Trends ausgeschlossen wurden und echte Trendumkehr-Muster auf großen wie kleinen Zeiteinheiten eher selten auftreten, stellte sich die Frage: Was lässt sich stattdessen nutzen? Welches Element der technischen Analyse passt ideal zur Idee einer kurzfristigen Umkehr? Die Antwort war naheliegend und simpel: Kerzenformationen!

Wenn eine starke Zone angelaufen wird und auf der kleineren Zeiteinheit eine Formation entsteht und diese bestätigt wird, dann ist das ein perfektes Signal! Genau an dieser Stelle entsteht das frische Momentum, das eine Umkehr einleiten kann! Da Kerzenformationen oft nur wenig Platz im Chart einnehmen, wäre es außerdem möglich, die Trades vergleichsweise kurz zu halten.

Der Plan: Nach einer bestätigten Formation innerhalb der Zone oberhalb des Kerzenhochs einsteigen, den Stop Loss am äußeren Rand der Zone setzen und den Trade bis 2R laufen lassen – und et voilà: Rocketcandle war geboren!

Warum Swingtrading?

Das Grundgerüst der Strategie stand bereits. Offen blieb nur die Frage, in welcher Zeiteinheit gehandelt werden sollte. Klar war: Der Fokus bleibt auf dem Tageschart – sprich, die Zonen werden auf Basis bestimmter Kriterien eingezeichnet und auch der Zeithorizont unterscheidet sich nicht von der ursprünglichen Strategie. Denn das Problem lag nicht in den Zonen oder der Zeiteinheit – sondern vielmehr in all den zusätzlichen Aspekten drumherum. Rocketcandle sollte eine stark vereinfachte Version von SR11 werden – inklusive eines veränderten Einstiegs. Im Prinzip entstand damit eine völlig neue Strategie.

Was mich an SR11 zusätzlich gestört hat, waren zudem noch die langen Haltezeiten. Ein Trade musste oft 15 bis 30 Tage gehalten werden, bevor das Gewinnziel erreicht wurde. Auch wenn das eine sehr entspannte Form des Tradings war, fehlte die Action. Der Wunsch: Mehr Trades – kürzere Haltezeiten! Trotzdem blieb der Rahmen von Swingtrading bestehen. Was bedeutet das genau?

Swingtrading beschreibt die Haltedauer eines Trades. Während beim Daytrading Positionen meist innerhalb eines Tages eröffnet und geschlossen werden, dauert es beim Swingtrading oft mehrere Tage oder sogar Wochen, bis ein Trade abgeschlossen ist. SR11 bewegte sich am äußeren Ende dieses Spektrums – es konnte mehrere Wochen dauern, bis ein Trade in den Take Profit lief.

Mit Rocketcandle würdest du dich zwar weiterhin im Bereich des Swingtradings wiederfinden, jedoch wären die Haltezeiten deutlich kürzer. Das kann ich gerne vorweggreifen: Meist werden die Trades weniger als eine Woche, teilweise sogar nur wenige Tage gehalten! Gleichzeitig lassen sich etliche potenzielle Trades finden, was im klassischen Swingtrading eher untypisch ist.

Zusammenfassend: Rocketcandle stellt die perfekte Mischung aus kurz- und mittelfristigem Handel dar – ohne den Stress des Daytradings, aber auch ohne die langen Wartezeiten herkömmlicher Swingtrading-Ansätze.

Offen bleibt nur noch die Frage, welches Handelsinstrument genutzt wird – Aktien, Währungen, Indizes oder Rohstoffe? Die Entscheidung war schnell klar: Ich bleibe bei Aktien!

Warum Aktien?

Warum nicht? Spaß beiseite – bei all den unterschiedlichen Märkten habe ich mich wieder für den Aktienmarkt entschieden. Das liegt zum einen daran, dass ich bereits einige Jahre Erfahrung in diesem Bereich habe. Auf der anderen Seite möchte ich eine bestehende Aktienstrategie durch eine neue Vorgehensweise erweitern und nicht einen neuen Markt erobern!

Das soll nicht falsch verstanden werden: Auch Währungen und Gold gehören mit dazu – allerdings eher im Bereich des Daytradings. Für Swingtrading wirken Aktien deutlich attraktiver. Die Vielfalt ist enorm – verschiedenste Länder, Branchen und Konkurrenten stehen zur Auswahl. Ein weiterer Vorteil ist die zusätzliche Komponente durch die übergeordneten Indizes. Wenn beispielsweise der *S&P 500* steigt und sich in einem Aufwärtstrend befindet, handle ich amerikanische Aktien ausschließlich in dieselbe Richtung. Das Gleiche gilt für den *DAX* und Aktien an der deutschen Heimatbörse.

Natürlich bringt jeder Markt seine eigenen Vor- und Nachteile mit. Bei Aktien hast du manchmal das Problem, nicht genügend Handelsvolumen vorzufinden, was einen Trade teurer und schwieriger macht. Das wäre aber vor allem dann ein Problem, wenn du Daytrading betreiben möchtest. Sowas würde ich maximal bei den größten Unternehmen der Welt, wie beispielsweise *Apple*, angehen. Ansonsten würde das Handelsaufkommen nicht ausreichen, um brauchbare Charts zu generieren.

Letzten Endes ist es auch eine emotionale Entscheidung, da ich selbst über den Aktienmarkt zum Trading gekommen bin. Ob Rocketcandle auch bei Währungen, Rohstoffen und Indizes funktioniert? Ganz bestimmt, aber ich habe mich mit dieser Strategie für Aktien entschieden. Ob ich die Strategie in besagten Märkten mal ausprobiere? 100 %! Stand jetzt liegt der Fokus jedoch ausschließlich auf Aktien.

Gemeinsam zum Ziel

Bei der Strategieentwicklung steht die Idee an erster Stelle. Diese ist nun vollends ausgereift, doch damit beginnt der Teil, vor dem sich viele fürchten: die Test- und Optimierungsphase. Sobald die grundlegenden Parameter der Strategie definiert und ein klares Ziel formuliert sind, beginnt der eigentliche Härtetest. Das bedeutet, du versetzt dich zurück in die Vergangenheit und beginnst damit, nach Trades zu suchen, die bereits stattgefunden haben.

Mit Analyseprogrammen für Trader kannst du wortwörtlich in der Zeit zurückreisen und alle Kerzen bis beispielsweise zum Jahr 2020 verschwinden lassen. Von dort aus kannst du dich Kerze für Kerze durchklicken und auf Basis der neuen Strategie die Ergebnisse der potenziellen Trades sammeln. Dabei wählst du eine Aktie aus und würdest nach Erreichen des damaligen, heutigen Tages ein Fazit ziehen.

Hier beginnt die Optimierung:

- Was hat gut funktioniert – und was könntest du eventuell streichen?
- Welches Ergebnis hast du erzielt und wärst du damit bereits zufrieden?

Das sind die zwei zentralen Fragen nach dem ersten Durchlauf. Wer diesen Prozess alleine durchläuft, muss besonders kritisch und geduldig sein. In meinem Fall hatte ich das Glück und die Ehre, nicht alleine, sondern gemeinsam mit anderen ambitionierten Tradern aus meiner Community an der Strategie zu feilen!

Es gab insgesamt sechs Testdurchläufe mit etlichen Teilnehmern. Statt 30 bis 40 Trades kamen Hunderte, später Tausende zustande. Gemeinsam wurden die Ergebnisse ausgewertet, diskutiert und optimiert. Jeder Durchlauf führte zu neuen Erkenntnissen – so wurde die Strategie schrittweise konkretisiert.

Der Startschuss für dieses Projekt fiel im September 2023. Nach mehreren Monaten intensiver Tests ging es über in den sogenannten Livetest. Hier wurde die Strategie unter realen Marktbedingungen beobachtet. Alle Trades wurden zur jeweiligen aktuellen Marktlage dokumentiert. Dadurch entstand nicht nur ein tiefes Verständnis für die Umsetzung – es zeigte sich auch, ob die Strategie tatsächlich praktikabel ist.

Nachdem auch hier Hunderte Tests stattgefunden haben, gab es im Juli 2024 den Startschuss für das Livetrading mit Rocketcandle. Dank der Arbeit dutzender Mitglieder entstand eine profitable und simple Handelsstrategie, die jeder Anfänger mit einer Grundausbildung in technischer Analyse und Trading umsetzen kann! Genau dieses Grundwissen hat jeder, der bis hierhin gelesen hat, bereits erlangt.

Nun ist es endlich so weit: Der Einstieg in die Rocketcandle-Strategie steht bevor – jenes Konzept, auf das alle vorangegangenen Kapitel hingeführt haben. Jede einzelne Seite war Vorbereitung auf diesen Moment. Jetzt geht es ans Eingemachte!

Die Grundlage für den Trade

Das Fundament: die Zone

Die Zone bildet das Fundament eines jeden Trades, der mit Rocketcandle umgesetzt werden kann. Die grundlegenden Parameter wurden bereits besprochen, aber bislang wurde nur an der Oberfläche gekratzt.

Zum aktuellen Stand ist klar, warum bestimmte Preisbereiche eine Kursumkehr ermöglichen können. Sobald es an die eigentliche Einzeichnung der Zone geht, wirkt die theoretische Herangehensweise vergleichsweise einfach: Eine Handvoll Tief- und/oder Hochpunkte wird miteinander verbunden – das ergibt eine Zone, die für Einstiege genutzt werden kann. Sobald der Blick auf einen echten Chart fällt, zeigt sich jedoch, wie komplex das in der Praxis wird.

Zonen können besonders breit oder schmal eingezeichnet werden. Möglich ist die Verbindung an Kerzenhochs und -tiefs oder über die Körper der Kerzen. Gerade zu Beginn entsteht hier eine große Herausforderung. Hinzu kommt die Auswahl der Berührungspunkte: Welche sind tatsächlich wichtig und welche können vernachlässigt werden?

Um diesen Themenkomplex möglichst simpel herunterzubrechen, folgt nun ein praktisches Beispiel mit schrittweiser Einzeichnung einer Zone. Dabei teile ich genau die Gedanken, die ich während der Markierung des Bereichs habe. Vorab möchte ich etwas Angst nehmen und sagen, dass du mit reichlich Übung schnell brauchbare Zonen erkennen wirst.

Also, los geht's!

Abb. 27: Leerer Chart – Aufgabe: Zonen finden (Charts by *TradingView*)

Beim ersten Blick auf den Chart stellst du drei zentrale Fragen:

1. Wo befindet sich eine Unterstützung oder ein Widerstand?
2. Welche Umkehrpunkte sind relevant?
3. Wie lassen sich diese am besten verbinden?

Wenn ich mir den Chart anschaue, stechen mir sofort die Tiefpunkte auf der linken Seite ins Auge. Hier kannst du sicherlich eine Zone bzw. Unterstützung einzeichnen, die sich für zukünftige Long-Trades eignet. Der nächste Schritt: Die konkreten Tiefpunkte werden im Chart markiert:

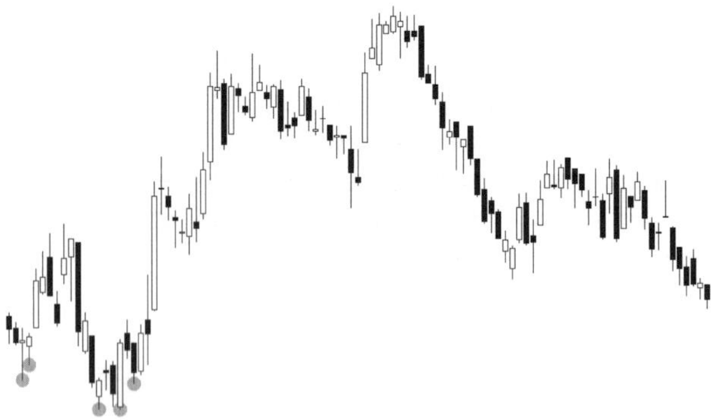

Abb. 28: Schritt 1 – Tiefpunkte markieren (Charts by *TradingView*)

Vier Tiefpunkte sind sichtbar, aber nicht alle davon sind relevant. Der rechte der beiden linken Punkte erscheint überflüssig – entscheidend ist immer das tiefste Tief der gesamten Bewegung. In diesem Fall liegt es links außen. Der rechte Punkt wird ignoriert, da er keinen validen Umkehrpunkt liefert. Nun folgt die Festlegung der Zonengrenzen – also Ober- und Unterseite:

Abb. 29: Schritt 2 – Zonengrenzen festlegen (Charts by *TradingView*)

Für die Oberseite wähle ich immer den höchsten der Tiefpunkte. Die Unterseite muss nun alle anderen Tiefpunkte bzw. deren Kerzen beinhalten. In diesem Fall entscheide ich mich für den tiefsten aller Umkehrpunkte.

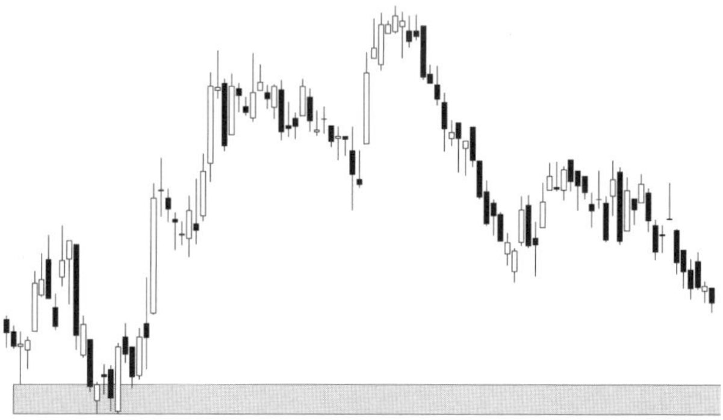

Abb. 30: Schritt 3 – Zone einzeichnen (Charts by *TradingView*)

Es liegen alle relevanten Punkte innerhalb meiner Zone – nun muss sie nur noch ausgefüllt werden!

Somit ist die erste Zone erfolgreich eingezeichnet! Die erste Unterstützung ist abgearbeitet. Jetzt stellt sich die Frage: Gibt es einen passenden Widerstand? Die Antwort: Ja, aber der ist auf den ersten Blick nicht so einfach zu erkennen.

Ein Tipp: Ähnlich gelegene Hoch- und Tiefpunkte erleichtern die Orientierung. Eine mittig liegende Zone aus verschiedenen Umkehrpunkten wird identifiziert und wie zuvor vorbereitet:

Abb. 31: Schritt 1 – Hochpunkte markieren (Charts by *TradingView*)

Nahezu exakt in der Mitte des Chartabschnitts lassen sich eine Reihe von Umkehrpunkten finden, die allesamt einen gemeinsamen Preisbereich umfassen. Anschließend werden die Zonengrenzen eingezeichnet:

Abb. 32: Schritt 2 – Zonengrenzen festlegen (Charts by *TradingView*)

Wie bin ich konkret bei dieser Zone vorgegangen? Ganz einfach: Ich nehme den höchsten und tiefsten Umkehrpunkt als Zonengrenze – das wäre es auch schon gewesen! Im nächsten und letzten Schritt markiere ich meinen Preisbereich und habe damit alle relevanten Zonen in diesem Chart eingezeichnet:

Abb. 33: Schritt 3 – Zone einzeichnen (Charts by *TradingView*)

Fehlt noch ein Punkt? Warum ragt inmitten der Zone ein ganzer Tiefpunkt hervor? Ist so etwas erlaubt? Ja, das ist vollkommen in Ordnung! Fakt ist, dass die Dochte und Lunten einer Kerze aus einer Zone herausstechen dürfen. Entscheidend ist der Körper der Kerze, der immer noch auf der Zone liegt. Die Lunte symbolisiert in unserem Fall die Stärke der Zone bzw. den Kaufdruck, der hier entstanden ist.

Immer wichtig: Stimmen alle innerhalb der Zone liegenden Kerzen mit deren Funktion überein? In diesem Fall nähert sich der Kurs von oben – die Zone wirkt als Unterstützung. Der untere Teil der Kerze muss dann nicht vollständig innerhalb der Zone liegen.

Das Gleiche gilt umgekehrt: Dochte dürfen an der Oberseite einer Widerstandszone hinausragen, solange der Körper eine Reaktion zeigt. Das mag zunächst verwirrend wirken, wird aber durch weitere Praxisbeispiele im nächsten Abschnitt verdeutlicht.

Tatsache ist, dass ich meine spezifische Vorgehensweise kaum in Worte fassen kann und am besten über echte Beispiele kommunizieren werde. Ich werde so viel Input wie nötig liefern, um gewisse Sachverhalte verständlich zu machen. Wenn ich mich hier zu sehr darin verliere, bestimmte Feinheiten zu erklären, wirst du als Anfänger eher überfordert sein, als etwas zu lernen.

Allein anhand dieses Beispiels lassen sich bereits viele mögliche Zonen erkennen. Weitere Beispiele folgen. Wichtig ist es, dass du mithilfe dieser Illustrationen und Erläuterungen auch selbst tatkräftig werden kannst. Wie du das üben kannst, folgt in Kürze. Jetzt geht es zuerst weiter mit den konkreten Anforderungen an die Zonen, die mit Rocketcandle gehandelt werden sollen.

Kriterien für eine valide Zone

Auf Basis des Gelernten lassen sich unterschiedlichste Zonen einzeichnen. Rein theoretisch könntest du Preisbereiche mit etlichen Berührungspunkten, aber auch Durchbrüchen markieren. Letzteres ist genau der Aspekt, welcher starke von schwachen Zonen unterscheidet. Denn mit jedem Durchbruch verliert eine Zone an Stärke und wird stetig „unzuverlässiger“.

Der Grund, weshalb Zonen überhaupt verwendet werden, liegt in der Erwartung einer wahrscheinlichen Reaktion oder Umkehr. Wechselt eine Zone jedoch wiederholt ihren Charakter, handelt es sich früher oder später nicht um eine Zone, sondern um willkürliche Kursbereiche. Deshalb braucht es klare Regeln, auf deren Basis ein Bereich als potenziell handelbare Zone gelten kann.

Die erste und grundlegendste Regel ist denkbar einfach: Ein starker Umkehrpunkt reicht aus. Genauer gesagt: Ein einziger, signifikanter Punkt kann genügen, um daraus eine Zone abzuleiten.

Als Beispiel dient ein Chartausschnitt der *Philip-Morris*-Aktie an. Hier habe ich erst kürzlich erfolgreich einen RC-Trade umgesetzt. Eingestiegen bin ich am rechten Umkehrpunkt, was bedeuten würde, dass diese Zone vorher lediglich einen einzigen Umkehrpunkt aufweisen konnte. Wenn du den Chart bzw. den linken Punkt genauer betrachtest, handelt es sich hierbei um ein markantes Hoch, von wo aus der Chart eine starke Umkehr einleitete – daher auch die Bezeichnung „Umkehrpunkt“. In so einem Fall nutze ich ausschließlich den Docht als Zone und markiere mir damit meine Zone.

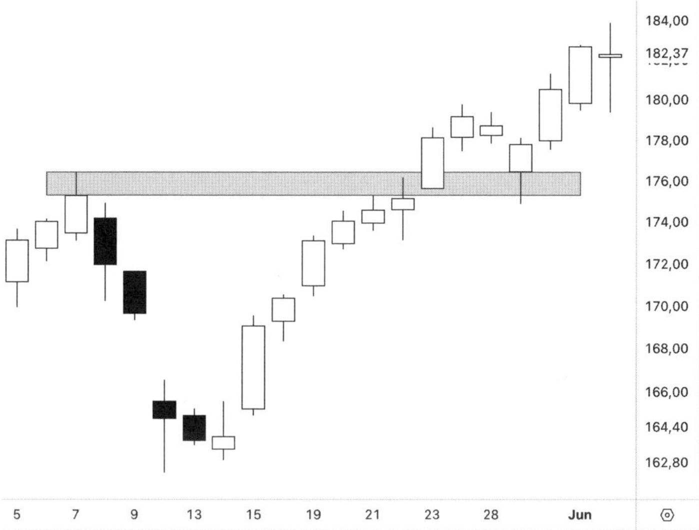

Abb. 34: Praxisbeispiel mit Chart der *Philip-Morris*-Aktie (Charts by *TradingView*)

Was du neben dem einzelnen Hochpunkt erkennen kannst, wäre der Durchbruch, der kurz vor dem Einstieg stattfand. Auf Basis dieser zwei Komponenten kannst du bereits die ersten zwei Regeln für die Zonenerkennung festlegen:

1. Eine Zone benötigt mindestens einen starken Umkehrpunkt.
2. Eine Zone darf niemals mehr Durchbrüche als Berührungspunkte aufweisen.

In diesem Beispiel liegt ein Verhältnis von 1:1 vor – ein Umkehrpunkt, ein Durchbruch. Das ist das Maximum, das akzeptiert werden kann. Allgemein gilt jedoch auch, dass eine Zone mit zum Beispiel zwei Berührungspunkten nur maximal zwei Durchbrüche haben darf! Idealerweise hättest du natürlich kaum bis keine Brüche innerhalb der Zone, wobei das genannte Verhältnis auf Basis Hunderter Tests weiterhin für saubere Trades sorgt.

Allgemein gilt neben diesen zwei Regeln eine weitere, welche die maximale Anzahl an Durchbrüchen festlegt. Dabei spielt es keine Rolle, ob die Zone vier, zehn oder gar zwanzig Berührungspunkte aufweist. Sobald folgende Grenze überschritten wird, ist die Zone nicht mehr handelbar! Die dritte Regel besagt:

3 Eine Zone darf niemals mehr als insgesamt vier Durchbrüche aufweisen.

Ab dem fünften Durchbruch wird der Bereich als unbrauchbar gewertet – sowohl für eigene Trades als auch als potenzielles Hindernis im Chart. Wenn z. B. eine valide Unterstützungszone für einen Long-Trade identifiziert wurde, aber direkt darüber ein Widerstand liegt, darf der Trade nicht umgesetzt werden. Ist dieser Widerstand allerdings durch mehr als vier Durchbrüche geschwächt, gilt er nicht mehr als Hindernis. Die Regel gilt also für alle Zonen – sowohl handelbare als auch störende. Entscheidend ist, Berührungen und Durchbrüche korrekt zu zählen. Dazu ein Beispiel:

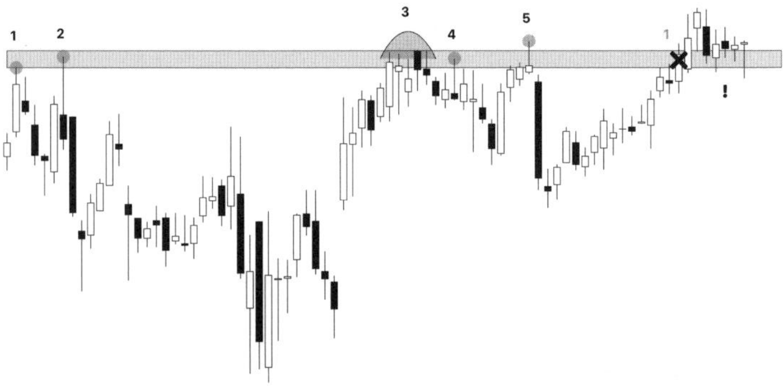

Abb. 35: Berührungspunkte korrekt zählen (Charts by *TradingView*)

Im gezeigten Beispiel ist besondere Aufmerksamkeit gefragt. Vorab: Die genaue Anzahl der Berührungen spielt hier keine entscheidende Rolle – die Zone wäre in jedem Fall handelbar. Wichtig ist, zu verstehen, wie gezählt wird, um bei knapperen Fällen eine sichere Entscheidung zu treffen.

Diese Zone weist insgesamt fünf Berührungspunkte und nur einen Durchbruch auf. Wichtig: Nicht jede Kerze, die auf der Zone liegt, zählt als einzelne Berührung. Im dritten Punkt von links entsteht eine kurze Konsolidierung mit mehreren Kerzen. Die Reaktion erfolgt erst nach der fünften Kerze. Deshalb gilt das gesamte Muster als eine Berührung. Gezählt wird erst dann, wenn mindestens eine Kerze die Zone berührt und danach mindestens eine Kerze eine sichtbare Gegenreaktion zeigt.

Als Gegenbeispiel dient die jüngste Ansammlung an Kerzen in der Nähe des Ausrufezeichens. Dort findet zwar eine Konsolidierung statt, jedoch ist bislang keine Kerze oberhalb der Zone entstanden. Daher liegt keine klare Reaktion vor – dieser Bereich zählt nicht als Berührung.

Durchbrüche werden in beide Richtungen gezählt und finden genau dann statt, wenn ein Kerzenkörper die komplette Zone schneidet. Bei der Einzeichnung ist Genauigkeit gefragt, sonst könnten scheinbare Durchbrüche auftauchen, die in Wahrheit keine sind. Im gezeigten Beispiel ist der Durchbruch jedoch eindeutig – der Bereich wechselt hier seinen Charakter: vom Widerstand zur Unterstützung.

Fehler beim Zählen von Berührungen oder Durchbrüchen gehören zum Lernprozess. Am Anfang ist es völlig normal, nicht sofort alles korrekt einzuordnen. Wichtig ist, Zeit in Übung und das Zeichnen von Zonen zu investieren. Auch wenn dieser Teil des Buches überwältigend wirkt – die Basis ist gelegt, und selbst wenn du diesen Abschnitt mehrfach lesen musst (was ich dir auch sehr empfehle), ist das kein Rückschritt.

Das nur als Randbemerkung für alle, die vielleicht erste Zweifel darüber haben, ob sie es irgendwann schaffen, all das genauso umzusetzen. Meine Meinung dazu: Jeder, der sich auch nur ein bisschen mit der Materie beschäftigt und auch etwas Zeit in Übung investiert, kann diese Strategie mit links umsetzen!

In diesem Sinne ist das Kapitel abgeschlossen. Allgemein gibt es noch folgende Regeln, die zwar etwas „lockerer" zu betrachten sind, aber weitere, essenzielle Eingrenzungen einführen:

4 Zonen sollten weder zu breit noch zu schmal sein.

5 Konsolidierungen müssen vermieden werden.

Wie sich diese beiden Punkte praktisch erkennen und vermeiden lassen, zeigt das nächste Kapitel.

Typische Fehler

Gerade als Anfänger besteht die Tendenz, bestimmte Fehler zu machen. Sie gehören zwar zum Lernprozess, doch es hilft, ihnen bereits vor dem Start in die Trading-Karriere zu begegnen. Selbst mit diesem Vorwissen wird es hin und wieder vorkommen, dass eine Zone zu breit oder zu schmal eingezeichnet wird. Das ist auch in Ordnung – solange aber die Fehler erkannt und reflektiert werden. Wer dieselben Fehltritte über Monate hinweg wiederholt, entwickelt daraus Gewohnheiten – und diese sind nur schwer wieder zu korrigieren.

Los geht's mit der häufigsten Fehlerquelle, die jedem Einsteiger früher oder später begegnet: Zonen mit übertrieben großer Breite. Das könnte wie folgt aussehen:

Abb. 36: Fehler Nummer 1 – Zu breite Zonen (Charts by *TradingView*)

Achtung: Dies ist eine bewusst übertriebene Darstellung. Hier ist eine Zone zu sehen, deren Breite deutlich überzogen ist. Woran lässt sich das erkennen? Ein Blick auf die weiß eingefärbten Bereiche zeigt links eine Aufwärtsbewegung und rechts Teile eines Trends mit Hoch- und Tiefpunkten. Eine Zone sollte niemals ganze Bewegungen umfassen!

Ziel ist es, genau die Bereiche zu markieren, an denen eine Umkehr stattfand. In diesem Fall wird weit über das Ziel hinausgeschossen und es werden gleich alle Bewegungen erfasst. Tatsächliche Umkehrpunkte liegen nur im mittleren Bereich – also außerhalb des idealen Zielraums. Welche Folgen hat diese Art der Einzeichnung?

1. Zahlreiche Fehlsignale
2. Ein zu großer Stop-Loss-Bereich

Kurz gesagt: Verluste! Dieser Fehler kann bares Geld kosten und sollte tunlichst vermieden werden.

Bevor es zur korrekten Einzeichnung geht, lohnt sich ein Blick auf das andere Extrem – die viel zu schmale Zone:

Abb. 37: Fehler Nummer 2 – Zu feine Zonen (Charts by *TradingView*)

Statt den halben Chart mit der Zone zu bedecken, ist hier kaum mehr als eine Linie zu sehen. Auch das bringt Probleme mit sich:

1 Kaum bis keine Einstiegsmöglichkeiten

2 Ein enger Stop-Loss-Bereich

Durch den schmalen Preisbereich braucht es fast schon Glück, damit ein Kaufsignal exakt an dieser Stelle entsteht. Um beiden Extremen entgegenzuwirken, empfiehlt sich die folgende Einzeichnung:

Abb. 38: Korrekte Einzeichnung der Zone (Charts by *TradingView*)

Die Anzahl an Berührungspunkten ist identisch zur schmalen Zone. Stattdessen ergibt sich mit ein wenig „Bauchgefühl" ein sauberer Bereich, der weitere relevante Punkte integriert.

Auch wenn Trading stark von Zahlen und Fakten geprägt ist, braucht es beim Zeichnen von Zonen mit der Zeit ein gutes Gespür. Damit lassen sich selbst fehlerhafte Bereiche anpassen, sodass sie für valide Trades nützlich werden können.

Nach dem wichtigsten Fehler geht es weiter mit einem weiteren Punkt: der Anzahl an Durchbrüchen. Dieser Fehler ist leicht zu vermeiden. Es genügt, regelmäßig alle Berührungen und Durchbrüche zu zählen.

Wer das berücksichtigt, wird kaum Probleme mit zu vielen Durchbrüchen haben. Hier ein Beispiel für eine Zone, die gerade noch gültig ist:

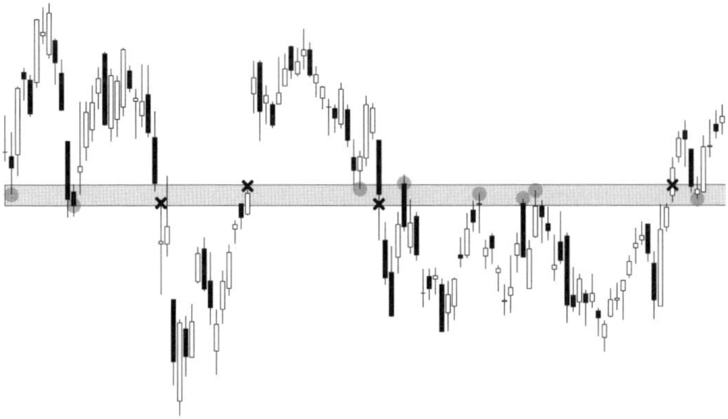

Abb. 39: Fehler Nummer 3 – Zu viele Durchbrüche (Charts by *TradingView*)

In diesem Beispielchart gibt es acht Berührungspunkte und vier Durchbrüche – also das absolute Maximum. Sollte die Zone einen weiteren Durchbruch erleiden, wäre sie nicht mehr handelbar! Anhand dieses Beispiels kannst du schön erkennen, was als Berührungspunkt (Kreis) und Durchbruch (Kreuz) gezählt wird. Es ist unheimlich wichtig, jene Punkte erkennen zu können! Zum Schluss ein Beispiel für eine Konsolidierung – also ein Bereich, in dem der Kurs zu lange seitwärts läuft:

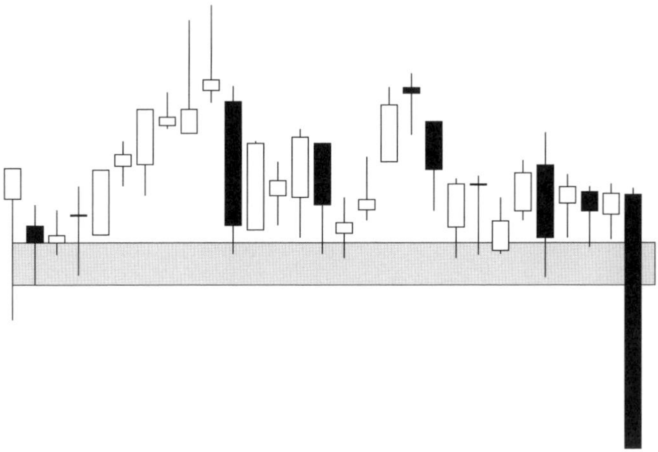

Abb. 40: Fehler Nummer 4 – Konsolidierung (Charts by *TradingView*)

Ein perfektes **Beispiel:** Der Kurs bewegt sich zwar immer wieder in den grauen Bereich, verweilt jedoch auch oftmals an der Zone. Es kommt kaum zu einer starken Reaktion, weshalb solche Bereiche nicht für das Trading geeignet sind! Am rechten Rand erkennst du mitunter einen Grund dafür, denn der Kurs schoss geradewegs durch den grauen Bereich und reagierte überhaupt nicht auf die Zone. Aus diesem Grund solltest du dich stattdessen auf Zonen fokussieren, die klare Gegenreaktionen nachweisen und bei denen der Kurs nicht lange innerhalb der Grenzen verweilt.

Damit sind alle möglichen Fehler abgedeckt – und das Kapitel rund um Zonen abgeschlossen! Herzlichen Glückwunsch: Der wichtigste Teil der Strategie ist damit abgearbeitet. Das Fundament steht, es fehlt nur noch das Einstiegssignal. Das wird als Nächstes genauer unter die Lupe genommen!

Der Startschuss für den Trade

Die Kerzenformation als Zündstoff

Das Fundament für die Rocketcandle-Strategie steht – jetzt fehlt nur noch der passende Zündstoff für raketenartige Trades! Kerzenformationen sind der Ursprung jeder Umkehr. Warum also nicht genau dort einsteigen, wo erstmalig eine Reaktion entsteht? Genau diesem Gedanken folgend, basiert Rocketcandle auf der gezielten Nutzung bestimmter Formationen.

Welche Formationen das konkret sind, wird in diesem Kapitel im Detail gezeigt. Vorab eine Erinnerung für die Einordnung einer Formation:

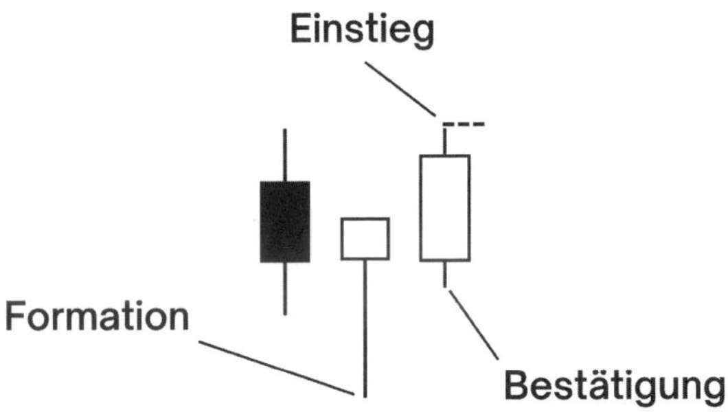

Abb. 41: Die Bestandteile einer Kerzenformation

Die erste Kerze ist nicht zwingend nötig und symbolisiert in der Vorstellung der Formationen die vorherige Richtung des Kurses. Mittig befindet sich die eigentliche Formation und rechts liegt die Bestätigungskerze, deren Hochpunkt unseren Einstieg markiert.

Bis auf das Bullish Engulfing folgt jede Formation genau diesem Aufbau. Eine Bestätigung ist immer erforderlich, da die Formation sonst nicht als solche definiert werden kann. Ohne sie kein gültiges Signal.

Rocketcandle basiert auf insgesamt sieben Kerzenformationen, die alle auf Basis Tausender Tests auf Herz und Nieren geprüft wurden. Das sind die Formationen, die immer wieder aufs Neue starke Signale liefern. Gestartet wird mit einer bekannten Kerzenformation, die beidseitig für Kauf- und Verkaufssignale steht:

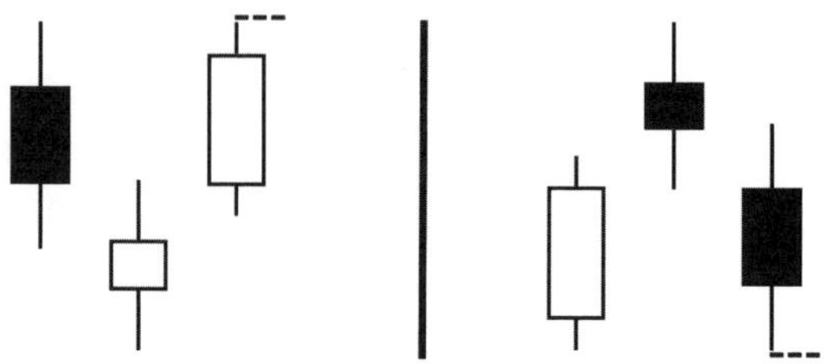

Abb. 42: Der Doji – bullisch und bärisch

Der Doji – eine neutrale Umkehrformation, die je nach Kontext bullisch oder bärisch interpretiert wird. Auf einer Unterstützung liefert er ein Kauf- und an einem Widerstand ein Verkaufssignal.

Um den Doji als solchen validieren zu können, muss das Verhältnis zwischen Körper und Docht/Lunte mindestens 1:1 sein. Letztere dürfen gerne größer sein als der mittig gelegene Körper selbst.

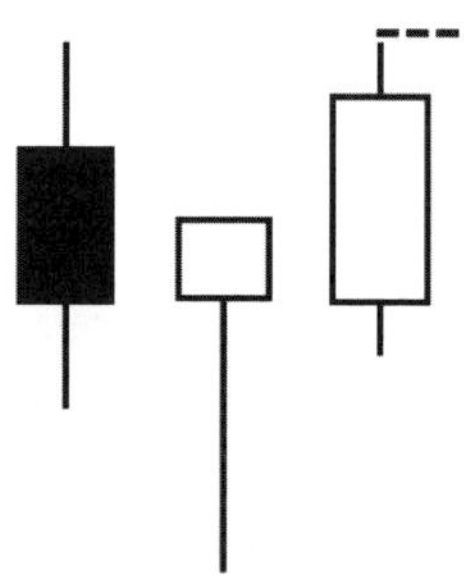

Abb. 43: Der Hammer – bullisch

Der Hammer zeigt ebenfalls eine bekannte Formation: eine bullische Umkehr. Diese besteht aus einem obenliegenden Körper und einer Lunte, die mindestens dreimal so lang ist wie der Körper.

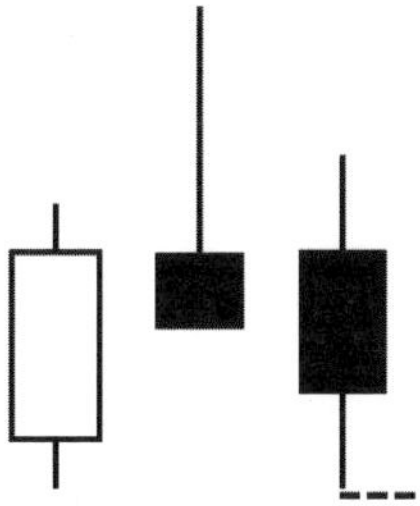

Abb. 44: Der Shooting-Star – bärisch

Der Shooting-Star ist das bärische Gegenstück zum Hammer. Hier liegt der Körper an der Unterseite der Kerze, der Docht muss mindestens dreimal so lang wie der Körper sein. Am Widerstand liefert der Shooting-Star ein Verkaufssignal.

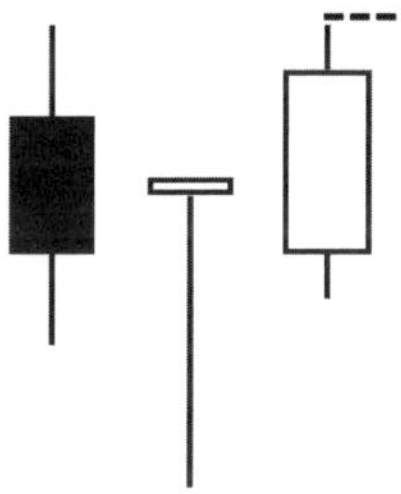

Abb. 45: Der Dragonfly Doji – bullisch

Der Dragonfly Doji ist mit dem Hammer vergleichbar, wobei diese Formation nahezu denselben Eröffnungs- und Schlusskurs nachweist. Dadurch entsteht ein extrem kleiner oder unsichtbarer Körper – das Markenzeichen dieser bullischen Formation!

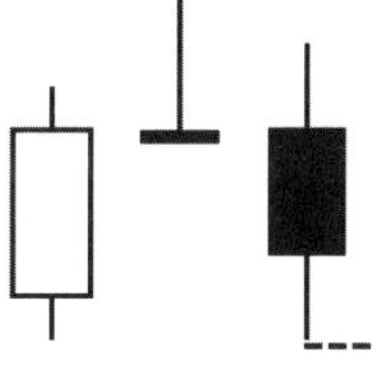

Abb. 46: Der Gravestone Doji – bärisch

Natürlich gibt es auch beim Dragonfly Doji ein bärisches Pendant – den Gravestone Doji. Der kleine Körper liegt an der Unterseite der Kerze und besitzt einen langen Docht auf der Oberseite.

Zum Schluss folgt der Blick auf die beiden Varianten des Engulfings. Den Anfang macht die bullische Variante. Dieses Muster ist das einzige, das Formation und Bestätigung vereint. Es besteht aus einer bärischen Kerze und einer bullischen Folgekerze, deren Körper den der ersten vollständig umschließt. Genau diese zweite Kerze liefert die Bestätigung – der Einstieg erfolgt unmittelbar nach ihrem Abschluss!

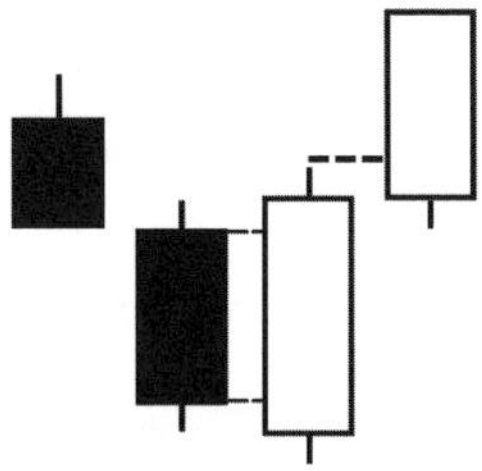

Abb. 47: Das Bullish Engulfing – bullisch

Dasselbe gilt für das bärische Pendant – das Bearish Engulfing. Eine positive Kerze wird von einer negativen Folgekerze abgelöst, deren Körper den der vorherigen vollständig umschließt. Diese zweite Kerze liefert gleichzeitig die Bestätigung, sodass der Einstieg direkt unterhalb des Kerzentiefs erfolgt.

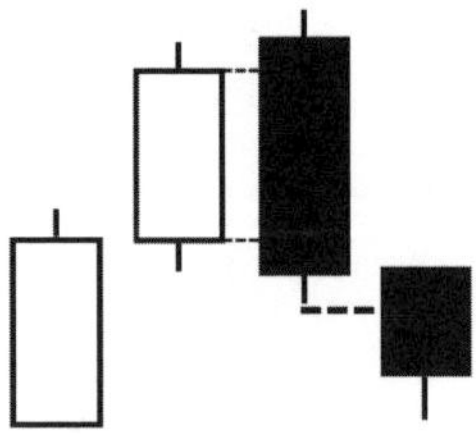

Abb. 48: Das Bearish Engulfing – bärisch

Damit sind alle Kerzenformationen vollständig vorgestellt! Im Kern geht es bei dieser Rocketcandle-Strategie darum, korrekte Preisbereiche für eine Umkehr zu markieren und auf kleiner

Zeiteinheit eine dieser sieben Formationen zu erkennen. Genau diese Muster geben den finalen Startschuss für den Trade!

Es ist völlig normal, diese Formationen zu Beginn nicht alle sofort zu behalten. Aus diesem Grund folgt im nächsten Abschnitt eine praktische Hilfe – für einen schnellen und sicheren Wiedererkennungswert beim Traden.

Die RC-Formationen

Es folgt eine Übersicht, die alle relevanten Kerzenformationen für Rocketcandle enthält! Diese Übersicht eignet sich ideal als Begleitmaterial beim Üben oder bei der Analyse potenzieller Trades – ein schneller Blick genügt, um die jeweilige Formation korrekt einzuordnen.

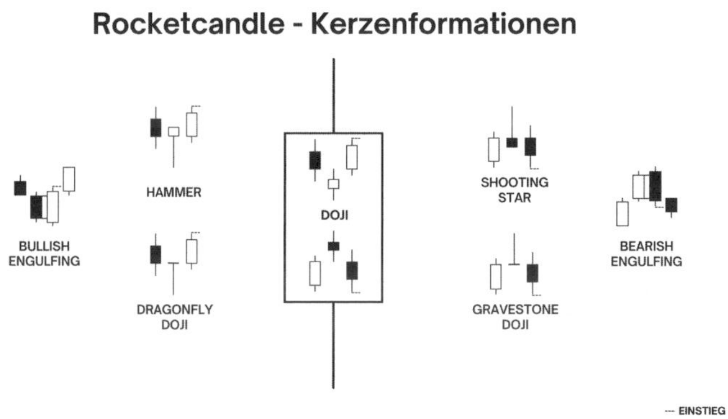

Abb. 49: Übersicht zu allen Kerzenformationen von Rocketcandle

Alle Kerzenformationen wurden nun erläutert. Die entscheidende Frage lautet: Lassen sich diese zuverlässig im Chart erkennen? Um das sicherzustellen, folgt zum Abschluss des Kapitels eine Übersicht typischer Fehler bei der Identifikation von Kerzen. Danach geht es direkt weiter mit dem ersten vollständig analysierten RC-Trade!

Typische Fehler

Bei der Erkennung von Kerzenformationen gibt es eine Reihe potenzieller Fehlerquellen. Im Folgenden werden die am weitesten verbreiteten Irrtümer vorgestellt und konkret erklärt. Den Anfang macht die fehlerhafte Einordnung der Doji-Formation:

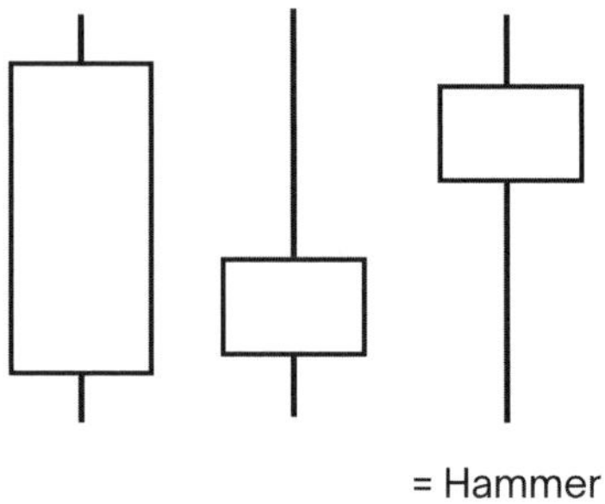

Abb. 50: Fehler Nummer 1 – Falsche Einordnung der Doji-Formation

Drei verschiedene Ausprägungen einer Kerze werden betrachtet. Keine der gezeigten Varianten entspricht einem Doji, die beiden linken stellen zudem keine bullische Formation dar! Nur die rechte Kerze lässt sich als Hammer identifizieren – trotz kurzem Docht. Solange hier das Verhältnis passt, ist alles im grünen Bereich.

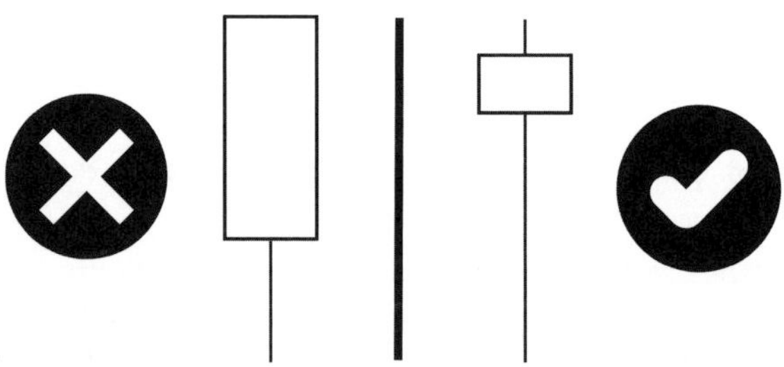

Abb. 51: Fehler Nummer 2 – Falsche Einordnung des Hammers

In der Theorie mag diese Art von Fehler absurd sein, jedoch habe ich oft ähnliche Fälle gesehen, in denen Kerzen als Hammer interpretiert worden sind, die gar keine waren. Das linke Beispiel ist zwar extrem, soll aber zeigen, dass es sich hier keineswegs um eine gültige Formation handelt. Rechts hingegen ist eine saubere Hammer-Formation zu erkennen.

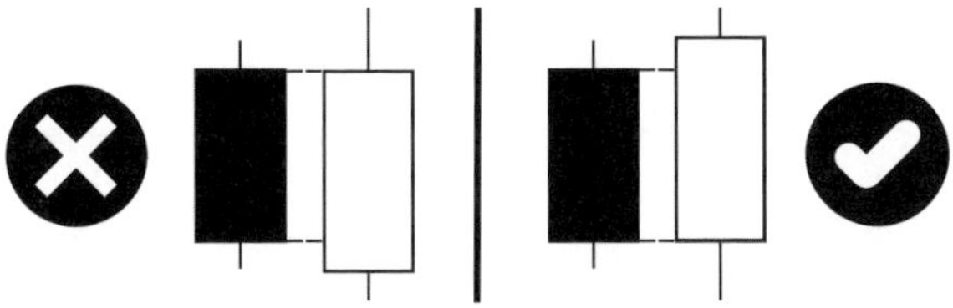

Abb. 52: Fehler Nummer 3 – Falsche Einordnung eines Engulfings

Der dritte Fehler ist die falsche Einordnung eines Engulfings. Im linken Fall scheint der Kerzenkörper zwar größer zu sein, jedoch wird die Oberseite der vorherigen Kerze nicht übertroffen – die Voraussetzung für ein valides Engulfing ist somit nicht erfüllt.

Rechts hingegen beginnt die neue Kerze exakt auf dem Schlusskurs der vorherigen. Zwar wird dadurch die Unterseite nicht umschlossen, das ist jedoch akzeptabel. Die Oberseite der bullischen Kerze schließt deutlich oberhalb der vorangegangenen – das genügt für ein gültiges Bullish Engulfing.

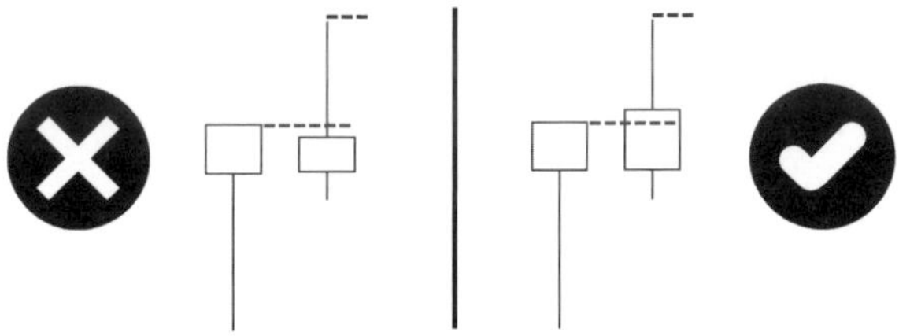

Abb. 53: Fehler Nummer 4 – Die invalide Bestätigung

Das ist einer der fatalsten Fehler überhaupt – die falsche Einordnung der Bestätigung. Links zeigt sich, dass die Folgekerze nicht oberhalb der Formation schließt. In diesem Fall liegt keine gültige Bestätigung vor. Auf der rechten Seite hingegen schließt die Folgekerze deutlich oberhalb des vorherigen Hochpunkts und liefert damit eine valide Bestätigung.

Solche Fehler entscheiden mitunter über Verlust oder Gewinn. Vor dem Einstieg sollte daher stets geprüft werden, ob die Formation tatsächlich überschritten wurde oder nicht.

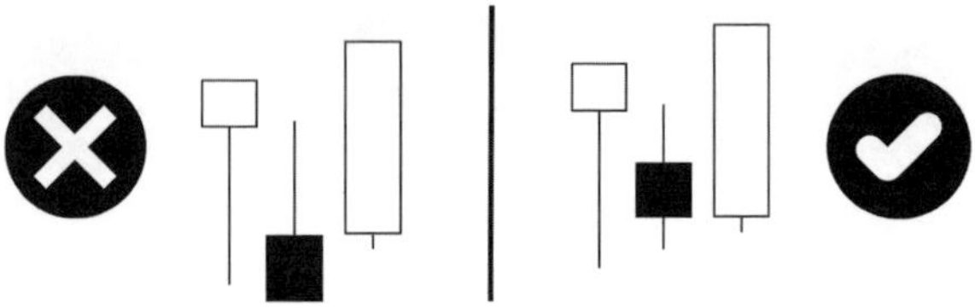

Abb. 54: Fehler Nummer 5 – Die Invalidierung einer Formation

Das Schlusslicht bildet die Invalidierung der Formation – ein weiterer, essenzieller Faktor, der unbedingt beachtet werden sollte. Wird nach Bildung einer bullischen Formation eine weitere Kerze gebildet, die das Tief der Formation unterbietet, gilt das Muster als ungültig. Wenn stattdessen die bärische Folgekerze innerhalb der bullischen Kerze entsteht, kann darauf immer noch eine Bestätigungskerze folgen. Demnach muss die Formation zwar nicht sofort bestätigt werden, sie darf aber auch keinesfalls unterschritten werden!

Damit sind die wichtigsten Fehlerquellen im Zusammenhang mit Kerzenformationen abgehandelt. Der nächste Abschnitt widmet sich dem Herzstück der Strategie – der detaillierten Analyse des ersten RC-Trades.

Der RC-Trade

Schritt 1: Erkennung der Zone

Im folgenden Kapitel steht ein konkreter RC-Trade im Fokus – jeder Schritt wird einzeln durchlaufen. Alles, was bisher thematisiert wurde, mündet genau in diesem Abschnitt.

Bevor ein Trade vorbereitet werden kann, muss ein geeigneter Chart geöffnet werden. In unbearbeitetem Zustand sieht das wie folgt aus:

Abb. 55: Chart der *Vonovia*-Aktie (Charts by *TradingView*)

Gezeigt wird die *Vonovia*-Aktie im Jahr 2025 – genauer gesagt der Zeitraum zwischen dem 17. Februar und 12. Juni 2025. Im ersten Schritt richtet sich der Blick auf den aktuellen Kursstand. Von dort aus lassen sich die Zonen identifizieren, die wiederholt eine klare Kursumkehr bewirkt haben.

Eine solche springt sofort ins Auge:

Abb. 56: Einzeichnung der Unterstützung (Charts by *TradingView*)

Direkt unterhalb des aktuellen Kurses liegt eine Unterstützung mit insgesamt sieben Berührungspunkten und nur zwei Durchbrüchen. Das erfüllt nicht nur die Kriterien für eine valide, sondern sogar für eine besonders starke Zone! Bevor der nächste Schritt erfolgt, gilt es zusätzlich, mögliche Hindernisse zu identifizieren – in diesem Fall relevante Widerstände.

Abb. 57: Identifizierung relevanter Widerstände (Charts by *TradingView*)

Im Bereich von etwa 29,70 € befindet sich ein wichtiger Widerstand, der bei der späteren Analyse berücksichtigt werden muss.

Ob dieser tatsächlich problematisch wird, zeigt sich erst nach Bildung eines möglichen Einstiegssignals!

Ab diesem Punkt bleibt nur noch eines zu tun: abwarten, bis der Kurs die Zone berührt und sich eine Formation entwickelt.

Schritt 2: Entstehung der Formation

Sobald die relevanten Zonen eingezeichnet sind, beginnt die Beobachtung. Nur einen Tag später ist der Fall bereits eingetreten:

Abb. 58: Alle relevanten Zonen (Charts by *TradingView*)

Noch bevor die Zone berührt wurde, wurde ein Alarm auf die Obergrenze gesetzt – so erfolgt eine direkte Benachrichtigung im entscheidenden Moment. Nach Erreichen der Zone ist der Tageschart vorerst abgeschlossen. Der nächste Schritt erfolgt im 1-Stundenchart!

Am Freitag, den 13. Juni 2025, bildet sich zwischen 09:00 und 11:00 Uhr ein perfekter Doji, direkt gefolgt von der Bestätigung. Damit liegt ein sauberes Einstiegssignal in Kombination mit einer klaren Zone vor – die Grundlage für das Setup ist gegeben.

Jetzt geht es an die Ausarbeitung des konkreten Trades – inklusive Einstieg, Stop Loss und Take Profit.

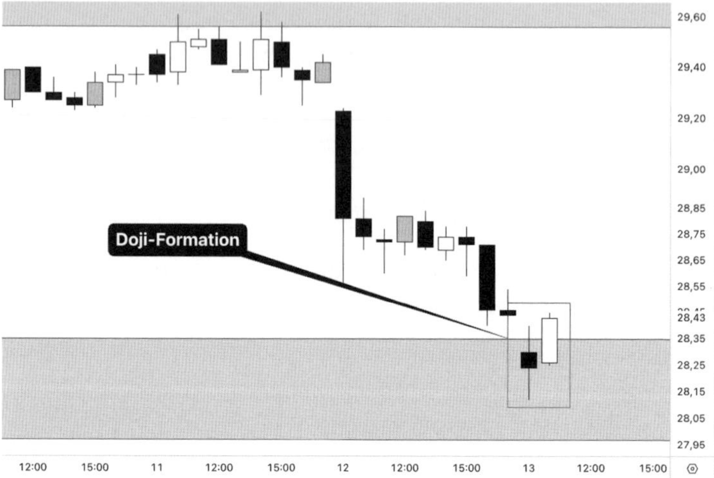

Abb. 59: Erkennung der Formation (Doji) (Charts by *TradingView*)

Schritt 3: Das Trade-Setup

Die Zone ist definiert, die Formation bestätigt und das Setup kann geplant werden! Der Einstieg ist markiert, der Stop Loss korrekt platziert und ein Take Profit festgelegt.

Der Einstieg wird auf das Hoch der Bestätigungskerze gelegt. Der Stop Loss findet seinen Platz an der Unterkante der Unterstützung und der Take Profit wird so festgelegt, dass ein Gewinn von 2R erreicht wird.

Das Ziel: 1R Risiko gegen 2R potenziellen Gewinn. Ob dieses Vorhaben gelingt, zeigt sich gleich im Chart.

So sieht ein Trade-Setup in der Praxis aus. Wie bereits erwähnt, wird der Einstieg auf das Hoch der Bestätigung, also exakt 28,45 € gelegt. Ein Buy-Stop wird gesetzt, der Stop Loss bei 27,97 € eingetragen. Der Take Profit wird auf 29,41 € festgelegt, was genau einem 2R-Gewinn entspricht.

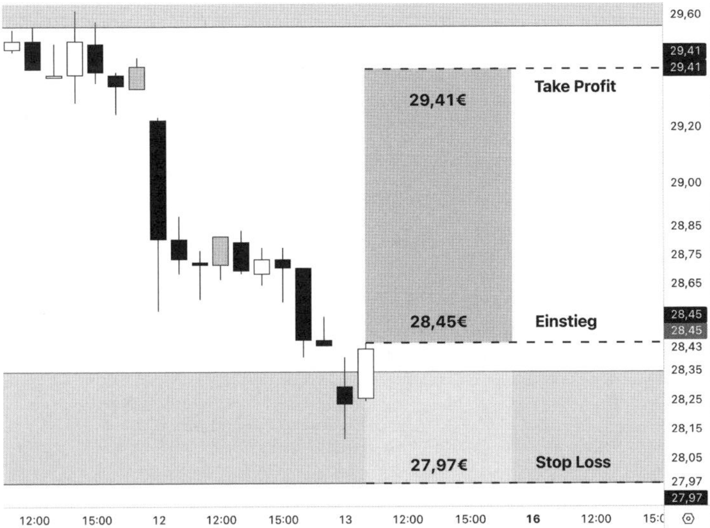

Abb. 60: Das Trade-Setup im Detail (Charts by *TradingView*)

Bleibt noch die Frage nach dem Widerstand. Wie aus dem Chart hervorgeht, liegt dieser nicht in der Nähe des Take Profits. Das Setup erfüllt somit alle Anforderungen und kann aktiviert werden. Du musst nun auf den Einstieg warten! Doch der Trade ist mit Platzierung der Order nicht abgeschlossen – es folgt ein entscheidender Schritt im weiteren Verlauf.

Schritt 4: Trade-Management und Abschluss

Der Trade läuft gut an, korrigiert nochmals leicht in die Zone und beginnt dann erneut, sich nach oben zu bewegen. An dieser Stelle stellt sich die Frage: Laufen lassen oder aktiv eingreifen? Wäre es nicht ärgerlich, wenn der Kurs doch wieder dreht und bis in den Stop Loss läuft?

Genau aus diesem Grund gibt es das Trade-Management. Wie der Name bereits vermuten lässt, geht es beim Trade-Management darum, eine laufende Position aktiv zu betreuen. Der Trade wird nicht einfach passiv weitergeführt – im Fokus steht eine ganz bestimmte Kursmarke: die 1R-Gewinnzone. Sobald diese überschritten ist, gilt das erste Ziel als erreicht. Um ab diesem Punkt keinen Verlust mehr zu riskieren, erfolgt folgender Schritt:

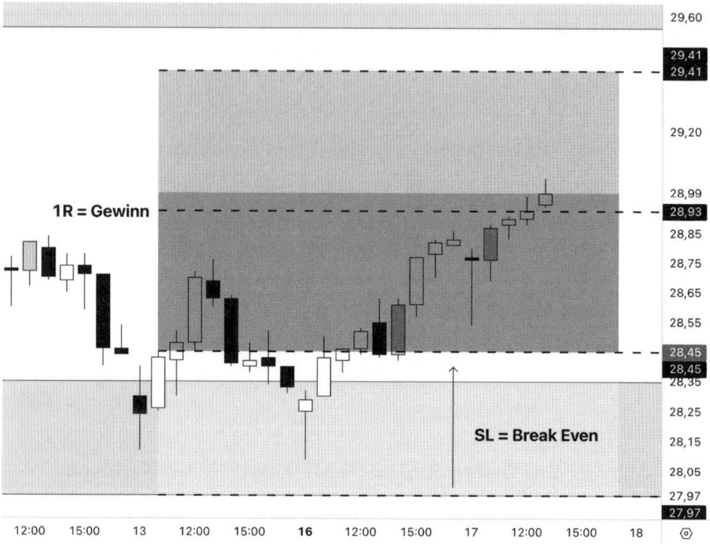

Abb. 61: Die 1R-Regelung (Charts by *TradingView*)

Der Stop Loss wird vom ursprünglichen Niveau hoch auf das Einstiegslevel versetzt. Das Risiko ist damit vollständig eliminiert – im schlechtesten Fall erfolgt ein Ausstieg ohne Verlust.

Nun stellt sich die Frage, ob das denn wirklich Sinn ergibt. Was wäre, wenn der Kurs auf das Einstiegsniveau läuft, erneut dreht und anschließend den Take Profit erreicht? Ich kann schon mal vorweg greifen, dass dies nur selten der Fall ist und es mehr als Sinn ergibt, den Stop Loss nachzuziehen. Auf Basis der Daten führt diese Vorgehensweise nicht nur zu einer höheren Gewinnquote, sondern auch zu geringeren Verlusten.

Aus logischer Sicht geht es darum, den Sinn von Rocketcandle „zu ehren“. Warum bist du überhaupt eingestiegen? Hier geht es um das Momentum! Wenn ein Kurs eine starke Zone anläuft und dort eine bullische Formation bildet, ist im Idealfall mit einem raschen Anstieg in Richtung deiner Gewinnmarke zu rechnen.

Wenn nun der laufende Trade auf halbem Wege kehrt macht, ist die Idee schlichtweg nicht aufgegangen. Es handelt sich um ein normales Ereignis, welches normalerweise zu einem Stop Loss führen würde.

Stattdessen lässt sich der Einsatz aus dem Markt nehmen, der Trade schließen und auf eine neue Einstiegschance warten – es spricht absolut nichts dagegen. Wer hingegen versucht, eine bereits gescheiterte Idee weiter zu verfolgen, entfernt sich vom eigentlichen Kern der Strategie. Genau das zeigt sich auch in den Testergebnissen sowie den bislang live umgesetzten Trades.

Nach Erreichen der 1R-Marke wird der Stop Loss auf das Einstiegsniveau gesetzt.

Zurück zum Trade – der SL ist bereits nachgezogen. Jetzt heißt es: den Chart ruhen lassen und das Ergebnis abwarten.

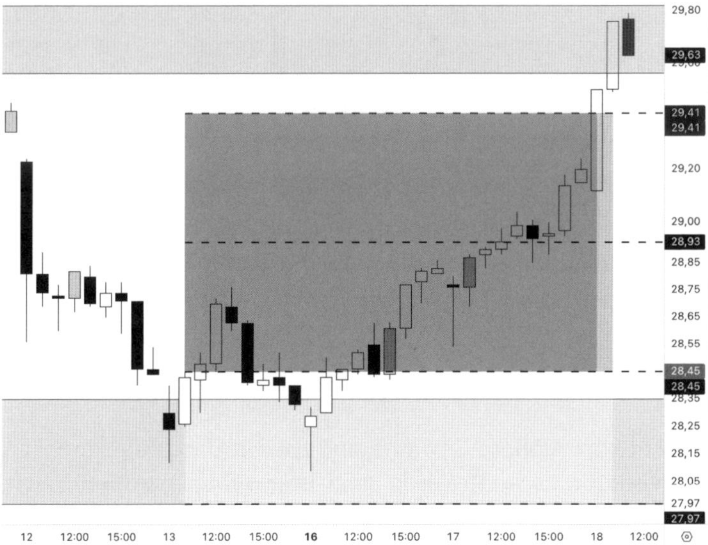

Abb. 62: Endergebnis des *Vonovia*-Trades (Charts by *TradingView*)

Nach vier Tagen und 22 Stunden erreicht der Kurs exakt den Take Profit. Aus 1R Einsatz entstehen 2R Gewinn. Bei einem Risikobetrag von 100 € hätte der Kontostand danach 300 € betragen – 200 € Reingewinn.

Der Aufwand? Zonen zeichnen, Alarme setzen, Formationen erkennen, das Setup aufbauen, die Order umsetzen, einmal den Stop Loss nachziehen und am Ende den Gewinn einsacken. Die reine Arbeitszeit beträgt weniger als ein paar Minuten. Das ist die Magie von Trading. Kein leeres Versprechen, sondern reine Mathematik. Wenn du diese Strategie tausendfach wiederholst und dich an alle Regeln hältst, wirst du zwangsweise profitabel.

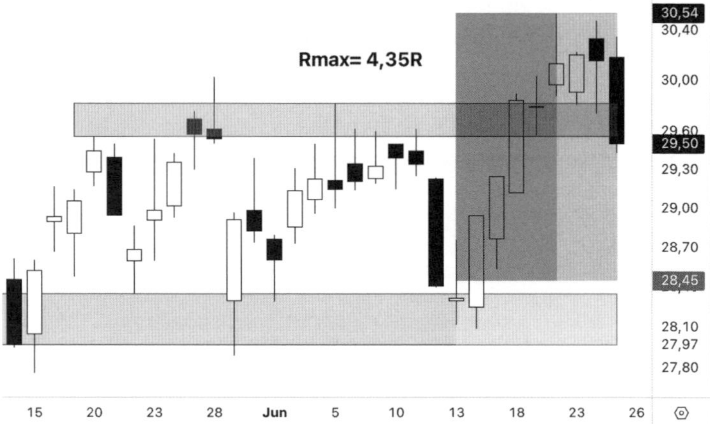

Abb. 63: Der theoretisch maximal mögliche Gewinn (Charts by *TradingView*)

In der Spitze wären 4,35R möglich gewesen. Warum also nicht länger im Markt bleiben? Warum bei 2R stoppen?

Die Antwort: Höhere Gewinne sind zwar in Einzelfällen möglich, doch im Durchschnitt würde langfristig weniger verdient. Viele Trades erreichen die 2R-Marke – deutlich weniger schaffen es darüber hinaus. Ein festes Ziel bringt Struktur und Klarheit in die Umsetzung.

Ziel ist es, dort anzuknüpfen, wo das Momentum für eine Umkehr entsteht – genau diese Reaktion soll ausgenutzt werden, nicht mehr und nicht weniger. Nach einiger Zeit verliert dieses Momentum oft an Stärke, und eine nachhaltige Umkehr bleibt selten. Deshalb ist es sinnvoller, kleinere, realistische Gewinne mitzunehmen, anstatt ständig auf den großen Knall zu hoffen.

Das ist Rocketcandle – eine simple und doch hocheffektive Trading-Strategie für Aktien. Bevor weitere Praxisbeispiele folgen, wird im nächsten Schritt der Trading-Plan vorgestellt – inklusive Checkliste. Dieses Regelwerk stellt das Herzstück der Strategie dar. Jeder einzelne Trade wird künftig darauf basieren.

Das Rocketcandle-Regelwerk und die Checkliste

Nun folgt das offizielle Regelwerk. Dieses sollte sorgfältig verinnerlicht werden – auch wenn Rocketcandle eine simple Strategie ist, sind die Details entscheidend.

Punkt 1 – Das Fundament

1.1 Eine Zone im Tageschart
1.2 Mindestens ein starker Umkehrpunkt
1.3 Maximal vier Durchbrüche
1.4 Nie mehr Durchbrüche als Berührungspunkte
1.5 Keine direkten Breakouts (mindestens Retest im H1)

Punkt 2 – Der Einstieg

2.1 H1-Kerzenformation (siehe Kerzenübersicht)
2.2 Maximal drei Zwischenkerzen bis zur Bestätigung
2.3 Einstieg über Kerzenhoch (bullisch) / Kerzentief (bärisch)
2.4 Finaler Schlusskurs muss über allen Zwischenkerzen erfolgen

Punkt 3 – Der Stop Loss

3.1 Der SL wird an der Zonenunter- bzw. Obergrenze platziert
3.2 Wenn ein Hoch/Tief außerhalb der Zone liegt, wird dort der SL angelegt

3.3 Nach 1R Gewinn = SL auf Einstiegsniveau ziehen

Punkt 4 – Take Profit

4.1 Stets fester TP bei 2R
4.2 Der TP wird am Setup gemessen, nicht im Broker
4.3 Die Position wird nach 14 Tagen Laufzeit geschlossen
4.4 Keine Widerstände innerhalb des Gewinnbereichs

Punkt 5 – Zusätzliche Anmerkungen

5.1 Offene Positionen werden vor Earnings geschlossen
5.2 Es wird maximal eine Position pro Aktie eröffnet
5.3 Konsolidierungen sollten vermieden werden (H1)

Einige der Unterpunkte wurden bislang noch nicht im Buch thematisiert. Dazu zählt zuerst die Regel 1.5 – keine direkten Breakouts handeln (mindestens Retest im H1). Damit ist gemeint, dass bei einem Zonendurchbruch bei zum Beispiel einem Widerstand nicht sofort auf steigende Kurse gesetzt werden darf. Der Kurs muss im H1-Chart mindestens eine komplette Kerze oberhalb der Zone bilden. Erst dann und nur dann sind Long-Trades möglich! Zur Veranschaulichung folgt gleich eine Gegenüberstellung konkreter Beispiele:

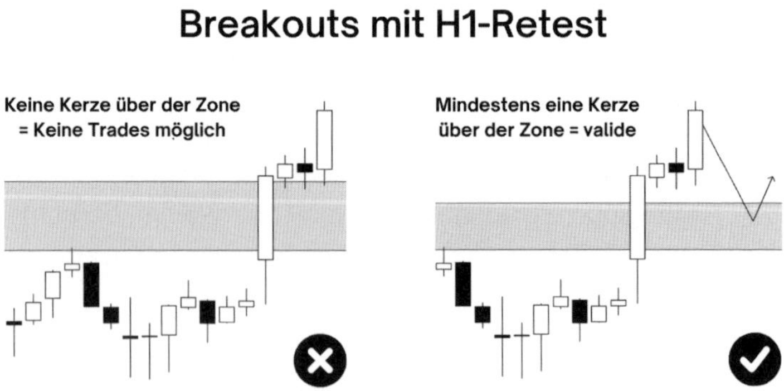

Abb. 64: Regel 1.5 – Breakouts im H1 (Charts by *TradingView*)

Das linke Beispiel zeigt einen Chart, bei dem es zwar zu einem Ausbruch kam, jedoch konnte bislang keine komplette Kerze oberhalb der Zone gebildet werden. Ein Einstieg in den Trade ist in diesem Fall nicht möglich. Erforderlich ist stattdessen eine Kursentwicklung wie auf der rechten Seite: Überschreitet eine einzelne Kerze – inklusive Körper und Docht bzw. Lunte – die Zone deutlich, kann bei einem darauffolgenden Rücklauf (Retest) in Kombination mit einer gültigen Kerzenformation ein Trade eröffnet werden.

Da es gerade um Kerzen geht, folgt nun der nächste Punkt:

Regel 2.2 – Maximal drei Zwischenkerzen bis zur Bestätigung. Auch das ist eine Regel, die bislang unerklärt geblieben ist. Im Kapitel der typischen Fehler habe ich bereits angesprochen, dass Zwischenkerzen, solange sie die Formation nicht unterschreiten, erlaubt sind. Laut Regelwerk darf jedoch die Anzahl dieser drei Zwischenkerzen nicht überschritten werden – andernfalls verliert das Setup seine Gültigkeit. Zwei Beispiele veranschaulichen gleich, wie diese Regel in der Praxis aussieht.

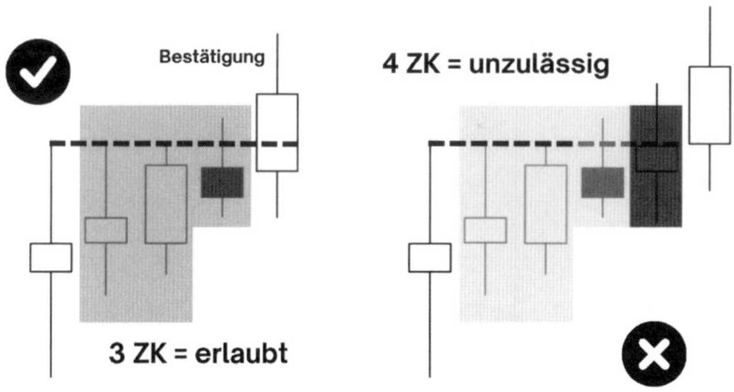

Abb. 65: Regel 2.2 – Die maximale Anzahl an Zwischenkerzen

Links ist ein Doji zu sehen und drei weitere Kerzen, die noch keine Bestätigung darstellen. Erst die vierte Kerze schließt über allen anderen und bestätigt damit die Formation. Das ist die maximale Anzahl an Kerzen, die erlaubt wäre.

Rechts hingegen erscheinen vier Zwischenkerzen, weshalb die fünfte, bestätigende Kerze ungültig wird. Solch eine Formation ist im Rahmen von RC nicht handelbar. Alles, was unter bzw. genau drei Zwischenkerzen bis zur Bestätigung aufweist, wäre valide.

Wichtig ist auch Regel 3.2: Liegt ein Hoch oder Tief außerhalb der Zone, wird der SL genau dort platziert. Das bedeutet: Der Stop Loss darf niemals innerhalb der Zone liegen, sondern muss sich mindestens an deren Grenze befinden. Wenn die Bewegung, an der unsere Formation gebildet wird, über die Zone hinaus ragt und sich dort ein Kerzenhoch oder -tief befindet, muss der SL bis zu jenem Punkt gezogen werden. Das würde so aussehen:

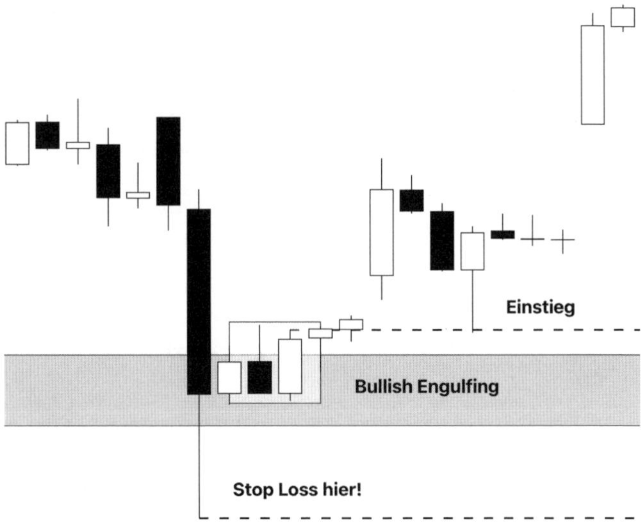

Abb. 66: Regel 3.3 – Die Platzierung des Stop Loss (Charts by *TradingView*)

In diesem Beispiel wurde eine Zone angelaufen, an der ein Bullish Engulfing entstand. Da die vorherige Kerze ebenfalls Teil der Bewegung ist und ein markantes Kerzentief gebildet hat, muss der Stop Loss an genau dieses Tief angelegt werden und nicht an der Zonenuntergrenze! Solche Details sind essenziell und sollten unbedingt berücksichtigt werden.

Ein weiterer Punkt betrifft Regel 4.2: Der TP wird am Setup gemessen – nicht im Broker. Wird ein Trade z. B. über Zertifikate umgesetzt, kann es sein, dass im Setup bereits ein Gewinn von 2R erreicht wurde, während im Broker lediglich 1,8R Gewinn sichtbar sind. Das liegt an potenziellen Gebühren oder einem leicht verspäteten, teuren Einstieg. In solchen Fällen darf die Position nicht künstlich verlängert werden, nur um im Broker ebenfalls 2R zu erzielen. Die Strategie wurde vollständig auf Basis der Setups entwickelt – jede Abweichung würde sämtliche Testergebnisse verfälschen. Daher gilt: Orientierung immer am Setup, nicht am tatsächlichen Netto-Gewinn.

Regel 4.3 beschreibt die maximale Haltezeit von 14 Tagen. Ein Trade, der nach diesem Zeitraum weder im Stop Loss noch im Take Profit gelaufen ist, wird automatisch geschlossen – ohne Ausnahme. Auch das entspricht dem Prinzip von Rocketcandle: keine langwierigen Positionen, sondern zielgerichtete und zeitlich begrenzte Trades.

Regel 5.1 behandelt die Quartalszahlen eines Unternehmens. Offene Positionen dürfen nicht über ein solches Ereignis hinweg gehalten werden. Kursreaktionen auf Unternehmenszahlen sind oftmals sprunghaft, unvorhersehbar und basieren nicht auf technischer Analyse. Daher müssen alle Positionen spätestens einen Tag vor Veröffentlichung der Zahlen geschlossen werden.

Abschließend bleibt Regel 5.3: Konsolidierungen im H1-Chart vermeiden. Ein Beispiel veranschaulicht den Hintergrund:

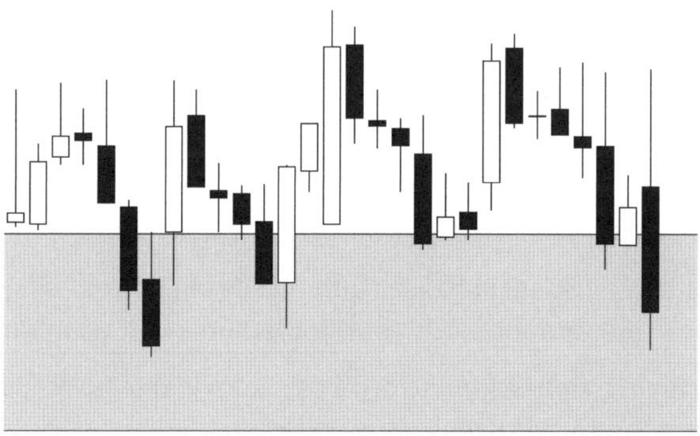

Abb. 67: Regel 5.3 – Konsolidierung im H1 (Charts by *TradingView*)

In diesem Fall ist die übergeordnete Zone zwar gültig, doch der Stundenchart zeigt eine klare Seitwärtsphase. Die Kerzen bewegen sich kaum, und eine dynamische Reaktion auf die Zone bleibt aus. Rocketcandle setzt auf Momentum - nach einer Berührung wird eine zügige Formationsbildung erwartet. Inmitten einer solchen Konsolidierung entfällt die Grundlage für einen Trade, daher wird die Aktie in dieser Phase nicht gehandelt.

Damit sind alle bislang unerklärten Regeln erläutert. Das Regelwerk ist nun vollständig. Zum Abschluss folgt eine praktische Checkliste - als kompakte Entscheidungshilfe vor jedem potenziellen RC-Trade.

Die RC-Checkliste

1. Handelt es sich um eine valide Zone mit weniger als vier Durchbrüchen und mehr Berührungspunkten als Durchbrüchen?
2. Wurde eine valide Formation innerhalb oder auf der Zone gebildet?
3. Erfolgt die Bestätigung der Formation eindeutig und mit maximal drei Zwischenkerzen?
4. Befindet sich der Kurs aktuell in einer Seitwärtsphase im H1-Chart?
5. Im Falle eines Ausbruchs: Wurde mindestens eine komplette H1-Kerze oberhalb der Zone gebildet?
6. Stehen bald Earnings an? Mindestens drei Tage Abstand sind bis zu den nächsten Quartalszahlen erforderlich!
7. Wurden Einstieg, Stop Loss und Take Profit korrekt eingezeichnet - und befindet sich ein Widerstand im Gewinnbereich?
8. Wenn alle sieben Punkte erfüllt sind, kann der Trade als valide betrachtet und umgesetzt werden.

Diese kompakte Checkliste fasst alle relevanten Anforderungen für einen Rocketcandle-Trade zusammen. Sie dient als Kontrollinstrument und sollte konsequent vor jeder Trade-Entscheidung eingesetzt werden – solange, bis alle Aspekte des Regelwerks automatisiert umgesetzt werden können.

Zum Abschluss möchte ich jedem Leser einen essenziellen Hinweis mitgeben: Auch wenn die Strategie grundsätzlich in beide Richtungen anwendbar ist, zeigen Testergebnisse, dass eine einseitige Fokussierung in der Regel vorteilhafter ist. Befinden sich die großen Indizes in einem Aufwärtstrend bzw. Bullenmarkt, sollten ausschließlich Long-Trades umgesetzt werden. Stand Juni 2025 trifft genau das zu – Short-Setups bleiben aktuell unberücksichtigt. Eine Anpassung der Handelsrichtung erfolgt erst bei einem bestätigten Bärenmarkt.

Weitere Informationen zur Marktanalyse und strategischen Ausrichtung folgen im fünften Teil des Buches. Damit ist dieses Kapitel abgeschlossen – im nächsten Abschnitt stehen sowohl erfolgreiche als auch gescheiterte Rocketcandle-Beispiele im Fokus.

Echte Trades mit Rocketcandle

Wie du das Kapitel richtig nutzt

Im folgenden Kapitel werden exemplarische RC-Trades analysiert, die alle auf Grundlage des vollständigen Regelwerks umsetzbar gewesen wären. Jeder dieser Trades erfüllt die Kriterien der Strategie und befolgt das Regelsystem bis ins letzte Detail. Diese Sammlung an Trades dient nicht nur zur Veranschaulichung, sondern auch als praktisches Referenzmaterial für zukünftige Setups.

Dabei spielt es keine Rolle, ob der jeweilige Trade mit Gewinn oder Verlust endete – entscheidend ist allein die korrekte Umsetzung. Jeder valide Trade sollte konsequent gehandelt werden. Wer Trades nach Gefühl filtert, bereitet sich ideal für eine negative Gewinnquote vor. Jeder erkannte Trade sollte konsequent umgesetzt werden.

Jeden potenziellen Trade rechtzeitig zu identifizieren, ist bei der Vielzahl handelbarer Aktien kaum realistisch. Entscheidend ist eine gewissenhafte Suche nach Setups und die klare Unterscheidung zwischen validen und invaliden Trades. Dabei spielt es keine Rolle, ob ein Kursverlauf optisch ansprechend oder unruhig wirkt – ausschlaggebend ist ausschließlich die Einhaltung des Regelwerks. Nicht mehr und nicht weniger. Daher folgt nun eine Auswahl positiver RC-Trades.

Viel Spaß!

Positive Trades

Den Start macht ein RC-Trade, der zuletzt gemeinsam mit meiner Community umgesetzt wurde. Dabei ging es um die Aktie des Unternehmens *Lowes Companies*, einer amerikanischen Baumarktkette. Ein wichtiger Hinweis vorab: Die Branche, zu der die Aktie gehört, oder das Geschäftsmodell des Unternehmens spielen keine Rolle – relevant ist einzig der Chart!

Positiver Trade 1 – *LOW*

Abb. 68: Positiver Trade 1 – *LOW* (D1) (Charts by *TradingView*)

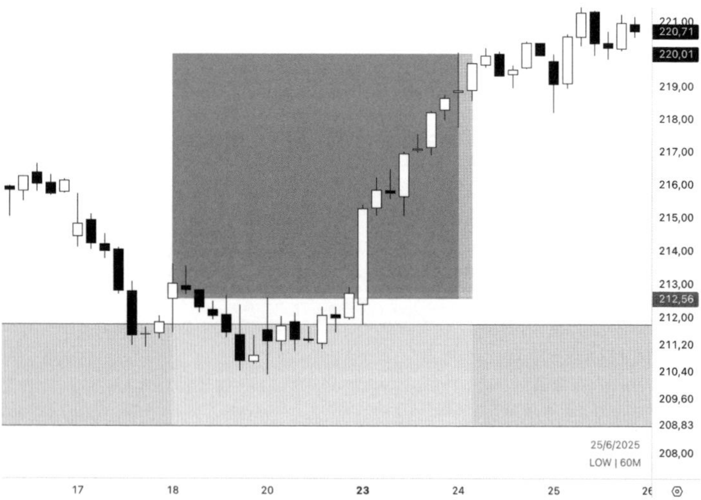

Abb. 69: Positiver Trade 1 – *LOW* (H1) (Charts by *TradingView*)

Im Tageschart zeigt sich eine wunderschöne Unterstützung mit insgesamt fünf starken Berührungspunkten. Drei davon sind in Abbildung 68 nicht zu sehen. In solchen Fällen wird die Anzahl explizit angegeben.

Ein Alarm lag auf der Obergrenze der Zone. Nach deren Anlauf erfolgte der Einstieg – basierend auf einem Formationssignal, das auch in der Community geteilt und gemeinsam umgesetzt wurde. Das finale Ergebnis kannst du in Abbildung 69 betrachten.

Die Formation war hier ein Doji, welcher direkt mit der nächsten Kerze bestätigt wurde. Da der Einstieg über dem Hoch lag und der Kurs zur Markteröffnung eine Aufwärtslücke gebildet hatte, erfolgte der Einstieg genau an dieser Stelle. Solange die Lücke nicht zu groß ausfällt, ist das unproblematisch. Nach einer kurzen Verschnaufpause lief der Kurs dennoch sauber ins Ziel – ein Gewinn von 2R konnte realisiert werden.

Positiver Trade 2 – *MSFT*

Abb. 70: Positiver Trade 2 – *MSFT* (D1) (Charts by *TradingView*)

Abb. 71: Positiver Trade 2 – *MSFT* (H1) (Charts by *TradingView*)

Das zweite positive Beispiel ist ebenfalls ein eigener Trade, umgesetzt mit der *Microsoft*-Aktie. Diese Zone basierte ausschließlich auf dem vorherigen Allzeithoch, das nach einem Breakout als Unterstützung diente. Damit besaß die Zone einen Umkehrpunkt und einen Durchbruch (siehe Abbildung 70).

Kaum war das Bullish Engulfing an der Zone vollständig, folgte der Einstieg – und nur wenig später auch der Take Profit. Ein nahezu mustergültiger Ablauf. Nachdem der Kurs die 1R-Marke erreicht hatte, kam es zu einer kurzzeitigen Korrektur.

Der Trade stand kurz davor, bei 0R ausgestoppt zu werden, drehte jedoch erneut nach oben und lief schließlich in Richtung des Take Profits (siehe Abbildung 71).

Positiver Trade 3 – *P911*

Abb. 72: Positiver Trade 3 – *P911* (D1) (Charts by *TradingView*)

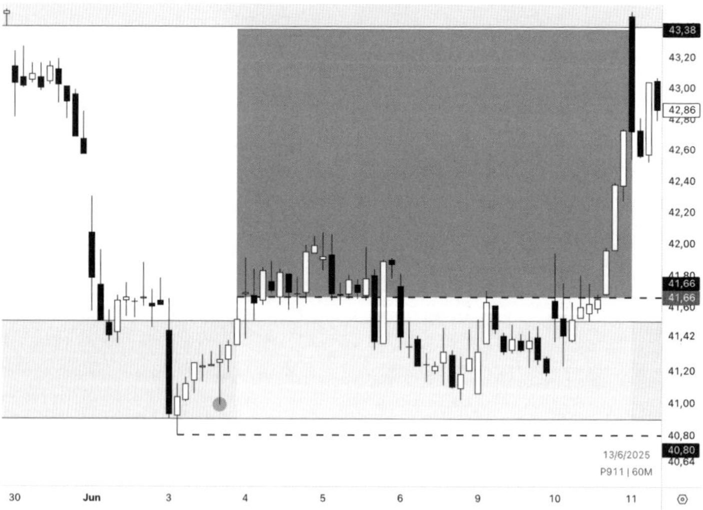

Abb. 73: Positiver Trade 3 – *P911* (H1) (Charts by *TradingView*)

Als Nächstes erfolgte ein weiterer positiver Trade – dieses Mal mit der *Porsche*-Aktie. Die gezeichnete Zone mag auf den ersten Blick schwächer wirken als bei den vorherigen Beispielen, erfüllt jedoch die Kriterien des Regelwerks und wurde dementsprechend ebenfalls gehandelt (siehe Abbildung 72).

In Abbildung 73 siehst du, dass die Zone drei Berührungspunkte und keinen einzigen Durchbruch aufwies. Beim nächsten Anlauf wurde auf die Bildung einer Formation gewartet, die den Einstieg ermöglichte.

Der Verlauf dieses Trades könnte auf den ersten Blick eher verunsichern. Statt eines schnellen Anstiegs entwickelte sich zunächst eine tagelange Seitwärtsphase. Erst nach sechs Tagen schoss die Aktie in die Höhe und erreichte eine Punktlandung. Der Widerstand, der sich exakt oberhalb des Take Profits befand, löste eine deutliche Gegenreaktion aus – ein anschauliches Beispiel dafür, wie wichtig es ist, potenzielle Hindernisse im Vorfeld zu identifizieren!

Positiver Trade 4 – *MDLZ*

Abb. 74: Positiver Trade 4 – *MDLZ* (D1) (Charts by *TradingView*)

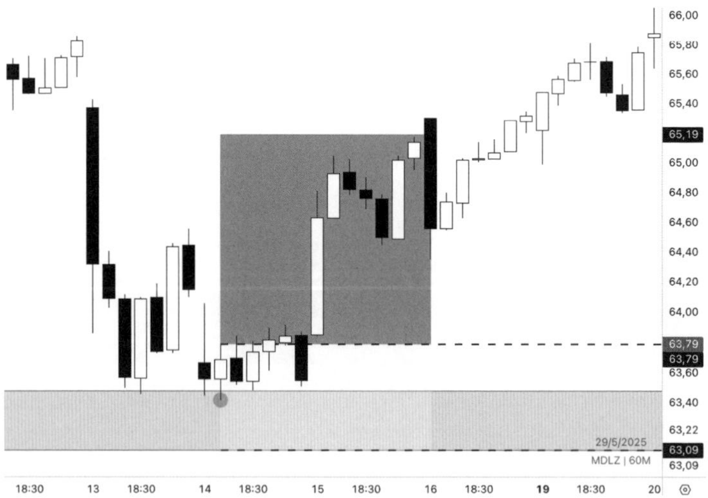

Abb. 75: Positiver Trade 4 – *MDLZ* (H1) (Charts by *TradingView*)

Das Schlusslicht bildet ein Trade mit der Aktie von *Mondelez*. Eine Seitwärtsphase wie aus dem Lehrbuch! Die Wahrscheinlichkeit für ein positives Ergebnis war hier besonders hoch. In Abbildung 74 siehst du, wie der Tageschart aussah.

Abbildung 75 zeigt, wie sich die Aktie über längere Zeit hinweg in einer engen Preisspanne zwischen etwa 63 $ und 69 $ bewegte. Drei markante Reaktionen an der unteren Begrenzung der Range signalisierten einen potenziell profitablen Einstiegspunkt. Nach Berührung der Zone entstand ein Bullish Engulfing, das zu diesem Ergebnis führte.

Nach nur knapp zwei Tagen Laufzeit lief dieser Trade ins Gewinnziel. Dabei kam es kaum zu Zwischenstopps, Konsolidierungen oder Korrekturen. Ein nahezu perfekter Trade, der einmal mehr dem Regelwerk entspricht! Nach vier positiven Beispielen liegt der Fokus nun auf jenen Trades, die zunächst vielversprechend verliefen, letztlich jedoch bei etwa 0R endeten und somit ein neutrales Ergebnis lieferten.

Neutrale Trades

Da beim Trading nicht alles glänzt, müssen auch neutrale sowie negative Trades beleuchtet werden. Ziel ist es, zu verdeutlichen, dass Trades vollkommen unabhängig von ihrer optischen „Schönheit" in den Gewinn oder Verlust laufen können. Entscheidend ist allein die konsequente Einhaltung des Regelwerks. Ich wiederhole diesen Aspekt bewusst mehrfach im Verlauf des Buches, da er entscheidend für den individuellen Trading-Erfolg ist!

Los geht's mit dem ersten Trade, der nach einem kurzen, positiven Lauf zurück auf das Einstiegsniveau lief und weder Gewinn noch Verlust brachte. Den Auftakt macht die Aktie von *Air Liquide*:

Neutraler Trade 1 – *AI*

Abb. 76: Neutraler Trade 1 – *AI* (D1) (Charts by *TradingView*)

Abb. 77: Neutraler Trade 1 – *AI* (H1) (Charts by *TradingView*)

Zu sehen ist zunächst eine relativ engmaschige Seitwärtsphase, die gerade so genügend Spielraum für einen Trade bietet. Mit vier Berührungspunkten und insgesamt drei Durchbrüchen erfüllt die Zone alle Kriterien und gilt somit als handelbar. Das Ergebnis siehst du in Abbildung 77.

Von Anfang an hatte der Kurs Probleme damit, einen klaren Aufwärtstrend auszubilden. Nachdem die 1R-Marke nur knapp erreicht wurde, musste der Stop Loss auf das Einstiegsniveau nachgezogen werden. Anschließend korrigierte die Aktie und fiel zurück auf den Einstiegspunkt. Damit endete der Trade – ohne Gewinn und ohne Verlust.

Das Regelwerk bewertet diesen und alle bisher besprochenen positiven Trades gleichwertig. Es unterscheidet nicht auf Basis der Struktur, sondern beruht auf festen, unumgänglichen Regeln! Dasselbe galt auch für diesen Trade:

Neutraler Trade 2 – *ADP*

Abb. 78: Neutraler Trade 2 – *ADP* (D1) (Charts by *TradingView*)

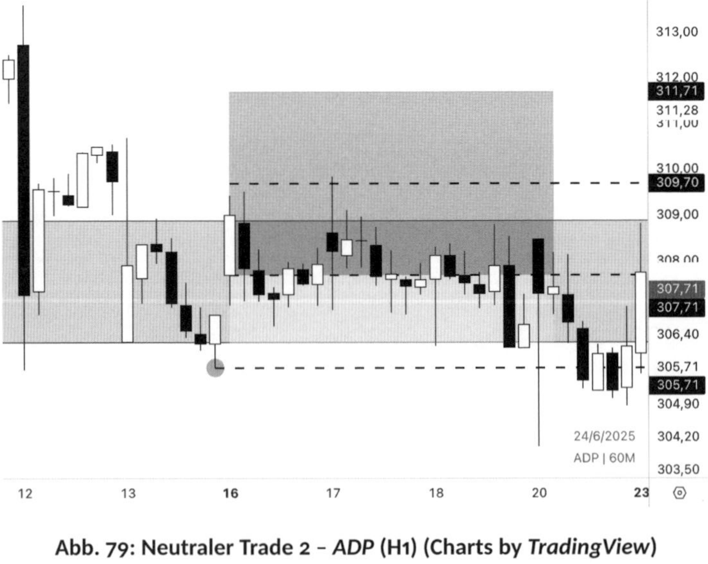

Abb. 79: Neutraler Trade 2 – *ADP* (H1) (Charts by *TradingView*)

Die Aktie von *Automatic Data Processing* zeigt eine saubere Unterstützung mit streng genommen einer Berührung sowie einem Durchbruch. Auch wenn mehrere Kerzen die Zone berühren, zählt eine Reaktion nur dann, wenn sich der Kurs von der Zone wegbewegt. In diesem Fall bleibt das Regelwerk dennoch erfüllt – ein Bullish Engulfing führte letztendlich zum Einstieg (Abbildung 79).

Nach einer Aufwärtslücke musste der Einstieg etwas höher als ursprünglich geplant gesetzt werden. Kurze Zeit später wurde die 1R-Marke erreicht, woraufhin der Kurs quasi sofort auf dem Einstandsniveau geschlossen werden musste. In diesem Fall bliebe der Stop Loss unangetastet – ein potenzieller Verlust konnte somit vermieden werden. Als Nächstes folgt ein Trade, den ich gerade so als valide eingestuft habe.

Neutraler Trade 3 – *BC8*

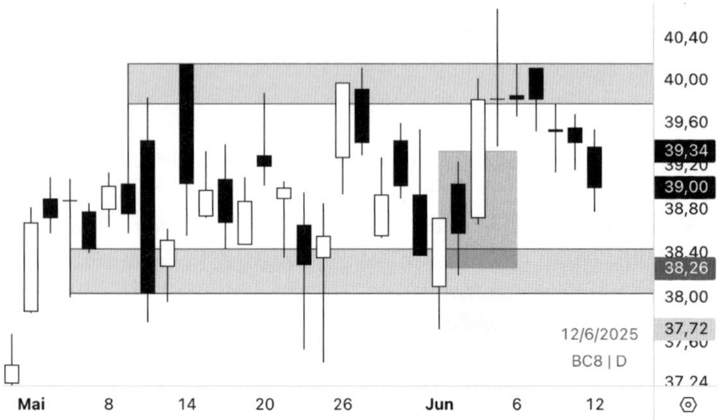

Abb. 80: Neutraler Trade 3 – *BC8* (D1) (Charts by *TradingView*)

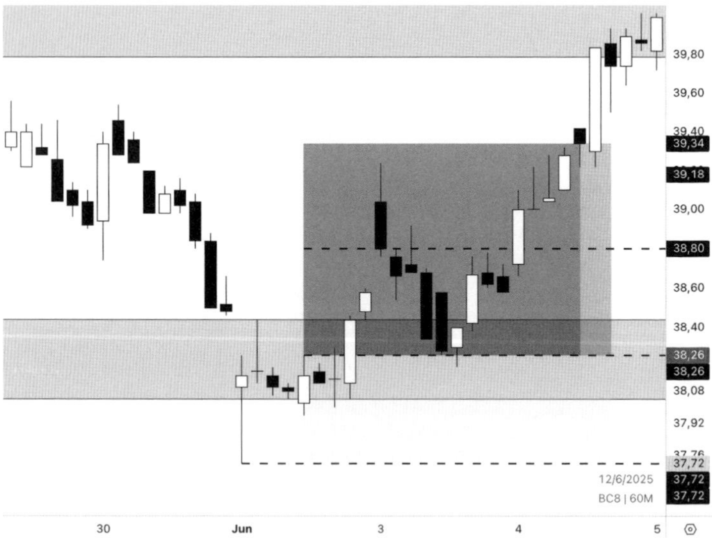

Abb. 81: Neutraler Trade 3 – *BC8* (H1) (Charts by *TradingView*)

In Abbildung 80 ist eine überaus engmaschige Konsolidierung zu sehen. Normalerweise würden Zonen, die so ähnlich aussehen, nicht als valide durchgehen. In diesem Fall jedoch sprechen die klar erkennbaren Reaktionen für eine Ausnahme: Der Kurs wechselt immer wieder die Richtung, anstatt längere Zeit innerhalb der Zone zu verharren. Entsprechend wurde die Zone als valide eingestuft. Als Formation diente erneut ein Bullish Engulfing – eines der am häufigsten auftretenden Muster bei RC.

Bei diesem Trade wurde die 1R-Regelung zum Nachteil: Nach einem starken Anlauf drehte der Kurs und fiel zurück auf das Einstiegsniveau (s. Abbildung 81) Laut Regelwerk musste die Position geschlossen werden – nur um kurz darauf direkt das Gewinnziel zu erreichen. Solche Situationen gehören dazu. Trotz solcher Einzelfälle zeigen Hunderte Tests eindeutig: Die Regel führt insgesamt zu höherem Profit! Zu erwarten, sie würde bei jedem einzelnen Trade für mehr Gewinn sorgen, wäre grob fahrlässig.

Neutraler Trade 4 – *MTX*

Abb. 82: Neutraler Trade 4 – *MTX* (D1) (Charts by *TradingView*)

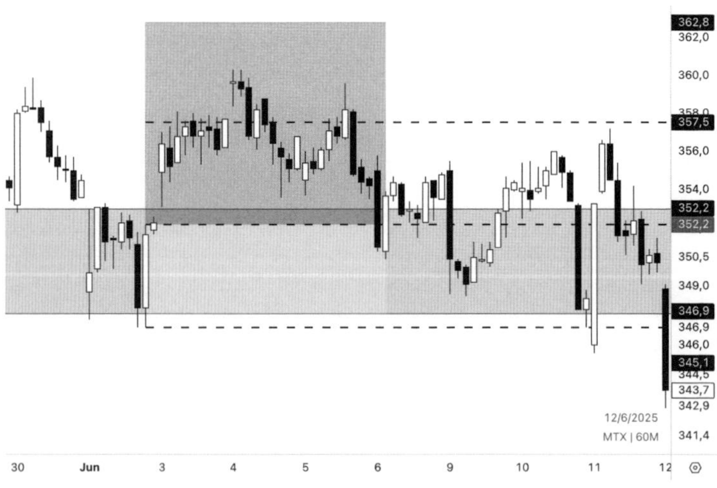

Abb. 83: Neutraler Trade 4 – *MTX* (H1) (Charts by *TradingView*)

Zum Abschluss der neutralen Trades haben wir einen Trade, bei dem die eben diskutierte 1R-Regelung einen Verlust verhindert hat. Wie du auf Abbildung 82 siehst, handelt es sich dabei um einen Trade mit der Aktie von *MTU Aero Engines*.

Eine meiner Favoriten in Bezug auf Struktur: Zuvor fungierte die Zone als starker Widerstand und zeigte bereits vier markante Reaktionen. Nach dem jüngsten Durchbruch und dem darauffolgenden Rücklauf in den Preisbereich agierte sie nun als Unterstützung. Es bildete sich erneut ein Bullish Engulfing, und die 1R-Marke wurde überschritten (siehe Abbildung 83).

Der Trade startete mit starkem bullischen Momentum, das jedoch bei etwa 1,5R deutlich nachließ. Dies führte zur neutralen Schließung des Trades und hätte ohne die 1R-Regelung zu einem Verlust von 1R geführt. Sobald ein Trade an Momentum verliert, ist genau dieses Ergebnis typisch. Wer die eigene Profitquote steigern möchte, kommt an dieser Regelung nicht vorbei!

Damit ist das Kapitel der neutralen Trades abgeschlossen – im nächsten Abschnitt folgt eine Auswahl an negativen Ergebnissen. Wichtig dabei: Auch bei den folgenden Trades wurde das Regelwerk konsequent eingehalten. Die Unterschiede zu positiven oder neutralen Trades liegen ausschließlich im Ergebnis, nicht in der Qualität der Umsetzung.

Negative Trades

Zum großen Finale des vierten Teils folgt ein Blick auf einige negative Trades – negativ im rein monetären Sinn. Denn grundsätzlich sind solche Trades nicht als „schlecht" zu betrachten. Entscheidend ist allein, ob die Strategie korrekt umgesetzt wurde. Wenn alle Regeln eingehalten wurden, gilt ein Trade – unabhängig vom Ergebnis – als ideal. Emotionale Filterung hat in diesem Prozess keinen Platz. Jeder Trade, der dem Regelwerk entspricht, wird konsequent ausgeführt. Genau darin liegt der Schlüssel zum langfristigen Erfolg.

Negativer Trade 1 – *ICE*

Abb. 84: Negativer Trade 1 – *ICE* (D1) (Charts by *TradingView*)

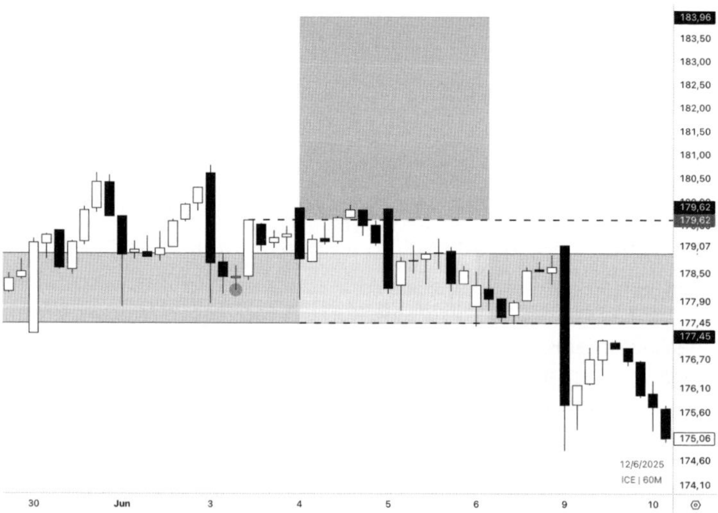

Abb. 85: Negativer Trade 1 – *ICE* (H1) (Charts by *TradingView*)

Den Anfang macht *Intercontinental Exchange* (s. Abbildung 84). Sehr ähnlich zum vorherigen Trade, der ebenfalls neutral geschlossen wurde – ohne Gewinn oder Verlust. Die Zone weist drei klare Berührungspunkte sowie nur einen Durchbruch auf – dieses Setup ist vollkommen regelkonform und wäre jederzeit erneut handelbar. Es spricht nichts gegen den Trade, daher war der Einstieg hier absolut gerechtfertigt.

Was daraus wurde, siehst du in Abbildung 85.

Oh nein, ein Stop Loss! Scherz beiseite, hier hat alles gestimmt. Die Zone war ideal und die Formation selbst ebenfalls. Ein einziges Manko wäre die Anzahl an Zwischenkerzen bis zum Einstieg. Hier wurde die maximale Anzahl erreicht, woraufhin der Einstieg stattgefunden hat. Dennoch war es ein valider Trade, nur ist dieser eben in den Stop Loss gelaufen. Weiter geht's mit dem nächsten Setup:

Negativer Trade 2 – *BMW*

Abb. 86: Negativer Trade 2 – *BMW* (D1) (Charts by *TradingView*)

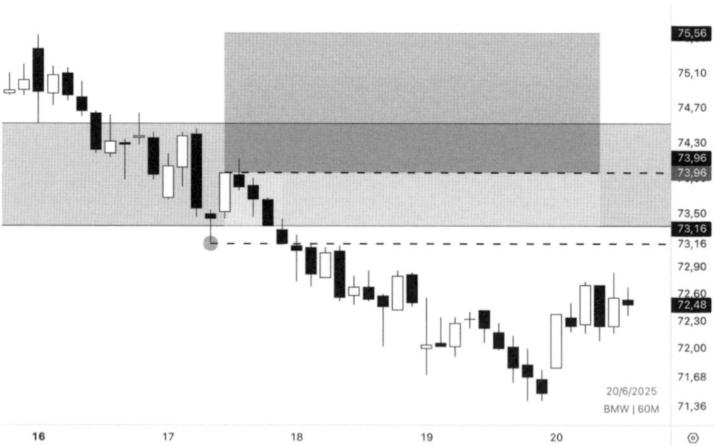

Abb. 87: Negativer Trade 2 – *BMW* (H1) (Charts by *TradingView*)

Die *BMW*-Aktie glänzt mit fünf Reaktionen und zwei Durchbrüchen – ein Verhältnis, das sich sehen lassen kann. Alle Berührungen führten zu einer markanten Umkehr, was auf eine verlässliche Unterstützung schließen lässt. Genau hier zeigt sich in Abbildung 87 jedoch auch: Selbst solche Zonen können nachgeben.

Eine Hammer-Formation wird bestätigt, der Einstieg erfolgt mit der nächsten Kerze und anschließend geht es direkt in Richtung fallender Kurse. Der Stop Loss wird ausgelöst und alle sind unversehrt. Verlusttrades wird mitunter zu viel Bedeutung beigemessen, weshalb ein wenig Humor an dieser Stelle nicht schadet. Ein Trade wie jeder andere – nur eben kein Gewinner! Dasselbe gilt für den nächsten „Patienten":

Negativer Trade 3 – *HEN3*

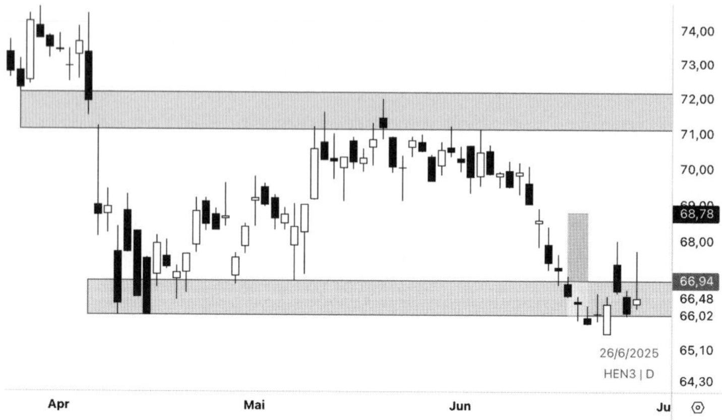

Abb. 88: Negativer Trade 3 – *HEN3* (D1) (Charts by *TradingView*)

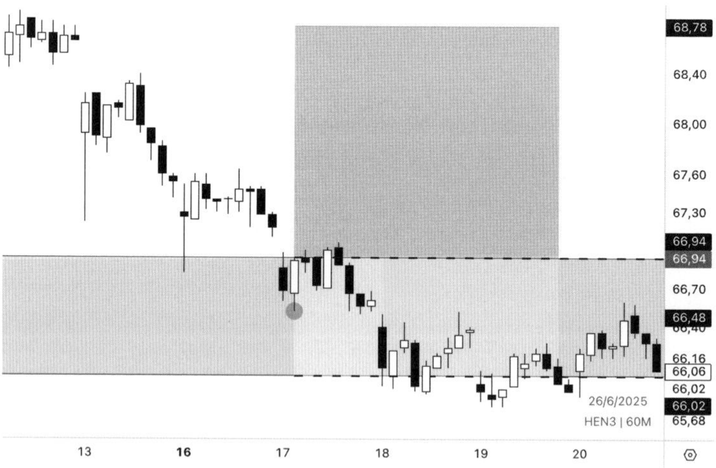

Abb. 89: Negativer Trade 3 – *HEN3* (H1) (Charts by *TradingView*)

Ganze fünf Berührungspunkte und keine Durchbrüche – ein Traum! Bei einer Formation würde ich ohne mit der Wimper zu zucken umgehend einsteigen. Was ist daraus geworden?

Bullish Engulfing – check! Einstieg – check! Das Ergebnis? Stop Loss. So langsam aber sicher muss ich mich wohl nicht mehr wiederholen. Auch in diesem Fall hat jede Kleinigkeit gestimmt – dennoch entwickelte sich der Kurs nicht wie erhofft. Das ist wahres Trading. Gewinnen ist nicht immer möglich!

Negativer Trade 4 – *SAN*

Abb. 90: Negativer Trade 4 – *SAN* (D1) (Charts by *TradingView*)

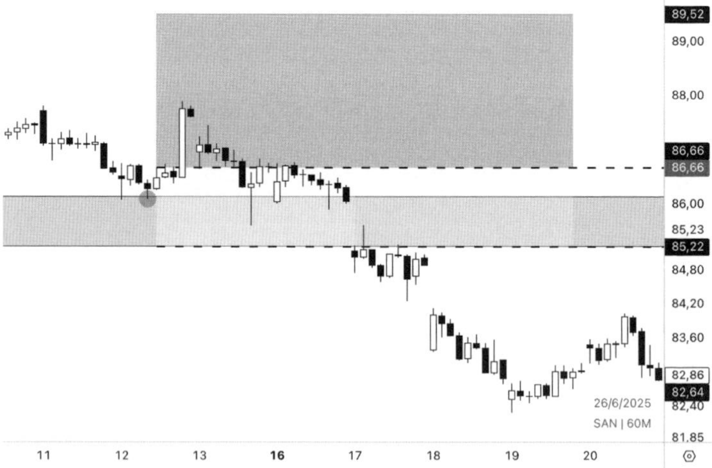

Abb. 91: Negativer Trade 4 – *SAN* (H1) (Charts by *TradingView*)

Ein echtes Paradebeispiel: Um die Zone vollständig zu erfassen, musste der Chart weit herausgezoomt werden. Insgesamt sechs Berührungspunkte sind zu erkennen – zwei davon führten zu einer deutlichen Umkehr. Eine derart starke Zone verdient es, gehandelt zu werden – auch wenn das Ergebnis am Ende nicht positiv ausfällt. Genau das ist in Abbildung 91 geschehen.

Die Formation ist top, die Bestätigung ebenfalls und dennoch hat es nicht für einen TP gereicht. Was lief schief? Ganz genau: Nichts! Auch Verluste gehören zum Trading-Alltag. Sie sind unvermeidlich und ein ganz normaler Bestandteil des Prozesses. Damit endet das letzte Praxisbeispiel – Zeit für das große Fazit!

Das Fazit

Was für eine Reise: Von der Psychologie über technische Analyse, die Grundlagen des Tradings bis hin zur vollständigen Erklärung der Rocketcandle-Strategie. Wer es bis hierher geschafft hat, darf stolz auf sich sein – das Fundament ist gelegt. Das nötige Grundwissen, um fundierte Entscheidungen am Markt treffen zu können, steht.

Was nun folgt, ist jedoch genauso wichtig wie alle bisherigen Kapitel zusammen: die praktische Umsetzung. Der nächste Abschnitt konzentriert sich darauf, wie Rocketcandle im echten Aktienmarkt angewendet werden kann – mit allem, was dazugehört. Eins sei aber gesagt: Der schwierigste Teil liegt bereits hinter dir. Jetzt zählt vor allem eins: reichlich üben. Je mehr reale Charts analysiert und je mehr Setups durchgespielt werden, desto besser werden deine Fähigkeiten. Genau das macht den Unterschied.

In diesem Sinne: Der vierte Teil des Buches ist abgeschlossen – im fünften Teil geht es um die Anwendung in der Praxis. Viel Erfolg und Freude beim Umsetzen!

TEIL V

TRADING IN DER PRAXIS

Die richtige Einstellung

Die perfekte Vorbereitung

Nachdem alle theoretischen und praktischen Aspekte der Strategie behandelt wurden, geht es jetzt darum, eine ideale Vorbereitung für den realen Handel am Aktienmarkt zu treffen. Dabei stehen zwei Bereiche im Fokus – die mentale und die praktische Vorbereitung. Zuerst geht es um den mentalen Teil:

Was bedeutet es, Trader zu sein? Sind Trader Maschinen, die Tag für Tag einem festen Plan folgen und keine Fehler begehen? Muss jede Emotion unterdrückt werden – Angst, Hoffnung oder Gier? Und was bringt es, sich selbst Dinge abzuverlangen, die sich nicht einhalten lassen?

Fakt ist: Trader sind Menschen. Menschen sind nicht perfekt, es gibt gute und schlechte Tage und Emotionen wie Frust oder Euphorie kommen schnell auf. Sie halten sich nicht immer an Regeln und versuchen für alles eine Erklärung zu finden. Verlusttrades gelten als Fehler, während zufällige Gewinne gefeiert werden. Fehler zu machen gehört dazu – und es ist völlig in Ordnung, nicht von Anfang an jeden Punkt perfekt umzusetzen. Auch Emotionen wie Angst oder Gier lassen sich nicht einfach abschalten wie das Licht im Zimmer.

Fehler werden passieren – und genau das ist Teil des Lernprozesses. Wer von Beginn an ohne Fehltritte durchkommt, macht etwas falsch. Bislang habe ich das noch bei niemandem erlebt – weder bei mir selbst, noch bei Kollegen oder den Menschen, die ich bisher ausgebildet habe. Natürlich gibt es Ausnahmetalente, die Wissen und Techniken aufsaugen wie ein trockener Schwamm in der Sahara. Doch selbst diese Personen kämpfen früher oder später mit sich selbst.

Denn am Ende des Tages ist Trading kein Kampf gegen den Markt, sondern gegen sich selbst. Oft entsteht der Glaube, die Zukunft vorhersagen zu können – als wäre man ein Held. Im nächsten Moment folgen Selbstzweifel, die jedes Vertrauen untergraben. Beide Extreme – ebenso wie alles dazwischen – sind völlig normal. Der Mensch ist von Natur aus nicht dafür geschaffen, mit Geld zu handeln.

Der Schlüssel liegt darin, den selbstauferlegten Druck loszulassen – unabhängig davon, welche Argumente ihn bisher gerechtfertigt haben. Angst, Erwartungen und Anspannung blockieren eher, als dass sie unterstützen. Das menschliche Gehirn spielt leider häufig Streiche und sabotiert genau jene Vorhaben, die wirklich wichtig wären. Sobald etwas unangenehm ist, entsteht Widerstand. Warum sich anstrengen, wenn es doch so viel leichter ist, einfach das zu tun, was gerade Spaß macht?

Genau hier möchte ich ansetzen. Als ich mit dem Trading gestartet bin, wollte ich damit natürlich Geld verdienen. Doch daraus entwickelte sich mit der Zeit eine große Leidenschaft und genau diese hat mich ans Ziel gebracht. Ich musste mich gedanklich frühzeitig von dem inneren Druck lösen, unbedingt Geld verdienen zu müssen. Denn das Einzige, was am Ende wirklich zählt, ist die Beherrschung der Strategie.

Was wäre, wenn der Fokus zu Beginn ausschließlich auf der Meisterung der Strategie liegt – ganz ohne einen einzigen Cent zu riskieren? Wären dadurch nicht viele Fehlerquellen und innere Konflikte von Anfang an deutlich reduziert? Würde ich nicht mit deutlich mehr Selbstvertrauen an den Markt herantreten, wenn ich genau wüsste, was ich tue? Genau darum geht es. Zu Beginn meines Weges habe ich das Ganze in drei klare Etappen unterteilt:

1. Grundwissen erlangen
2. Das Wissen anwenden und meistern
3. Mit Echtgeld handeln

Punkt eins ist bereits zum Teil abgehakt. Wer denkt, er könnte sofort zum dritten und letzten Teil springen, hat sich geirrt. Natürlich steht es jedem frei, das so zu handhaben – aber führt das wirklich ans Ziel? Wohl kaum. Mit dieser Herangehensweise landet das Konto schneller im Minus, als einem lieb ist. Viele nennen das „Lehrgeld“ – doch wozu? Ich habe kein Lehrgeld zahlen müssen, da ich geduldig genug war, meine Fähigkeiten zu verbessern, ehe ich mein Geld riskierte.

Warum sollte ich etwas riskieren, wenn ich noch keine Grundlagen besitze? Ich erinnere mich gut: Gerade mal ein oder zwei Bücher gelesen, ein paar *YouTube*-Videos konsumiert – und dann dieser Gedanke: „Perfekt, jetzt ballere ich mein Erspartes ins Trading-Depot und verzehnfache das bis nächsten Monat!“ Entschuldigt die übertriebene Darstellung – damit möchte ich lediglich illustrieren, wie selbstzerstörerisch diese Vorgehensweise ist.

Klar, der Wunsch, Geld zu verdienen, ist groß. Wäre das nicht der Fall, hätte ich wahrscheinlich nie mit Trading begonnen. Aber dabei darf nicht vergessen werden, dass es sich hierbei um eine der schwierigsten Disziplinen auf der Welt handelt. Nicht wegen der Strategien oder Techniken, sondern wegen des eigenen Ichs, das einen immer wieder sabotiert. Genau deshalb bitte ich jeden Anfänger darum, sich nicht nur mit Theorie zu beschäftigen und anschließend seine ersten Trades beim nächstbesten Broker umzusetzen.

Erst lernen, dann handeln – das ist der Weg. Sobald die Theorie sitzt, folgt die praktische Vorbereitung. Und ja, die kommt vor der mentalen. Denn mentale Stärke baut auf Erfahrung auf. Bevor auch nur ein Cent riskiert wird, sollten nahezu perfekte Zonen gezeichnet werden können. Ein Blick auf den Chart, und sie müssen sofort ins Auge springen. Kein Suchen, kein Grübeln – sie zeigen sich von selbst.

Kerzenformationen müssen auf Anhieb erkennbar sein. Du zweifelst, ob eine Formation valide ist? Dann bist du noch nicht so weit. Nimm dir die Zeit, immer wieder aufs Neue die Charts anzuschauen und zu analysieren. Das Ganze muss so leicht fallen wie das Lesen eines Buches sein – keinerlei Anstrengung, sondern entspannte, fokussierte Arbeit.

Wenn das sitzt, sind Rocketcandle-Setups kein Problem mehr. Zone erkennen, Formation prüfen, Einstieg planen, den Trade verfolgen sowie sauber dokumentieren – genau das sollte zur täglichen Routine gehören. Wie soll man sonst Selbstbewusstsein aufbauen? Die effektivste Methode ist einfache, wiederholte Praxis. Jeden Tag nach potenziellen Trades suchen, sie notieren und deren Verlauf beobachten. Dabei immer wieder das Regelwerk überprüfen und konsequent mit der RC-Checkliste arbeiten.

Sobald Zonen im Schlaf erkennbar sind, Formationen mühelos identifiziert und RC-Setups routiniert eingezeichnet werden können, ist das technische Fundament für den Handel gelegt. Danach ist es sinnvoll, das Ganze mit einem Demokonto auf die Probe zu stellen – mehr dazu folgt in einem späteren Kapitel!

Wenn diese praktische Vorbereitung abgeschlossen ist, kommt der mentale Fortschritt fast von allein. Das Selbstbewusstsein befindet sich auf einem Allzeithoch und nun wird es Zeit, sich um seine inneren Widerstände zu kümmern. Doch bevor es damit weitergeht, lohnt sich ein kurzer Blick auf einen wichtigen Teilaspekt:

Verluste anerkennen und begrüßen

Das größte Hindernis im Trading sind Verluste. Niemand mag sie und sie kosten Geld. Aber wie bereits mehrfach betont: Darum geht es zu Beginn gar nicht. Genau deshalb ist es umso wichtiger, sich mit dem Thema Verlust auseinanderzusetzen, bevor auch nur ein einziger Trade mit echtem Geld ausgeführt wird.

Auf Basis der bisherigen Kapitel sollte inzwischen klar sein: Verluste gehören unweigerlich zum Trading dazu. Ohne sie gibt es keine Gewinne – und umgekehrt. Eine hundertprozentige Trefferquote ist unmöglich und auf Dauer nicht erreichbar. Ein Verlust spiegelt niemals die eigenen Fähigkeiten wider, solange die Strategie korrekt umgesetzt wurde.

Es ist kein Indiz für einen Fehler. Stattdessen kann jeder Verlust als Test verstanden werden: Wurde das Regelwerk konsequent befolgt? Dann war es ein guter Trade – unabhängig vom Ergebnis.

„Ein Stop Loss? Ich schaue mir den Trade noch einmal genau an. Wenn alles der Strategie entspricht, bin ich zufrieden mit meiner Arbeit!“

Genau so funktioniert der korrekte Umgang mit Verlusten. Ich weiß, es klingt immer einfacher, als es in Wirklichkeit ist. Vollkommen egal, wie man es dreht und wendet: Verluste sind nervig. Sie kosten Geld und greifen das Vertrauen an: in die eigene Person, in die Strategie und ins Trading selbst. Glaub mir – auch ich habe das oft genug durchlebt. Aber echte Gelassenheit im Umgang mit Verlusten entsteht erst, wenn du sie selbst erfahren hast.

Eine Zauberformel oder einen Geheimtipp gibt es nicht. Was definitiv hilft, ist die konsequente Prüfung, ob die Strategie wirklich eingehalten wurde. Diesen Satz habe ich inzwischen vermutlich mehr als ein Dutzend Mal wiederholt – und das aus gutem Grund. Es ist der einzige Weg, um mit Verlusten dauerhaft klarzukommen. Andernfalls schleichen sich Selbstzweifel ein, und plötzlich wird ständig nach neuen Strategien gesucht. Nur um irgendwann festzustellen, dass die ursprüngliche vielleicht doch nicht so schlecht war.

Zum Abschluss dieses Themas möchte ich dir noch eines mit auf den Weg geben – zur Beruhigung: Allein der Fakt, dass du dich mental mit diesem Thema auseinandersetzt, bringt dich massiv voran. Viele Trader und vor allem Anfänger blenden die unangenehmen Seiten des Tradings gern aus. Du gehörst nicht dazu. Du hast dich bewusst mit genau diesen Fragen beschäftigt und verfügst schon jetzt über ein Bewusstsein für mögliche Stolpersteine. Und genau das gibt unglaublich viel Kraft! Ein weiterer, unfassbar hilfreicher Tipp ist folgender Hinweis:

Nur der nächste Trade ist entscheidend

Stell dir vor, du bist aktuell auf der Suche nach einem RC-Trade. Eine Aktie sticht dir sofort ins Auge, die mit einer wunderschönen Zone glänzt und sogar schon angelaufen wurde. Bist du zu spät? Keineswegs – just in diesem Moment bildet sich die Bestätigung für eine Hammerformation! Zehn Minuten später ist die Formation komplett – das Setup wird eingezeichnet und direkt im Broker platziert.

Der Einstieg kommt zustande, der Trade läuft gut an und erreicht schon einen Tag später den Take Profit! Du fühlst dich gut und bist in Bezug auf die zukünftigen Trades mehr als nur zuversichtlich. Denn wenn dieser schon so gut gelaufen ist, müssten doch die nächsten genauso gut laufen, oder? Genau hier lauert eine der größten psychologischen Fallen. Zu glauben, dass der Ausgang eines einzelnen Trades irgendeinen Einfluss auf kommende Ergebnisse hat. Jetzt bitte aufmerksam lesen und merken:

Jeder Trade steht für sich selbst.
Die einzelnen Trades sind unabhängig voneinander.

Was bedeutet das nun? Ganz einfach: Es spielt absolut keine Rolle, ob die letzten zehn Trades alle Verlierer oder Gewinner waren. Jeder Trade wird als ein neues Ereignis betrachtet. In etwa 40 % bis 60 % der Fälle entsteht hier ein Gewinn. Ob zuvor schon eine Glückssträhne mit einigen Gewinnern bestand, hat keinerlei Einfluss auf das Ergebnis des nächsten Trades!

Du hast immer und immer wieder dieselben Chancen. Jeder Trade birgt eine neue Gelegenheit, Profit zu machen. Genau deshalb muss auch jeder einzelne Trade mit Bedacht geprüft und umgesetzt werden! Nur weil die letzten fünf Chancen in den Verlust gelaufen sind, ist das kein Grund, der nächsten Chance aus dem Weg zu gehen! Wer weiß – vielleicht ist genau das der nächste Gewinner?

Wenn du diese Denkweise wahrhaftig verinnerlichst, wirst du ein unbeschreiblich befreiendes Gefühl erleben. Der Druck, Verlusttrades wiedergutzumachen oder eine Glückssträhne aufrechtzuhalten, verschwindet. Der Nervenkitzel, einen neuen Trade zu eröffnen und absolut nichts zu erwarten, ist genial. So muss sich Trading anfühlen! Anstatt Angst vor dem nächsten Handel zu haben, freust du dich wie ein Kind über ein kaltes Eis im Sommer. Das ist Trading – nicht mehr und nicht weniger!

Damit ist erneut ein zentraler Aspekt der Trading-Psychologie behandelt. Kehre gerne wiederholt zu diesem Kapitel zurück. Es soll dir Kraft geben, Mut machen und dir Zuversicht schenken. Du schaffst das, gib niemals auf und halte an deinen Zielen fest!

Später geht es noch einmal tiefer in die Psychologie. Um dich bestmöglich auf den Handel vorzubereiten, steht noch ein zentrales Tool auf dem Plan: die Analyseplattform – das wichtigste Programm für jeden Trader!

Das Programm für Trader

Vorstellung von *TradingView*

Mit dem Abschluss der bisherigen Kapitel verfügt der Leser über eine fundierte Grundausbildung in technischer Analyse, Trading und den psychologischen Aspekten des Börsenhandels. Doch wie und wo lassen sich diese Kenntnisse nun praktisch anwenden? Wer gut aufgepasst hat, konnte dazu bereits einige Hinweise erkennen. Unter jedem Chart einer Aktie habe ich angegeben, mit welchem Programm diese erstellt wurden: *TradingView*.

An der Stelle sei gesagt, dass dies keine „Werbung" im klassischen Sinn sein soll. Es gibt eine Vielzahl an Programmen, mit denen sich Aktien analysieren lassen, und im Grunde lässt sich alles, was bisher vermittelt wurde, auch auf anderen Plattformen umsetzen. Ich selbst habe jedoch von Anfang an mit *TradingView* gearbeitet und kann sagen, dass ich mit dem Programm keinerlei Probleme hatte. Gleichzeitig sollte klargestellt werden, welche Erfahrungen ich mit anderen Anbietern sammeln durfte. Die Antwort: keine!

Dementsprechend kann ich nichts zu anderen Programmen sagen und mich nur auf meine bisherigen Erfahrungen mit *TradingView* berufen. Wer sich mit anderen Anbietern beschäftigen möchte, kann das selbstverständlich tun! In diesem Buch liegt der Fokus jedoch zu 100 % auf *TradingView*. Los geht's mit der simpelsten Frage:

Was ist *TradingView*?
Das Programm wird von mir vor allem genutzt, um Aktien, Währungen, Indizes und im Prinzip alle anderen denkbaren Finanzinstrumente zu analysieren. Es bietet nicht nur den Zugriff auf zahlreiche Charts weltweit, sondern erlaubt auch das individuelle Gestalten dieser – etwa durch Zeichnungen, Markierungen oder Indikatoren. Die Plattform bietet maximale Freiheit und eignet sich hervorragend, um eine eigene Arbeitsweise zu entwickeln.

Es besteht die Möglichkeit, bestimmte Broker mit *TradingView* zu verbinden und seine eingezeichneten Long- und Short-Positionen direkt im Programm zu handeln. Persönlich halte ich davon jedoch wenig und nutze auch keinen Broker, der eine solche Anbindung unterstützt. Aus diesem Grund nutze ich *TradingView* als reine Analyseplattform und nicht als Programm, um meine Trades zu eröffnen!

Dafür nutze ich entweder separate Broker mit eigenem Programm oder Broker, die eine Anbindung zu *MetaTrader* 5 erlauben. Das ist ebenfalls eine Analyseplattform, die jedoch im Gegensatz zu *TradingView* von mir allen voran als eine Möglichkeit für die reine Eröffnung von Trades genutzt wird. Der Fokus bleibt ganz klar bei *TradingView* als Analysewerkzeug.

Nun gibt es eine schier ungreifbare Bandbreite an Werkzeugen, Zeichnungen und Indikatoren, die innerhalb von *TradingView* genutzt werden können. Da die Rocketcandle-Strategie nur auf Zonen basiert, liegt der Schwerpunkt auf der korrekten Zeichnung dieser Zonen. In diesem Sinne geht es jetzt gezielt um die Funktionen, die wirklich relevant sind – alles, was zur Umsetzung von Rocketcandle benötigt wird.

Die wichtigsten Funktionen

Folgende Funktionen sind für RC-Trades besonders relevant:

1. Den passenden Chart finden
2. Zonen korrekt einzeichnen
3. Long- und Short-Setups platzieren

Bevor es an die Details geht, folgt zunächst eine kleine, aber feine Übersicht zum Programm selbst:

1) Der Chart
2) Suchfunktion
3) Werkzeuge
4) Watchlisten
5) Favoritenleiste
6) Daten zur Aktie

Abb. 92: Übersicht *TradingView* (Charts by *TradingView*)

An erster Stelle befindet sich der Chart. Dieser spiegelt die Kursentwicklung der vorliegenden Aktie wider. Direkt daneben liegt die Suchfunktion, mit der sich sämtliche Finanzinstrumente aufrufen lassen – dazu gleich mehr. Auf der linken Seite sind alle technischen Werkzeuge zu finden. Unter Punkt 4) erscheinen die eigenen Watchlisten (mehr dazu im nächsten Kapitel) und Punkt 5) ist eine Zusammenstellung der Funktionen, die als Favorit markiert wurden. Zu guter Letzt stehen unter Punkt 6) die detaillierten Informationen zur jeweiligen Aktie.

Das verschafft dir einen guten Einstieg in die Struktur von *TradingView*. Ich empfehle jedem Anfänger, sich ausgiebig mit der Plattform zu beschäftigen und sich Schritt für Schritt einzuarbeiten. Auf den ersten Blick wirkt alles etwas unübersichtlich, doch bereits nach ein paar Tagen kann das nötige Know-how aufgebaut sein! Keine Sorge: Die wichtigsten Funktionen folgen in Kürze.

Los geht's mit der Suche nach Aktien. In der Suchleiste einfach den Namen des Unternehmens eingeben – daraufhin erscheinen zahlreiche gleichnamige Ergebnisse. Entscheidend ist, den Eintrag mit der kleinen Krone auszuwählen. Diese symbolisiert die Heimatbörse. Genau dieser Eintrag ist relevant, denn die Analyse erfolgt immer auf Basis der Hauptbörse:

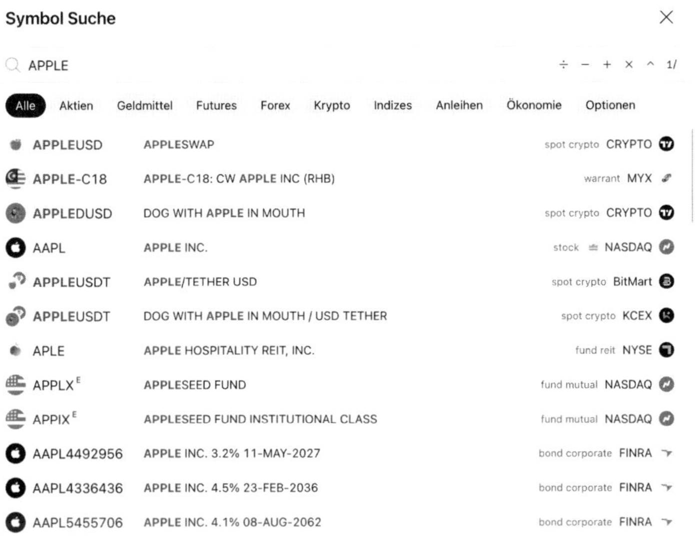

Abb. 93: Die Symbol-Suche bei *TradingView*

Wenn in der Suchfunktion nach der *Apple*-Aktie gefiltert wird, erscheint das entsprechende Ergebnis meist ganz oben. In einigen Fällen – wie in diesem Beispiel – kann es jedoch vorkommen, dass sie sich wie hier an vierter Stelle befindet. Wie findest du nun stets genau die Aktie, die du benötigst? Wie schon erläutert, lohnt sich der Blick auf die Krone. Diese befindet sich auf der rechten Seite, direkt neben der Börsenlistung.

In seltenen Fällen kann es sein, dass keine Krone zu sehen ist. In dem Fall heißt es, etwas mehr Arbeit zu investieren und die Aktie bzw. das dazugehörige Unternehmen in einer beliebigen Suchmaschine einzugeben. Wichtig ist, herauszufinden, in welchem Land sich der Hauptsitz befindet – dieser bestimmt in vielen Fällen die Heimatbörse. Prinzipiell gilt: Den Ticker finden, der in der Heimatwährung notiert ist und das höchste Volumen aufweist (zum Beispiel AAPL bei *Apple*).

Das klingt komplexer, als es eigentlich ist. In den meisten Fällen reicht die Krone völlig aus. Ansonsten hilft eine kurze Recherche. Zusätzlich verlinke ich im nächsten Kapitel Listen mit allen Aktien, die ich mit Rocketcandle handle. Du musst also nicht selbst danach suchen und hast sie jederzeit griffbereit – gerade als Anfänger ein großer Vorteil! Der nächste Schritt ist die Einzeichnung von Zonen – dem zentralen Werkzeug im RC-Trading.

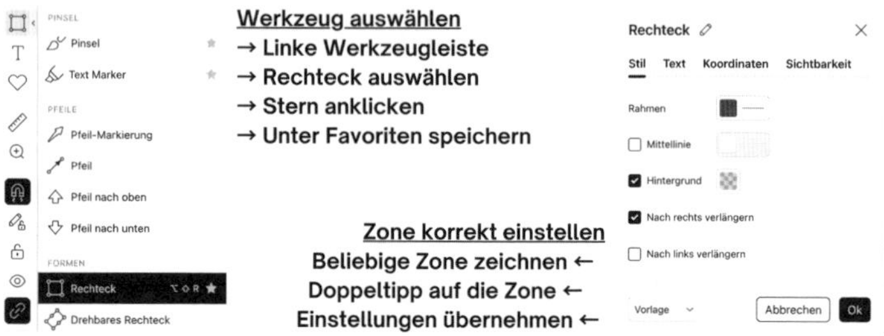

Abb. 94: Zonen zeichnen – Teil 1

Im ersten Schritt gilt es, das passende Werkzeug zur Zonenzeichnung auszuwählen. Dieses heißt bei *TradingView* „Rechteck". Nachdem du dies getan hast, kannst du ein beliebiges Rechteck einzeichnen und anschließend obige Einstellungen übernehmen. Dies dient nur der Demonstration, denn im abschließenden Teil des Kapitels teile ich meine kompletten Einstellungen zu *TradingView*, die du problemlos kopieren kannst!

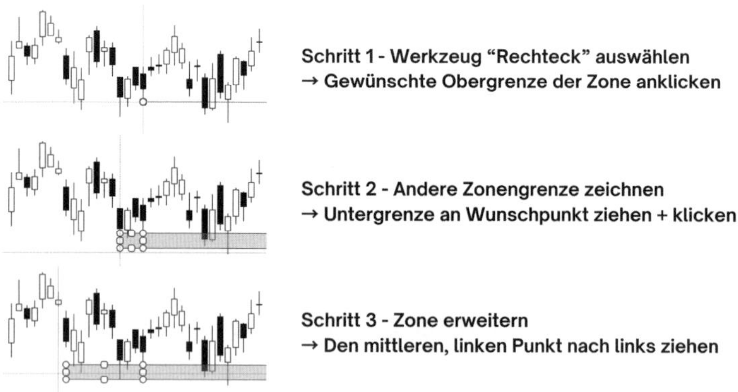

Abb. 95: Zonen zeichnen – Teil 2 (Charts by *TradingView*)

Der Zeichenprozess ist simpel: Zuerst das Werkzeug auswählen, auf den Punkt der einen Zonengrenze klicken und anschließend zum Punkt der anderen Grenze ziehen. Danach lässt sich die Zone problemlos nach links anpassen. Ober- und Unterkante können nach der Einzeichnung jederzeit beliebig angepasst werden!

Achtung: Während der Einzeichnung empfiehlt es sich, die Magnetfunktion von *TradingView* zu nutzen. Bei *MacOS* hilft die Command-Taste bzw. bei *Windows* die CTRL-Taste. Hältst du diese während der Nutzung von Werkzeugen gedrückt, springt der Cursor automatisch an das Tief, Hoch oder den Körper der nächstgelegenen Kerze. So gelingen präzise Zeichnungen und du musst dich dabei nicht anstrengen, den genauen Wunschpunkt zu treffen.

Damit ist nun auch der Punkt „Zonen zeichnen" abgeschlossen. Als Nächstes geht's zur Platzierung einer Long- bzw. Short-Position im Chart. Da beide Varianten identisch funktionieren, genügt das Beispiel mit einem Long-Setup:

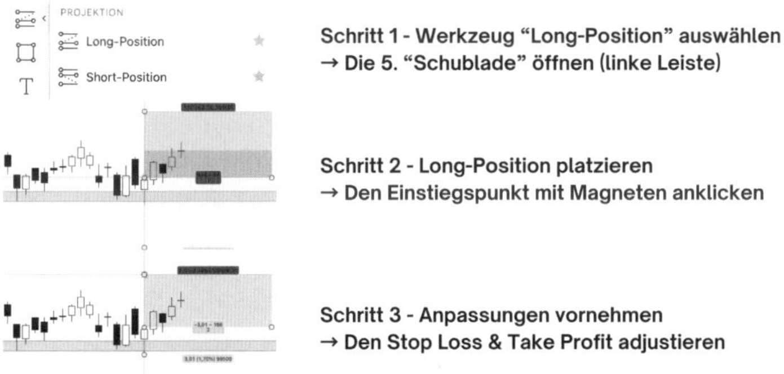

Abb. 96: Long-Position auswählen, platzieren & anpassen (Charts by *TradingView*)

Im ersten Schritt einfach die Long-Position aus der Werkzeugleiste auswählen. Danach die Position an der Stelle platzieren, an der der Einstieg geplant ist. Abschließend werden der Stop Loss, Take Profit und gegebenenfalls der Einstieg angepasst. Fertig!

Die Nutzung von *TradingView* stellt im Kern keine große Herausforderung dar. Gerade am Anfang kann das Ganze jedoch etwas überwältigend wirken. Ich empfehle jedem, sich intensiv mit dem

Programm zu beschäftigen und die Plattform in Ruhe zu erkunden. Hier gilt vor allem das Motto „Learning by Doing“!

Im letzten Abschnitt des Kapitels möchte ich meine persönlichen *TradingView*-Einstellungen teilen, womit du selbst keinerlei Arbeit mit deinen Einstellungen hast. Wenn du dich hier etwas mehr eingearbeitet hast, steht es dir frei, deine eigenen Präferenzen festzulegen und damit Charts zu analysieren!

Meine Chart-Einstellungen

Bevor es zu meinen Chart-Einstellungen geht, vorab ein wichtiger Hinweis: *TradingView* ist in der Basisversion kostenlos nutzbar – dennoch empfiehlt es sich, früher oder später auf ein kostenpflichtiges Paket umzusteigen. Was heißt das konkret?

Gerade zu Beginn reichen die Funktionen der Gratisversion von *TradingView* vollkommen aus. Wer jedoch eigene Alarme setzen, mehrere Watchlisten anlegen oder in die Vergangenheit springen möchte (Backtesting), wird mittelfristig nicht um ein kostenpflichtiges Abo herumkommen. An dieser Stelle möchte ich keine konkrete Empfehlung aussprechen, sondern nur dazu ermutigen, sich eigenständig mit den Unterschieden der einzelnen Pakete auseinanderzusetzen! In den meisten Fällen reicht die günstigste Variante völlig aus.

Unabhängig davon, ob du kostenlos starten oder direkt ein Abo abschließen möchtest, teile ich an dieser Stelle ganz offen meinen Affiliate-Link. Du kannst ihn völlig freiwillig nutzen, um dir ein Konto zu erstellen. Eine Vergütung meinerseits erfolgt nur dann, wenn du innerhalb von drei Monaten nach der Registrierung ein kostenpflichtiges Paket buchst. In dem Fall erhältst auch du einen 15$-Bonus.

Mir ist es wichtig, offen mit diesem Thema umzugehen – ohne dazu zu drängen, den Link zu nutzen. Wer lieber direkt über die *TradingView*-Website starten möchte, kann das selbstverständlich jederzeit tun.

Im Folgenden findest du den QR-Code mit meinem Affiliate-Link. Darüber lässt sich ein Konto anlegen – ob du anschließend kostenlos bleibst oder ein Paket buchst, bleibt ganz dir überlassen:

Anmeldung *TradingView*:

Damit wäre die Anmeldung bei *TradingView* geklärt. Kommen wir nun zu meinen persönlichen Chart-Einstellungen. Hier findest du mein persönliches Layout:

Wenn du diesen QR-Code scannst, öffnet sich mein Standard-Chartlayout für eine Beispielaktie. Um meine Einstellungen zu übernehmen, musst du diese explixit anklicken – das ist kostenlos und funktioniert auch mit der Gratisversion.

Mein Layout:

Beachte jedoch: In der Free-Version lässt sich nur ein einziges Layout speichern. Du würdest dich also zunächst auf meine Vorlage festlegen, bis du A) ein eigenes Layout erstellst oder B) ein kostenpflichtiges Paket buchst, mit dem sich mehrere Layouts verwalten lassen.

Nach dem Kopieren des Layouts empfiehlt es sich, auf die drei Zeichnungen zu klicken und diese jeweils als Vorlage abzuspeichern. Damit steht dem Start in die eigene Analyse nichts mehr im Weg! Wer sich intensiver mit technischer Analyse und den zusätzlichen Tools beschäftigen möchte, hat bei den weiteren Einstellungen freie Hand.

Damit ist das Kapitel rund um *TradingView* abgeschlossen – Zeit, sich nun der Frage zu widmen, wie sich potenzielle Trades überhaupt finden lassen!

Die Suche nach Trades

Screening meistern

Das notwendige Wissen ist jetzt vorhanden, um potenzielle Trades umzusetzen. Doch wie genau funktioniert die konkrete Suche? Screening bedeutet nichts anderes als die Durchleuchtung bzw. Filterung von Listen, die bestimmte Finanzwerte enthalten. In diesem Fall geht es dabei um Listen mit verschiedenen Aktien. Auch einzelne Indizes wie der *DAX* oder der *S&P* 500 lassen sich screenen.

Dazu klickst du dich durch eine Liste mit den jeweiligen Aktien und prüfst jede Aktie im Detail. Bei der Rocketcandle-Strategie liegt der erste Blick auf potenziellen Zonen. Wie ich persönlich vorgehe, zeige ich dir gleich in einer Schritt-für-Schritt-Anleitung.

Schritt 1 – Der aktuelle Kursstand

Abb. 97: Schritt 1 – Aktuellen Kursstand ausfindig machen (Charts by *TradingView*)

Rechts ist eine Auflistung mit verschiedenen Aktien zu sehen. Dabei handelt es sich um eine alphabetisch sortierte Übersicht aller im *S&P* 500 enthaltenen Aktien. Beim Durchklicken folge ich stets einem festen, unterbewussten Schema, das ich nachfolgend schriftlich festgehalten habe.

Im ersten Schritt nehme ich den aktuellen Kursstand unter die Lupe, um herauszufinden, auf welchem Niveau die Aktie aktuell notiert und wie groß der Abstand zum sichtbar höchsten Hoch sowie zum tiefsten Tief ist. Anschließend halte ich gezielt nach Bereichen Ausschau, die für einen Trade infrage kommen würden.

Schritt 2 – Erste Sichtung möglicher Zonen

Abb. 98: Schritt 2 – Preisbereiche sichten (Charts by *TradingView*)

Wenn ich nach Zonen suche, achte ich dabei nur auf die Preisbereiche, die sich in unmittelbarer Nähe zum aktuellen Kurs befinden. Wenn ich nicht fündig werde, erweitere ich meinen Blick nach unten und oben. In diesem Fall fielen mir jedoch schnell zwei Zonen auf: Die untere käme potenziell für einen Trade infrage, während die obere als mögliches Hindernis betrachtet werden sollte. Dieses Bild zeigt mir, dass sich in den nächsten Tagen ein Trade ergeben könnte. Falls das eintritt, gehe ich über zu Schritt drei. Wenn sich keine Zonen in der Nähe anbieten, suche ich, wie erwähnt, nach all denen, die etwas außerhalb des Kursstandes liegen. Sollte ich auch hier nicht fündig werden, geht die Suche weiter und die Aktie wird nicht weiter beachtet.

Beim Screening bzw. der Suche nach Trades – spielt Effizienz eine zentrale Rolle. Deshalb ist es auch wichtig, eine bestimmte Abfolge von Schritten und den dazugehörigen Maßnahmen festzulegen. Wenn also eine Aktie nicht das liefert, was ich mir wünsche, wird dort entsprechend nicht mehr Zeit als nötig verbracht. Entferntere Zonen dürfen gerne markiert werden, aber damit ist die Analyse in der Regel auch schon abgeschlossen.

Schritt 3 – Präzise Markierung relevanter Preisbereiche

Abb. 99: Schritt 3 – Relevante Preisbereiche markieren (Charts by *TradingView*)

So sieht der Chart aus, nachdem ich alle für mich relevanten Zonen eingezeichnet habe. Auch wenn ich weiter oben und unten mehr Bereiche markieren könnte, rate ich dringend davon ab. Es kostet unnötig Zeit und führt nicht zum eigentlichen Ziel: dem aktiven Trading!

Spätestens nach der Einzeichnung aller relevanten Bereiche zeigt sich, ob sich demnächst ein potenzieller Trade abzeichnet. Da der Kurs in diesem Fall recht nah an meiner Zielzone bzw. der Unterstützung liegt, setze ich genau dort einen Alarm. Sollte der Kurs also diesen Bereich anlaufen, erfolgt eine Benachrichtigung auf dem Handy, dem Rechner und per E-Mail. Dadurch übersehe ich keinerlei Trades und bin immer auf dem neuesten Stand.

Schritt 4 – Alarm setzen

Abb. 100: Schritt 4 – Alarme platzieren (Charts by *TradingView*)

Um einen Alarm zu platzieren, fahre ich mit der Maus an der Preisachse entlang. Genau an der Stelle, an der ich meinen Alarm setzen möchte, erscheint ein kleines Pluszeichen. Ein Klick darauf genügt, um den Alarm für das gewünschte Preisniveau zu erstellen. Sobald der Kurs diese Marke erreicht, werde ich umgehend benachrichtigt. Das war allerdings nur ein Teil des gesamten

Screening-Prozesses. Es reicht nicht aus, die Aktien lediglich zu analysieren, Zonen einzuzeichnen und Alarme zu platzieren. Die entscheidende Frage lautet: Wie lässt sich inmitten einer potenziellen Flut an Alarmen der Überblick bewahren? Aus diesem Grund arbeite ich zusätzlich mit eigenen Listen. Dort werden Aktien platziert, die je nach Dringlichkeit in Bezug auf einen Einstieg höher oder niedriger eingestuft werden.

Im letzten Teil des Kapitels wird ein konkretes Beispiel durchgespielt, das die Rangfolge der Listen besser veranschaulicht. Dabei steht nur eine Liste im Fokus. Vorab ein kurzer Einblick: In diesem Abschnitt geht es um die sogenannte Zone Watch. Dort landen alle Aktien, bei denen sich eine handelbare Zone erkennen lässt, die jedoch bislang nicht berührt wurde.

Schritt 5 – Speicherung in der eigenen Liste

Abb. 101: Schritt 5 – Flaggen-Liste nutzen (Charts by *TradingView*)

Da die Abbildungen nicht farblich gestaltet sind, beziehe ich mich fortan auf die Position des Kreises innerhalb der Reihe an Kreisen. Wenn du rechts neben dem Namen der Aktie auf die Flagge klickst, erscheinen sieben Kreise mit jeweils unterschiedlichen Farben. Die zuvor besprochene Zone Watch entspricht bei mir der Farbe Lila bzw. dem dritten Kreis von rechts.

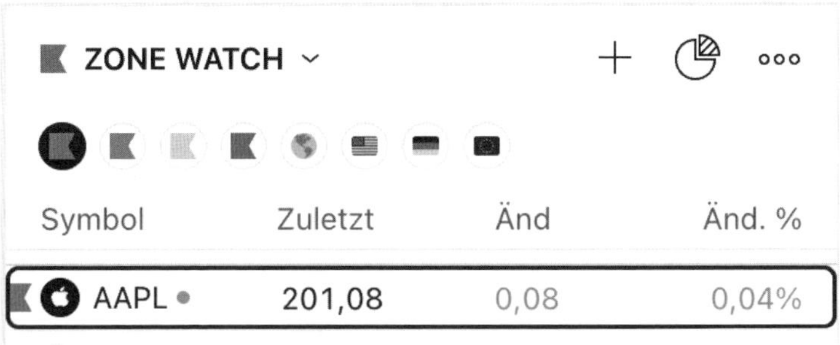

Abb. 102: Die Flaggen-Listen im Detail

Wenn ich die Aktie dort abspeichere, kann ich alle Werte aus dieser Liste auf der rechten Seite des Programms abrufen und jederzeit checken. Sollte ich also mal einen Alarm vergessen haben, kann ich die entsprechende Aktie immer noch im Handumdrehen finden. Dieses System ist essenziell, um im Trading Erfolg zu haben. Mehr Infos dazu gibt es im letzten Teil des Kapitels!

Zuvor geht es jedoch um einen Bereich, ohne den das Traden kaum oder nur sehr schwer möglich wäre.

Unsere Watchlisten

Wie kannst du nach Trades suchen, wenn du nicht weißt, welche Aktien geeignet sind? Rein theoretisch sind zwar alle Aktien handelbar, jedoch wäre es ein gigantischer Aufwand, diese immer wieder manuell zu suchen. Besser gesagt: Es wäre unmöglich, da man sich niemals alle Werte merken kann. Aus diesem Grund teile ich an dieser Stelle meine vorgefertigten Listen mit dir!

Ich persönlich screene bzw. durchleuchte diese Listen einmal pro Woche und organisiere täglich meine Watchlisten – dazu später mehr. Zunächst möchte ich die Watchlisten verlinken und anschließend auf die Nutzung jener eingehen:

US-Aktien: | DE-Aktien: | EU-Aktien:

Insgesamt umfasst das rund 550 Aktien – eine Anzahl, die auf den ersten Blick überwältigen kann. Trotzdem ist das nur ein Bruchteil aller handelbaren Aktien. Es gibt mehrere Tausend Aktien weltweit, jedoch liegt mein Fokus vornehmlich auf den Werten innerhalb dieser Listen.

Um eine dieser Listen zu deinem Account hinzufügen zu können, genügt ein Klick auf den jeweiligen Link. Danach einfach abspeichern. Eine wichtige Einschränkung solltest du allerdings kennen: Für das Speichern eigener Watchlisten ist ein kostenpflichtiges Paket bei *TradingView* erforderlich. Ab der günstigsten Version kannst du bereits beliebig viele Watchlisten kopieren und selbst erstellen.

Gerade zu Beginn empfehle ich dir, zunächst mit der kostenlosen Variante zu üben. Wer Trading ernst nehmen möchte, wird früher oder später ein kostenpflichtiges Abo buchen müssen. Falls du lieber mit einem anderen Programm arbeitest, ist das natürlich auch in Ordnung. Ich selbst habe von Anfang an *TradingView* genutzt und bislang nur damit gearbeitet – deshalb beziehe ich mich auch ausschließlich auf diese Plattform.

Zurück zum eigentlichen Thema: Einmal wöchentlich durchforste ich die Listen nach spannenden Titeln. Interessante Werte landen je nach Dringlichkeit in einer entsprechenden Flaggen-Kategorie. Diese werden dann täglich überprüft. Wie ich dabei konkret vorgehe und sicherstelle, dass kein Trade untergeht, zeige ich im letzten Teil dieses Kapitels.

Organisation potenzieller Trades

Sobald ich eine Aktie finde, die in der Nähe einer relevanten Zone notiert, wird diese in die Liste „Zone Watch" übertragen. Was passiert nun, wenn genannter Bereich angelaufen wird? Sobald das der Fall ist, entsteht noch längst kein konkreter Trade. Der Kurs berührt zwar die Zone, aber eine Formation und der damit einhergehende Einstieg ist bislang nicht entstanden.

Eins ist klar: Es braucht einen klar strukturierten Prozess, um anstehende Trades sauber ordnen zu können. Wie genau das abläuft, zeige ich dir jetzt anhand eines konkreten Beispiel-Trades!

Schritt 1 – Die Zone Watch

Abb. 103: Schritt 1 – Die Zone Watch (Charts by *TradingView*)

Auf der Suche nach potenziellen Trades sticht uns diese Aktie besonders ins Auge. Sie zeigt eine saubere Unterstützung, und der aktuelle Kurs bewegt sich in unmittelbarer Nähe zur Zone. Damit qualifiziert sich die Aktie für die Zone Watch. Durch einen Klick auf die Flagge wird die Aktie der Farbe Lila zugeordnet.

Schritt 2 – Die Close Watch

Abb. 104: Schritt 2 – Die Close Watch (Charts by *TradingView*)

Unser Alarm hat vor einer Minute geklingelt. Nun heißt es, den entsprechenden Chart zu prüfen. Die Zone wurde angelaufen – dadurch steigt die Aktie in die nächste Liste auf: die „Close Watch". Ein erneuter Klick auf die Flagge genügt, um sie der roten Liste zuzuordnen.

Schritt 3 – Die Entry Watch

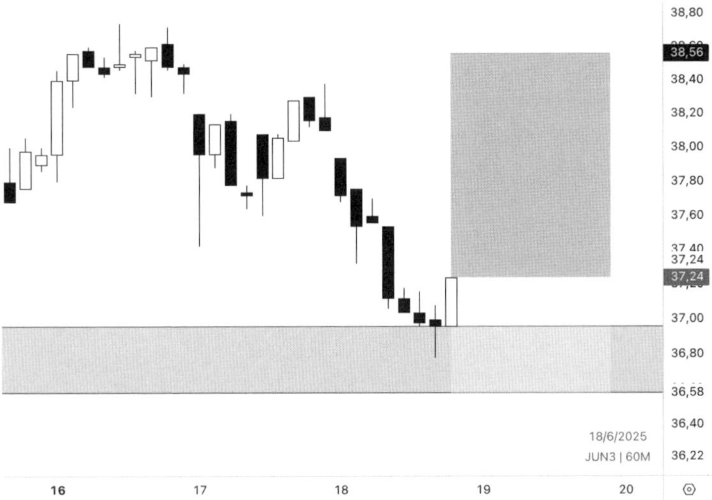

Abb. 105: Schritt 3 – Die Entry Watch (Charts by *TradingView*)

Sobald die Aktie auf der Close Watch landet, wird sie im Laufe des Tages regelmäßig geprüft. Bildet sich hier eine Formation, steigt der Wert in die Liste mit der höchsten Priorität auf – die „Entry Watch". Unabhängig davon, ob nur die Formation oder bereits eine Bestätigung vorliegt, gehört die Aktie auf die türkisfarbene Liste.

Schritt 4 – Live Watch

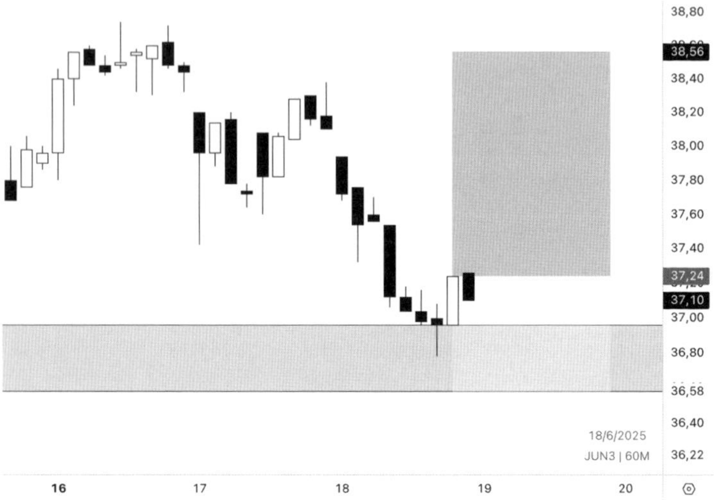

Abb. 106: Schritt 4 – Live Watch (Charts by *TradingView*)

Die finale Liste kommt genau dann zum Einsatz, wenn der Einstieg aktiviert wurde. Damit landet die Aktie auf der blauen bzw. „Live-Trades"-Liste. Dort bleibt sie so lange, bis der Trade vollständig abgeschlossen ist. Danach ist der Zyklus beendet und die Aktie kann für einen neuen Trade genutzt werden.

Auf diese Art und Weise wird jede Aktie behandelt, die für einen Trade infrage kommt. Sie kann mehrfach die Listen wechseln, ehe es zum Einstieg kommt. Normalerweise ist die Abfolge jedoch dieselbe. Wichtig ist es, konsequent seine Alarme zu setzen und die wichtigen Listen (rot/türkis) regelmäßig zu prüfen!

Damit ist auch dieser Abschnitt abgeschlossen! Bevor der erste Trade umgesetzt wird, stellt sich die Frage: Welches Handelsinstrument passt am besten zum eigenen Stil? Soll direkt mit Aktien gehandelt werden, mit Zertifikaten oder doch lieber mit CFDs? Genau das wird im nächsten Kapitel geklärt!

Handelsinstrumente im Vergleich

Ein Trade = Viele Möglichkeiten

Nach intensiver Beschäftigung mit Psychologie, technischer Analyse und den Grundlagen des Tradings steht der Umsetzung nichts mehr im Weg. Die Rocketcandle-Strategie sitzt, zahlreiche Setups wurden bereits notiert und auch auf dem Demokonto fehlt nur noch der finale Durchbruch – dazu später mehr! Was passiert jetzt? Der erste Echtgeld-Trade steht kurz bevor, die Vorfreude ist groß. Ab diesem Punkt entscheidet sich, wie gehandelt wird. Je nach Kontogröße, bisherigen Erfahrungen und persönlicher Präferenz stehen dir mehrere Wege offen, um an der Börse aktiv zu werden. Da du dich mit dem Handel von Aktien beschäftigst, stehen exakt drei Möglichkeiten offen.

Weg Nummer eins liegt auf der Hand: der direkte Handel mit Aktien. Dafür brauchst du allerdings vergleichsweise viel Kapital, das du zwar nicht bei jedem Trade riskierst, aber binden musst. Du möchtest weniger Geld binden und bist bereit, etwas höhere Gebühren zu zahlen? Dann könnte CFD-Trading interessant für dich sein. Durch die Hebelwirkung lässt sich mehr aus kleineren Beträgen herausholen – und dabei weiterhin präzise handeln. Und wenn das Kapital stark begrenzt ist und du „einfach nur ein bisschen traden" möchtest?

Dann könnten Knockout-Zertifikate die passende Wahl sein. Diese sind ab einem Betrag von 20 € bis 30 € handelbar. Beachte jedoch, dass hier bestimmte Einschränkungen gelten. Zusätzlich kommen Gebühren und Hebel ins Spiel, die nicht immer optimal auf dein Ziel ausgerichtet sind.

Was die einzelnen Handelsinstrumente ausmacht, wie du damit handelst und welche Variante sich für welche Ausgangslage eignet, wird im folgenden Kapitel besprochen. Den Anfang macht die klassischste aller Möglichkeiten: der Handel mit Aktien!

Der Klassiker: Handel mit Aktien

Um vorab etwaige Verwirrungen auszuräumen, sei erwähnt: In allen Fällen handelt es sich um eine Abbildung einer Aktie oder die Aktie selbst. Auch wenn die Begriffe unterschiedlich sind, wird stets derselbe Wert analysiert – nur kann dieser auf verschiedene Arten gehandelt werden!

Der „beste“ Weg, um Aktien zu handeln, wäre es, die tatsächliche Aktie selbst zu kaufen. Das gilt selbstverständlich nur bei steigenden Kursen – bei fallenden Varianten kommen andere Instrumente zum Einsatz. Warum ist der Kauf der Aktie nun am vorteilhaftesten, und was bedeutet das konkret?

Dazu folgt ein einfaches Rechenbeispiel: Angenommen, das Konto umfasst ein Volumen von 10.000 €. Das Risiko beläuft sich auf 100 € pro Trade, was bedeutet, dass maximal 100 € pro Position verloren gehen sollen. Gehandelt werden soll eine Aktie zum Preis von 50 €. Die Zone passt, die Formation bereits gebildet. Der Stop Loss liegt bei 49 € – also exakt 1 € unter dem Einstieg. Im Gewinnfall wird die Position bei 52 € geschlossen, was einem Ziel von 2R entspricht. Hier die Daten im Überblick:

Kontogröße	=	10.000 €
Risiko (R)	=	100 €
Kosten Aktie	=	50 €
SL-Größe	=	1 €

Wie viele Aktien müssten nun gekauft werden, um exakt das geplante Risiko abzudecken? Beim Kauf einer einzigen Aktie würde ein Verlust lediglich 1 € betragen – zu wenig, um auf das angestrebte Risiko von 100 € zu kommen. Dementsprechend müssten 100 Aktien gekauft werden. Die Berechnung sieht wie folgt aus:

Positionsgröße	=	Kosten Aktie x (Risiko x SL-Größe)
	=	50 € x (100 € x 1 €)
	=	5.000 €

Anzahl Aktien	=	Risiko / SL-Größe
	=	100 € / 1 €
	=	100 Aktien

Um diese Aktie mit einem Risiko von 100 € handeln zu können, müsstest du 5.000 € binden. Was bedeutet das konkret? Der Trade blockiert exakt die Hälfte des verfügbaren Kapitals. Nur die verbleibenden 5.000 € stehen für weitere Trades zur Verfügung. Je nach Kontogröße stellt dies eine erhebliche Einschränkung dar. Nun kann dieser Wert in die eine oder andere Richtung schwanken, wodurch du mal eine kleine, mal eine deutlich größere Position eröffnen müsstest.

Das ist einer der größten Nachteile beim Handel mit echten Aktien. Ein weiterer Punkt betrifft das Gap-Risiko. Aktien können manchmal mit Kurslücken eröffnen – etwa über Nacht. Das Problem dabei: Innerhalb der Lücke findet kein Handel statt. Liegt der Stop Loss zum Beispiel bei 49 €, die Aktie eröffnet jedoch mit einem Gap bei 48 €, entstehen automatisch 2R Verlust statt des geplanten 1R. Der Verlust würde sich also verdoppeln.

Solche Gaps sind zwar nicht an der Tagesordnung, kommen aber immer wieder vor. Die Verluste sind bis nach unten hin offen und Kurslücken bleiben unberechenbar. Gerade deshalb empfiehlt es sich, rund um Quartalszahlen keine Trades zu eröffnen – sie führen besonders häufig zu solchen Lücken. Trotz dieser Schwächen bietet der Aktienhandel auch einen klaren Vorteil: maximale Präzision bei gleichzeitig sehr niedrigen Gebühren.

Einstieg, Stop Loss und Take Profit lassen sich auf den Cent genau bestimmen. Viele Broker verlangen kaum oder gar keine Gebühren – das spart bares Geld und gleicht mögliche Kurslücken teilweise wieder aus. Dadurch ist der Handel nicht nur präzise, was für Trading essenziell ist, sondern auch besonders günstig. Die Ersparnisse könnten etwaige Kurslückenverluste möglicherweise ausbügeln. Das lässt sich so leider nicht konkret vorhersagen.

Damit bildet der Aktienhandel eine solide Möglichkeit für all diejenigen, die etwas mehr Kapital zur Verfügung haben und mit dem Gap-Risiko zurechtkommen. Darüber hinaus kannst du hier gut und gerne auch mit deutlich niedrigerem Risiko von beispielsweise 10 € handeln. In diesem Fall müsste das Konto je nach gehandelter Aktie gar nicht allzu groß sein. Wichtig bleibt in jedem Fall: langsam herantasten, Erfahrung sammeln und diszipliniert bleiben.

CFD-Trading

CFD steht für Contract for Difference, also auf Deutsch: Differenzkontrakt. Der Begriff mag etwas trocken klingen, doch die Idee dahinter ist recht simpel. Man handelt bei einem CFD nicht den eigentlichen Basiswert, also z. B. die Aktie selbst, sondern lediglich die Kursveränderung zwischen Einstieg und Ausstieg. Es ist ein Vertrag zwischen dir und dem Broker – die Parteien einigen sich darauf, die Differenz zwischen Kauf- und Verkaufspreis auszugleichen, unabhängig davon, ob diese positiv oder negativ ist.

Du besitzt die Aktie nicht wirklich, sondern partizipierst lediglich an der Kursbewegung. Das mag zunächst wie eine Spielerei wirken, doch in Wahrheit handelt es sich um ein weltweit etabliertes Instrument, das Tradern einige entscheidende Vorteile bietet: Hebel, Flexibilität, Kapitaleffizienz und die Möglichkeit, auch auf fallende Kurse zu setzen.

Ein großer Unterschied zum klassischen Aktienhandel: Mit CFDs kannst du eine Position eröffnen, die größer ist als dein eingesetztes Kapital, dank des sogenannten Hebels. In Deutschland (bzw. unter europäischer Regulierung) ist dieser Hebel bei Aktien-CFDs auf 1:5 begrenzt. Das heißt, du kannst mit 1.000 € Kapital eine Position handeln, die 5.000 € groß ist.

Der Hebel vergrößert sowohl Gewinne als auch Verluste – zumindest im Verhältnis zur Bewegung der Aktie. Doch keine Sorge: Wenn du deine Positionsgröße sauber berechnest und dein Risiko – wie bereits im Kapitel erklärt – korrekt anpasst, bleibt dein maximaler Verlust exakt gleich. Der Unterschied liegt nicht im Risiko selbst, sondern im Kapital, das du bindest. Genau hier spielt der CFD-Handel seine Stärke aus.

Ein Praxisbeispiel: CFD vs. Aktie

Das **Beispiel:** Eine Aktie notiert bei 50 €. Der geplante Stop Loss liegt bei 49 €. Du arbeitest mit einem Konto von 10.000 € und möchtest 100 € riskieren – also 1R.

Berechnung der Positionsgröße

- SL-Größe: 1 €
- Risiko pro Trade: 100 €
- Positionsgröße: $\frac{100\,€}{1\,€}$ = 100 CFDs

Im klassischen Aktienhandel würdest du 100 Aktien kaufen – das sind 100 × 50 € = 5.000 €, also die Hälfte deines Kapitals. Beim CFD-Handel mit Hebel 1:5 benötigst du nur ein Fünftel als sogenannte Margin:

- Margin = $\frac{5.000\,€}{5}$ = 1.000 €

Das heißt: Du bindest nur 1.000 € Kapital für denselben Trade und kannst den Rest deines Kontos für weitere Setups nutzen – ein großer Vorteil in Sachen Effizienz.

Gewinne und Verluste im CFD-Beispiel

- Gewinnziel (TP): Kurs steigt von 50 € auf 52 €
  2 € Gewinn pro CFD × 100 CFDs = 200 € Gewinn (2R)
- Verlustfall (SL): Kurs fällt auf 49 €
  1 € Verlust pro CFD × 100 CFDs = 100 € Verlust (1R)

Klingt im ersten Moment identisch zum Aktienhandel – doch du brauchst beim CFD deutlich weniger Kapital, um denselben Gewinn zu realisieren.

Die Vor- und Nachteile auf einen Blick

Vorteile von CFDs

- Geringer Kapitaleinsatz durch Hebel (1:5 bei Aktien)
- Möglichkeit zu shorten – einfach und direkt
- Schnelle Umsetzung auf fallende oder steigende Kurse
- Flexibilität bei kleinen Konten
- Exakte Positionsgrößen möglich

Nachteile und Risiken

- Hebel verstärkt Verluste – Risiko steigt proportional
- Übernachtfinanzierungskosten (Swaps) bei längerem Halten
- Spread- und ggf. Kommissionskosten
- Keine Eigentumsrechte (keine Dividende, kein Stimmrecht)
- Gap-Risiko bleibt bestehen – besonders bei News

Fazit

Der CFD-Handel eignet sich hervorragend für Trader, die mit strukturierter Strategie und klar definiertem Risiko arbeiten. Wer den Hebel bewusst einsetzt und seine Positionen korrekt berechnet, kann CFDs äußerst effizient nutzen – vor allem bei kleineren Konten. Ein korrektes Risiko-Management ist Pflicht, ebenso wie ein klarer Blick auf mögliche Kurslücken.

Zum Abschluss folgt nun ein Handelsinstrument, das besonders für Einsteiger oft der erste Berührungspunkt mit dem Trading ist: Knockout-Zertifikate!

Handel mit Knockout-Zertifikaten

Neben dem klassischen Aktienhandel und dem CFD-Trading gibt es eine weitere, weit verbreitete Möglichkeit, an der Kursentwicklung von Aktien zu partizipieren - den Handel mit Knockout-Zertifikaten, kurz: KO-Scheine.

Ein Knockout-Zertifikat ist ein Hebelprodukt. Im Gegensatz zum CFD oder zur Aktie selbst handelst du hier ein Derivat - also ein Produkt, das den Kurs der Aktie nachbildet, jedoch mit einem klar definierten Ausstiegslevel: dem Knockout-Level. Sobald dieses unterschritten oder überschritten wird (je nach Richtung), wird der Schein wertlos und der Verlust ist realisiert. Genau darin liegt das Risiko, aber auch die enorme Effizienz dieser Handelsart. Die Grundidee beim KO-Trading ist simpel:

1. Du analysierst die Aktie.
2. Du legst dein Setup fest - Einstieg, Stop Loss, Ziel.
3. Dann suchst du dir ein Knockout-Zertifikat, das möglichst nahe am geplanten Stop Loss liegt - jedoch nicht darüber (im Long-Fall).
4. Ziel ist es, mit möglichst großem Hebel zu arbeiten, um eine starke prozentuale Bewegung zu erzielen - idealerweise 2R, also 200% Gewinn auf den Einsatz.

In der Theorie klingt das perfekt. Doch in der Praxis sieht es etwas anders aus. KO-Scheine sind zwar extrem effizient, aber sie bringen eigene Herausforderungen mit.

Beispiel:
Du möchtest eine Aktie handeln, die bei 100 € notiert. Dein Setup sieht einen Stop Loss bei 98 € vor. Du suchst dir einen KO-Schein, der bei 97,90 € ausgeknockt wird. Damit wäre der Knockout-Level knapp unter deinem eigentlichen SL - genau richtig.

Du investierst 50 € in den Schein. Ziel ist, dass sich der Schein bei Erreichen des Take Profits verdoppelt, also auf 100 € steigt - das wäre ein Gewinn von 2R. Doch hier kommt die Realität ins Spiel:

- Der Schein hat einen Spread (z. B. 1–2 %)
- Es gibt Emittenten-Gebühren (je nach Produkt unterschiedlich)
- Die Preisbildung ist nicht 1:1 linear zur Aktie
- Gaps und Kurssprünge wirken sich direkt auf den KO-Level aus

All das führt dazu, dass man in vielen Fällen nicht ganz auf die gewünschten 2R kommt – selbst wenn der Chart exakt das macht, was geplant war. Trotzdem: Der Handel mit KO-Scheinen ist eine enorm spannende Möglichkeit, auch mit kleineren Konten starke Bewegungen zu handeln – vor allem, wenn du das Setup sauber planst.

Wichtig ist nur, dass die KO-Schwelle nicht über dem eigentlichen Stop Loss liegt – sonst würdest du vorzeitig ausgeknockt werden. Ein minimal größerer SL ist akzeptabel. Ich persönlich filtere mir den KO-Schein, der am nächsten am Stop liegt, dabei den höchsten Hebel hat und gleichzeitig ein akzeptables Gebührenprofil aufweist. Es ist nicht immer einfach, aber es lohnt sich.

- Der größte Vorteil: der Hebel.
- Der größte Nachteil: die Unschärfe.

Es lässt sich nie exakt sagen, wie viel der Schein bei einem bestimmten Kurslevel wert sein wird – dafür ist der Kurs zu dynamisch. Trotzdem ist die Herangehensweise klar und nachvollziehbar. Wer also mit Knockouts arbeitet, sollte vor allem eines mitbringen: Disziplin im Setup und Flexibilität bei der Erwartung. Wenn der Schein nicht ganz die 2R schafft, ist das kein Beinbruch – wichtig ist, dass das System funktioniert, die Verluste klein bleiben und die Gewinne solide sind. Der Rest kommt mit der Zeit.

Mein Favorit für den Aktienhandel

Nachdem wir gemeinsam die drei möglichen Handelsweisen untersucht haben, möchte ich dir abschließend erklären, welche ich für mein persönliches Trading nutze. Als ich mit dem Aktienhandel begonnen habe, waren KO-Zertifikate für mich das Nonplusultra. Die Handhabung war simpel, man muss keine Berechnungen vornehmen und kann sie über die bekannten Neo-Broker handeln. Solange man keine Vorerfahrung hat und nicht weiß, dass es deutlich bessere Wege gibt, Aktien zu handeln, ist das absolut in Ordnung, aber wenn ich die Zeit zurückdrehen könnte, würde ich anders vorgehen.

Auch wenn KO-Zertifikate mit ihrem leichten Umgang locken, drücken Gebühren den potenziellen Gewinn enorm. Wiederum ist der Handel mit „echten" Aktien in hohem Maße kapitalintensiv, wodurch auch diese Option für die meisten wegfällt. Nur wenige sind bereit, tausende Euro in einem einzelnen Trade „zu parken".

Somit kommen wir letzten Endes zum CFD-Handel. Wie bereits im Kapitel erklärt, ist das der perfekte Spagat zwischen Kapitalbindung und Gebühren. Einerseits müssen wir nur ein Fünftel dessen einsetzen, was wir beim Handel mit Aktien parken müssten. Auf der anderen Seite sind die Gebühren mehr als überschaubar – gerade dann, wenn der Broker faire Bedingungen liefert.

Dementsprechend handle ich die Rocketcandle-Strategie zu 100 % mit CFDs. Die Trades sind, wie du ja bereits gelernt hast, überwiegend von kurzer Dauer. Gleichzeitig kann die Anzahl der Trades je nach Marktlage auch mal zweistellig werden – dank CFDs ist das kapitalbedingt kein Problem (Stichwort: Hebel). Mein Rat an dich lautet nun wie folgt:

Beschäftige dich am besten mit allen drei Möglichkeiten und finde heraus, was am besten zu dir, deiner Kontogröße und deinen Vorlieben passt! Auf Basis meiner Erfahrungen und der genannten Gründe empfehle ich den CFD-Handel, jedoch unter einer essenziellen Bedingung:

Starte mit einem Demokonto! Der Broker, den ich und die Mitglieder meiner Trading-Community nutzen, bietet ein kostenloses Demokonto an. Hier kannst du mit „Fake-Geld“ handeln, dich an die Prozesse gewöhnen sowie die RC-Strategie festigen – mehr dazu ab Seite 243.

Ich bin ehrlich zu dir: Nachdem ich etliche Broker getestet habe, kann ich guten Gewissens lediglich einen empfehlen. Sowohl ich als auch meine Mitglieder sind mit diesem Broker mehr als zufrieden – von der Umsetzung der Trades, über die Handelsplattform, hin zu den fairen Gebühren. Ein weiterer Bonus: Man kann sein Handelskonto mit TradingView verbinden und direkt über die Analyse-Plattform handeln!

Damit du den Handel, die Integration mit TradingView und den Umgang mit dem Broker zu 100 % verstehst, verlinke ich dir eine ausführliche Video-Anleitung. Darin findest du zudem auch den Link zur Anmeldung.

Zum Video:

Nun steht ein weiteres, essenzielles Thema an – der Umgang mit schwierigen Trading-Phasen.

Umgang mit schwierigen Phasen

Trading ist keine Einbahnstraße

Die Ausbildung zum Trader ist im Prinzip abgeschlossen. Wer sich von nun an ins Zeug legt und das Gelernte in der Praxis anwendet, ist auf dem besten Weg, ein Trader zu werden. Die Erwartungshaltung eines jeden Anfängers sieht wie folgt aus: „Ich habe mich über Wochen, sogar monatelang mit Trading beschäftigt. Ich beherrsche nicht nur die Grundlagen, sondern auch meine Strategie. Diese habe ich etliche Male getestet und selbst auf meinem Demokonto bin ich nun seit einem Monat profitabel. Der Start mit Echtgeld-Trading wird spannend und lukrativ!"

Wer freut sich denn nicht darauf, endlich mit ein wenig Risiko zu handeln? Jeder träumt davon, sein erstes Geld mit Trading zu verdienen. Was du jedoch verstehen solltest, ist, dass Trading keine Einbahnstraße ist. Selbst die besten Trader dieser Welt haben Phasen, in denen sie kein Geld verdienen oder gar welches verlieren. Das kann sich über Wochen oder gar Monate ziehen.

Mit so etwas ist zu rechnen, zumal es einige Faktoren gibt, die den Erfolg maßgeblich beeinflussen. Einer der wichtigsten wäre – was für eine Überraschung – die eigenen Emotionen. Wer mit dem echten Handel startet, wird höchstwahrscheinlich mit einer großen Menge Selbstbewusstsein an die Startlinie herantreten. Wie soll es überhaupt zu Verlusten kommen, wenn so viel Zeit und Mühe in die Lehre geflossen sind?

Ganz einfach: Den Markt interessiert es nicht, wer du bist und seit wann du Trading betreibst. Ganz im Gegenteil: Der Markt ist keine Person, er repräsentiert die Gesamtheit aller Finanzinstrumente und agiert niemals für oder gegen dich. Mal läuft er aufwärts, mal abwärts und manchmal auch seitwärts. Wichtig ist, weder dem Markt noch der Aktie die Schuld zu geben – und schon gar nicht dir selbst.

Es hilft, sich immer wieder bewusst zu machen: Es reicht, die Regeln konsequent einzuhalten – alles Weitere entwickelt sich daraus. Selbst nach Jahren der Vorbereitung ist es unrealistisch, sofort profitabel zu handeln. Der Handel mit echtem Geld fühlt sich völlig anders an als das Trading auf einem Demokonto mit „fake money". Dieses Mal hängen echte Emotionen an jeder Entscheidung – und genau daran gilt es sich zuerst zu gewöhnen.

Ist dieser Aspekt ebenfalls gemeistert, stellt sich die Frage: Bedeutet das, jetzt unaufhaltbar zu sein? Die Frage ist fast überflüssig, denn wie bereits erwähnt, gibt es keine Garantie dafür, dass jeder Trade ein Gewinn wird. Entscheidend ist allein, die Strategie gewissenhaft umzusetzen. Was daraus entsteht, liegt außerhalb jeder Kontrolle.

Genau aus diesen Gründen ist Trading keine Einbahnstraße, sondern ein Weg, der Höhen und Tiefen mit sich bringt – so wie vieles andere im Leben. Nicht alles lässt sich steuern, und das ist auch gut so. Wäre das Leben nicht langweilig, wenn alles vorhersehbar und lenkbar wäre? Wo bliebe Raum für Ungewissheit, Spekulation, Hoffnung, Angst, Freude, Pessimismus und Optimismus? Ohne all das wäre das Leben nicht mehr das, was es heute ist.

Auch wenn dieser Teil des Tradings unberechenbar bleibt, kann es durchaus zu Phasen kommen, die den Handel beeinflussen – sowohl im positiven als auch im negativen Sinn. Was solche Phasen auslöst, wird jetzt genauer betrachtet.

Ungeplante Ereignisse

Zum jetzigen Zeitpunkt kann ich leider nicht sagen, wie die Welt aussieht, wenn dieses Buch in den Händen der Leser liegt. Ich kann nur vom aktuellen Stand sprechen und sagen, dass es derzeit Kriege und politische Unsicherheiten gibt. Die Börse ist ein Ort, an dem jegliche Neuigkeiten sofort eingepreist werden. Sollten negative News eintreffen, bleibt kaum Zeit zur Reaktion – der Markt hat dann meist bereits korrigiert.

In manchen Fällen kommt es jedoch zu gewissen Ereignissen, die zu tage- oder wochenlanger Ungewissheit führen, und das für alle Marktteilnehmer weltweit. Ein solches Ereignis stellt die Bekanntgabe der Einfuhrzölle von Donald J. Trump dar. Am 2. April 2025 wurde die gesamte Börsenwelt auf den Kopf gestellt. An diesem Tag kündigte der amerikanische Präsident umfangreiche Zölle für etliche Länder an, was zu einer massiven Korrektur im Markt führte.

Ich habe all das live erlebt und war dabei, neue Trades mit meinen Mitgliedern zu besprechen. Das war nach der Bekanntgabe hinfällig, da so gut wie jede Aktie einen starken Kursrutsch erlebte. Ich führte einen sofortigen Trade-Stopp ein und habe mich vorerst aus dem Markt herausgehalten. Während solcher Ereignisse ist es ratsam, nicht zu handeln und sich damit potenzielle Verluste zu ersparen.

Die Trading-Pause hielt einen kompletten Monat an. Während dieser Zeit habe ich mir alle möglichen Trade-Chancen angeschaut und festgehalten, welche Gewinne oder Verluste dabei theoretisch entstanden wären. Fakt ist, dass sich die Pause gelohnt hat, denn insgesamt wäre ich einige R's im Minus gewesen.

In Zeiten der Ungewissheit solltest du dich stets darauf fokussieren, dein Kapital bestmöglich zu erhalten. Sobald der Markt unerklärliche Sprünge macht und die nächste Bewegung von den Aussagen einer einzigen Person abhängt, ist höchste Vorsicht geboten. Dementsprechend solltest du dich während dieser Phasen zurückhalten und dich auf andere Dinge fokussieren.

Strategie-Optimierung, Weiterbildung, Übungen, Backtesting und Livetesting sind Aspekte, die du während der Trading-Pause ideal umsetzen kannst. Statt dein Geld zu verbrennen, konzentrierst du dich darauf, nach dieser Phase ein besserer Trader zu sein!

Die erwähnten, ungeplanten Ereignisse müssen stets zum jeweiligen Zeitpunkt des Auftretens eingeordnet werden. Gerade als Anfänger könntest du dich hier schwertun, jedoch würde ich immer empfehlen, auf Nummer sicher zu gehen.

Der Markt macht „komische" Bewegungen? In diesem Fall solltest du Recherche betreiben und dich darüber informieren, warum es zu besagten Kursentwicklungen kam. Was du unbedingt tun solltest, ist, die größten Indizes der Welt im Auge zu behalten. Dazu zählen der *S&P* 500, *Nasdaq* 100, *Dow Jones* 30 und der *DAX* 40.

Wer sich dennoch absolut unsicher ist, sollte unbedingt nach den Meinungen von Analysten schauen. Dazu informierst du dich im Internet oder auf Social Media. Auch wenn Letzteres manchmal ein eher negatives Stigma trägt, kann ich besten Gewissens sagen, dass es einige Kollegen gibt, die unfassbar guten Content bzw. Mehrwert liefern. Ich selbst informiere gerne meine Follower über die aktuellen Marktgeschehnisse. Deshalb möchte ich dich dazu einladen, nicht nur mir zu folgen, sondern auch die Trader abzuchecken, denen ich folge!

Damit ist dieser Abschnitt vorerst abgeschlossen – als Nächstes folgt eine Kategorie von Ereignissen, die unter keinen Umständen gehandelt werden sollte!

Wann du nicht handeln solltest

Es gibt nur ein einziges Ereignis, bei dem ich mich zu 100 % von einem Trade fernhalte. Dieses habe ich bereits ein oder zwei Mal erwähnt, jedoch finde ich es wichtig, noch einmal explizit darauf einzugehen. Es handelt sich um die Veröffentlichung von Quartalszahlen bzw. den Earnings eines Unternehmens.

Kurz vor dem Einstieg in einen Trade ist es absolute Pflicht, zu prüfen, ob demnächst Quartalszahlen veröffentlicht werden. Diese werden bei *TradingView* auf der Zeitachse als pinkes „E“ angezeigt. Alternativ lässt sich das auch einfach im Internet recherchieren.

Warum sollte vor den Earnings kein Trade eröffnet werden? Ganz einfach: Sie sind unberechenbar! Das Setup mag noch so gut aussehen, wenn jedoch die Ergebnisse des letzten Quartals oder die Prognosen für das nächste die Investoren nicht überzeugen, kann eine Aktie sehr schnell abstürzen. Häufig geschieht das über eine Kurslücke, was – je nach Handelsinstrument – zu einem deutlich größeren Verlust führen kann als ursprünglich geplant.

Ich könnte das noch weiter ausführen, aber das muss bei bestem Willen nicht sein. Wer das Risiko eingehen möchte, kann natürlich tun und lassen, was er will. Fakt ist, dass es Teil des Regelwerks ist und du damit die Regeln missachtest. Trading vor Earnings werte ich als reines Glücksspiel, da du nicht weißt, was auf dich zukommen könnte, und du die Wahrscheinlichkeit genauso wenig einordnen kannst. Die zu erwartenden Kurssprünge sind immens und können am Ende ziemlich kostspielig werden.

Damit ist alles abgedeckt, was sich eigenständig kontrollieren lässt. Jetzt heißt es: aufmerksam bleiben und entsprechend reagieren. Zum Abschluss dieses Kapitels möchte ich noch auf ein wichtiges Thema eingehen.

Den Markt korrekt einordnen

Als Rocketcandle-Trader besteht die Möglichkeit, sowohl auf steigende als auch auf fallende Kurse zu setzen. Trotzdem wird niemals beides gleichzeitig gehandelt – aber warum? Während der ersten Test- und Livephasen von Rocketcandle wurde schnell deutlich: In bullischen Märkten lohnt es sich kaum, auf fallende Kurse zu spekulieren.

Während die Long-Trades eine Erfolgsquote von bis zu 60 % erzielt haben, fielen die Short-Trades mit 20 % bis 30 % besonders negativ auf. Das zog die Gesamtquote erheblich nach unten. Sobald der Markt klar im Aufwärtstrend liegt, ist es mehr als nur sinnvoll, sich auf dieselbe Richtung zu fokussieren! Du hast nicht nur weniger Arbeit, sondern auch mehr Profit.

Wie lässt sich ein Markt nun korrekt einordnen? Dafür dient der Wochenchart des *S&P* 500.

Wenn sich der *S&P* 500 in einem Aufwärtstrend befindet, wird in Richtung steigender Kurse gehandelt. Bei einem Wechsel zum neutralen Trend ist zwar Vorsicht geboten, jedoch liegt der Fokus weiterhin auf Long-Trades. Zum Zeitpunkt des Abwärtstrends habe ich – wie eben erläutert – eine Trading-Pause eingeführt und nicht gehandelt. Hätte sich daraus ein lang anhaltender Abwärtstrend entwickelt, wäre ich auf Short umgestiegen. Stattdessen kam es nach einem Monat erneut zum Trendbruch, weshalb ich mich wieder auf Long spezialisiert habe.

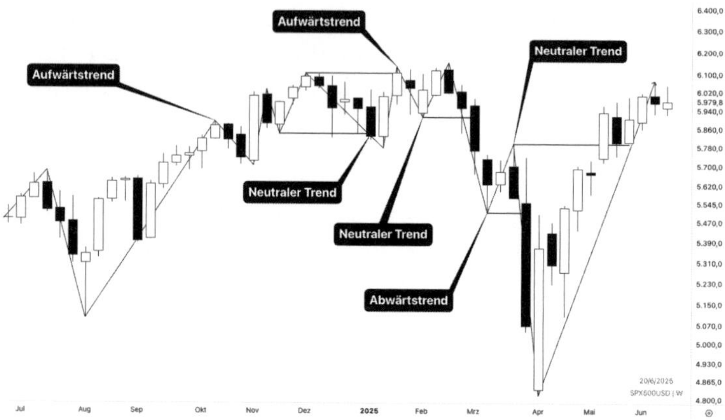

Abb. 107: Trendeinordnung des *S&P 500* (Charts by *TradingView*)

Wie du siehst, handle ich sowohl bei Aufwärtstrends als auch bei neutralen Trends in die Long-Richtung. Das liegt vor allem daran, dass der Chart größtenteils aufwärts läuft und die neutralen Trends für mich lediglich als eine Art „Pause" vom Aufwärtstrend gelten. Würde sich der Markt überwiegend in einem Abwärtstrend befinden, bliebe ich auch bei neutralen Trendphasen bei Short-Trades. So gesehen gibt es hier kein klares „schwarz oder weiß". Mit wachsender Erfahrung bekommst du ein besseres Gefühl dafür, welche Handelsrichtung gerade sinnvoller erscheint.

Im besten Falle betrachtest du deine aktuellen Ergebnisse und würdest bei einer maßgeblichen Veränderung zunächst eine Pause einführen und ins „Fake Money Trading" übergehen. Damit könntest du nicht nur frisches Selbstbewusstsein tanken, sondern auch herausfinden, welche Richtung gerade lukrativer bzw. sinnvoller ist. Dementsprechend würde ich bei solchen Testphasen long und short handeln!

In diesem Sinne endet nicht nur dieses Kapitel, sondern auch der Abschnitt „Trading in der Praxis". Als Nächstes folgt der finale, schriftliche Teil des Buches. Der Fokus liegt darauf, Trading sinnvoll in den Alltag zu integrieren und dafür zu sorgen, möglichst viele valide Setups zu erwischen. Zuvor geht es jedoch um die bestmögliche Vorbereitung auf den Trading-Start.

TEIL VI

UMSETZUNG UND INTEGRATION IN DEN ALLTAG

Der Start ins Trading

Teste deine Fähigkeiten

Bevor es überhaupt in Richtung Echtgeldhandel geht, muss sichergestellt sein, dass nicht nur die Grundlagen sitzen, sondern auch die Strategie vollständig beherrscht wird. Es genügt nicht, die Regeln und Formationen auswendig zu können. Entscheidend ist, das Gelernte sicher und effektiv in der Praxis anzuwenden. Erst wenn das zuverlässig gelingt, ist der nächste Schritt – der Einsatz von eigenem Kapital – gerechtfertigt.

Diesen Teil überspringen leider die meisten Anfänger, und genau deshalb zahlen viele am Anfang das sagenumwobene „Lehrgeld". Wie bereits mehrfach betont, kommt es für mich nicht infrage, wissentlich mein Geld zu verbrennen. Deshalb spreche ich mich klar für die Nutzung eines Demokontos aus. Doch worin liegt eigentlich der Sinn eines solchen Kontos?

Beim Handel über ein Demokonto wird kein echtes Geld eingesetzt. Stattdessen kommt sogenanntes „Fake Money" oder „Paper Money" zum Einsatz. Nach der Eröffnung bei einem Anbieter lässt sich eine beliebige Summe festlegen, mit der der Handel simuliert werden kann. Gebühren fallen ebenso an wie beim Echtgeldhandel, und auch das Risikomanagement bleibt identisch. Aus technischer Sicht gibt es somit keinen Unterschied zum Handel mit realem Kapital.

Ich würde empfehlen, eine Summe auszuwählen, die dem eigenen Trading-Kapitel ähnelt. Wenn du also mit 5.000 € starten möchtest, solltest du kein Demokonto mit 100.000 € aufladen. Das ist nicht nur realitätsfern, sondern sorgt auch dafür, dass du dich an große Gewinne gewöhnst, die du später beim Echtgeldhandel noch lange nicht erreichen kannst. Ich selbst empfehle stets, ein Demokonto mit etwa 10.000 € zu nutzen, da die Berechnungen somit relativ simpel bleiben.

Nun ist der Handel aus technischer Sicht zwar derselbe, jedoch stellt der emotionale Aspekt nur einen Bruchteil dessen dar, was beim Handel mit Geld zum Tragen kommt. Das sollte dir bewusst werden. Viele angehende Trader, die mit einem Demokonto starten, sind auch relativ schnell profitabel – manche sogar über Monate hinweg. Dadurch gewinnst du nicht nur eine große Portion Selbstbewusstsein, die für erfolgreiches Trading unerlässlich ist, sondern leider auch ein beträchtliches „Ego".

Du bekommst das Gefühl, du wärst „der Beste" und könntest es nun mit dem Markt aufnehmen. Trading ist kinderleicht und das wird nicht nur eine Einkommensquelle, sondern könnte sogar den Hauptjob ersetzen! Wenn du dann tatsächlich startest und die ersten Verluste eintrudeln, bröckeln das eigene Selbstbewusstsein und das Ego. Geld zu verlieren, tut verdammt weh und ist extrem unangenehm.

Das führt zu Fehlentscheidungen und Missachtung der Strategie. Manche erhöhen ihr Risiko, um vergangene Verluste einzuholen. Das führt zu mehr Verlusten, mehr Frust und früher oder später zum endgültigen Abschluss mit dem Thema Trading. Da diese Erwartungshaltung unrealistisch ist, sollte eine realistische Sichtweise bewahrt werden.

Ziel ist es, eine Perspektive einzunehmen, die unabhängig von Erfolg oder Misserfolg stärkt. Der Fokus liegt nämlich einzig allein darauf, das System bzw. die Strategie nach bestem Willen umzusetzen. Führt diese Vorgehensweise auf dem Demokonto zu profitablen Ergebnissen, beweist das vor allem eines:

„Ich bin in der Lage, ein erfolgreicher Trader zu sein! Mir ist jedoch bewusst, dass ich beim Handel mit echtem Geld höchstwahrscheinlich emotional werde. Sollte ich dadurch schlechter handeln, heißt das nicht, dass ich ein miserabler Trader bin. Es zeigt mir, dass ich menschlich bin – und das ist gut so. Ich werde über mich hinauswachsen und nebenbei mein Demokonto weiterführen. Dadurch werde ich Stück für Stück besser und schaffe es mit Sicherheit, früher oder später auch ein erfolgreicher Echtgeldtrader zu werden!"

Genauso freundest du dich mit deinem eigenen Hirn an! Es muss dringend klar werden, dass du dein bester Freund und gleichzeitig dein größter Gegner sein kannst. Wer sich darauf fokussiert, stets sein eigener, bester Berater, Kumpel und Begleiter zu sein, kann nur erfolgreich werden. Es ist alles eine Frage der Perspektive. Der eigene Geist braucht regelmäßige Stärkung – es gilt, für sich selbst einzustehen.

Wie genau setzt du das um? Das Stichwort lautet: Selbstreflexion. Genau das sollte festgehalten werden – all das, was dir in schwierigen, aber auch in erfolgreichen Phasen durch den Kopf geht. Tägliche Gedanken sind ein Schlüssel zum Erfolg. Aus diesem Grund folgt nun eines der wichtigsten Werkzeuge im Trading: das Trading-Journal.

Das Tagebuch des Traders

Ein Tagebuch? Ernsthaft? Das könnten sich manche Leser fragen, wenn sie hören, sie müssten ein Trading-Tagebuch führen. Auch wenn das absurd klingen mag, ist es der beste Weg, um seinen eigenen Geist zu stärken und seine Resilienz gegenüber allen möglichen Situationen zu stärken. Das Tagebuch sollte idealerweise jeden Handelstag, also von Montag bis einschließlich Freitag genutzt werden. Dabei solltest du folgende Punkte einarbeiten:

1. Dokumentation aller Trades
2. Alle Gedanken vor und nach jedem Trade notieren
3. Vor jedem Trade die Checkliste prüfen und angeben, ob alles eingehalten wurde
4. Tagesergebnis festhalten
5. Selbsteinschätzung der eigenen Leistung (am Ende des Tages!)
6. Wochenabschluss: Rekapitulation der vergangenen Woche
7. Jeden Tag: Positive Stärkung des eigenen Geistes

Diese sieben Punkte gehören meiner Meinung nach in jedes Trading-Tagebuch. Ich könnte das Ganze zwar auch in Form einer Excel-Tabelle aufbereiten, jedoch geht es hier nicht primär um die Trades oder das Endergebnis. Vielmehr dient es dazu, sich mit sich selbst zu beschäftigen. Dazu kann ich jedem raten, Stift und Papier zu nutzen. Dadurch kostet es zwar mehr Zeit, jedoch benötigt es genau diese, um sich ausgiebig mit sich selbst und seiner Arbeit auseinanderzusetzen. Nur so schaffst du es, eine engere Verbindung zum eigenen Geist aufzubauen und jenen zu stärken!

In der Gestaltung des Trading-Tagebuchs bist und bleibst du natürlich vollkommen frei. Wichtig ist es nur, dieses so gut wie jeden Tag zu nutzen. Du bist zu nichts verpflichtet. Alles, was ich in diesem Buch erkläre und erzähle, sind die Dinge, die mir auf meinem Weg geholfen haben. Deshalb hoffe ich, dass all die Tipps auch all denjenigen helfen, die dieses Buch in der Hand halten.

In diesem Sinne endet dieses Kapitel mit dem letzten Unterpunkt – dem Start ins Echtgeldtrading!

Dein Start mit Echtgeld

Sobald die Grundlagen und die Strategie fest verankert sind und auch der Handel mit dem Demokonto erfolgreich verlaufen ist, ist es so weit. Der Start ins wahrhaftige Trading, bei dem du dein eigenes Geld riskierst, kann nun beginnen! Du könntest rein theoretisch sofort mit einem angemessenen Risiko starten und jeden Trade nehmen, der sich dir anbietet. Davon würde ich jedoch abraten.

Angenommen, es stehen 10.000 € zum Handeln zur Verfügung und das Risiko pro Trade soll 1 % bzw. 100 € betragen. In diesem Fall würde ich das Konto wie ein 1.000 €-Konto behandeln und mit einem Risiko von 10 € beginnen. Am besten umsetzbar wäre das mit dem Handel von Aktien oder CFDs. Solltest du stattdessen KO-Zertifikate nutzen wollen, wähle den niedrigsten Betrag, der noch sinnvoll handelbar ist.

Im Prinzip geht es darum, sich eine Toleranz aufzubauen – für Gewinne und Verluste. Denn Gewinnertrades werden dich nicht in Euphorie versetzen und Verlierer sorgen nicht für emotionalen Schmerz. Dennoch spürst du etwas und darum geht es. Wer mit einem absurd niedrigen Risiko startet, kann sich schrittweise steigern. Dabei solltest du genauestens auf deine Gedanken und Emotionen achten bzw. diese im Auge behalten. Das Trading-Tagebuch hilft dir dabei.

Ich muss gestehen, dass mein Start bis zum Punkt des Demokontos korrekt war. Danach begann ich jedoch sofort mit einem Risiko von 50 €. Das würde ich heutzutage nicht empfehlen. Könnte bzw. müsste ich von neuem starten, würde ich ein Risiko von maximal 10 € nutzen und mir damit den Druck nehmen. Auch wenn mein Einstieg ins Trading relativ gut verlief, haben mich Verluste emotional stark getroffen. 50 € für ein schönes Abendessen auszugeben, ist die eine Sache, aber 50 € „einfach so" zu verlieren? Das war unangenehm und nicht gerade förderlich.

Die Anzahl an Trades sollte ebenfalls reduziert werden – ein oder zwei pro Woche über das Echtgeldkonto reichen aus. Alle weiteren potenziellen Setups werden entsprechend über das Demokonto umgesetzt. Dieser Ansatz widerspricht auf den ersten Blick der angestrebten Philosophie: Jedes valide Setup zu handeln, das zur Strategie passt. Warum also diese bewusste Einschränkung?

Bei ein bis zwei Trades pro Woche überlegt sich jeder genau, ob das Setup tatsächlich dem Regelwerk entspricht. Sollten die Trades auf dem Demokonto besser laufen als die wenigen auf dem Echtgeldkonto, kann das innerlich nagen. Hier ist es entscheidend, eine positive Perspektive zu bewahren. Anstatt zu denken, Profite seien verpasst worden, weil einem Rat gefolgt wurde, bringt folgende Einstellung deutlich weiter:

„Meine zwei Trades auf dem Echtgeldkonto brachten mir keinen Gewinn, aber die vom Demokonto schon. Es stört mich zwar, zeigt mir jedoch, dass ich definitiv in der Lage bin, profitabel zu handeln. Außerdem habe ich Sicherheit darin gefunden, Trades mit meinem eigenen Geld zu eröffnen. Ich berechne gewissenhaft die Positionsgröße und davor prüfe ich, ob das Setup valide ist. Eigentlich müsste ich nur alle Trades vom Demo- auf das Echtgeldkonto handeln und dann wäre ich diese Woche profitabel gewesen. Dass das nicht immer der Fall sein wird, weiß ich bereits. Ich bleibe dran und erhöhe Woche für Woche die Anzahl der Echtgeldtrades!“

Mit dieser Einstellung entsteht eine nahezu unschlagbare Grundlage. Läuft es einmal nicht wie geplant, wird die Anzahl der Trades reduziert oder der Fokus erneut auf das Demokonto gelegt. Verläuft hingegen alles reibungslos, lassen sich sowohl die Anzahl an Setups erhöhen als auch das Risiko schrittweise anpassen. Flexibilität und Realismus sind entscheidend, um den eigenen Weg möglichst angenehm zu gestalten.

Nun gilt es nur noch herauszufinden, wie du all das im Alltag umsetzen kannst. Wo findest du die Zeit, um nach Trades zu suchen oder diese umzusetzen? Im finalen Kapitel des sechsten Teils folgt der Blick auf die Integration von Trading in den Alltag.

Integration in den Alltag

Vorbereitung ist die halbe Miete

Wenn es darum geht, Aktien tatsächlich zu handeln, ist die richtige Vorbereitung eine absolute Grundvoraussetzung. Damit ist nicht gemeint, dass du täglich oder stundenlang Zeit ins Screening investieren musst. Genau das soll verhindert werden. Trading soll idealerweise eine entspannte, zusätzliche Einkommensquelle darstellen und darf nicht den halben Tag einnehmen.

Deshalb gilt es, jedes Wochenende gezielt die Märkte zu analysieren, die gehandelt werden sollen. Zu Beginn empfehle ich, den Fokus auf einen einzelnen Markt zu legen. Als Beispiel dient der US-Markt, dessen Liste etwa 300 Aktien umfasst. Diese Liste sollte einmal wöchentlich oder alle zwei Wochen gescreent werden. Wie läuft das ab?

Ein guter Zeitpunkt dafür ist beispielsweise jeder zweite Sonntag im Monat. Für ein bis zwei Stunden steht konzentriertes Arbeiten am Rechner an – dabei wird die US-Liste sorgfältig durchgeklickt. Das konkrete Vorgehen beim Screening wurde bereits erläutert. Ziel ist es, drei Flaggen-Listen aufzubauen: Zone Watch, Close Watch und Entry Watch. So lassen sich alle Aktien herausfiltern, die in den kommenden Tagen oder Wochen potenziell interessant für einen Trade werden könnten.

Das wäre auch schon die halbe Miete! Sobald die Watchlist einmal pro Woche oder alle zwei Wochen vorbereitet wurde, stehen alle relevanten Titel und Zonen fest. Der tägliche Aufwand beschränkt sich ab diesem Punkt lediglich auf die Pflege der Listen.

- Ein Alarm wird aktiviert?
  Die entsprechende Aktie wandert in die Close Watch.
- Eine Formation bildet sich?
  Der Titel steigt in die Entry Watch auf.

- Der Einstieg erfolgt?
  Die Position wird eröffnet und die Aktie zur Live-Liste hinzugefügt.

Jetzt stellt sich nur noch die Frage, wie sich Trading sinnvoll in den Alltag integrieren lässt.

Integration in den Alltag

Wie zuvor beschrieben, ist eine gründliche Vorbereitung eine absolute Voraussetzung! Ohne diese Struktur geraten interessante Trades leicht aus dem Blick – oder es entsteht permanent Stress, weil laufend nach geeigneten Setups gesucht werden muss. Während der Woche steht nicht die aktive Suche nach neuen Trades im Vordergrund, sondern die regelmäßige Überprüfung der vorbereiteten Listen. Die relevanten Setups ergeben sich direkt aus diesen Übersichten – sie müssen nicht gesucht, sondern nur erkannt werden.

Auf Basis des Beispiels beginnt unser Trading-Alltag erst um 15:30 Uhr. Warum? Der US-Markt eröffnet erst dann! Nun könnte das etwas stressig klingen, da die meisten noch arbeiten. Warum das nicht immer der Fall sein muss, möchte ich nun erklären.

Was passiert um 15:30 Uhr? Der Markt eröffnet und die US-Aktien machen Kurssprünge in verschiedene Richtungen. Es werden oftmals mehrere Alarme zugleich aktiviert. Ergibt sich um diese Zeit schon eine Trade-Chance? Das wäre durchaus möglich – sofern der entsprechende Wert bereits zuvor im Fokus stand.

Bevor du zur Arbeit fährst, solltest du deine Listen am Abend zuvor oder am Morgen gepflegt haben. Das dauert vielleicht 15 Minuten. Solltest du auf deiner Entry Watch Aktien haben, die bereits einen Einstieg gebildet haben, musst du dir genau diese um 15:30 Uhr anschauen. Dementsprechend bist du darauf bereits mental vorbereitet. Kurz vor 16:30 Uhr wird die erste Kerze des Tages im H1-Chart vollendet. Hier gilt es nun, seine Close Watch und die Alarme zu prüfen. Alle Aktien, die möglicherweise eine Formation bzw. eine Bestätigung gebildet haben, müssen kurz überprüft werden. Sollten dabei Setups auffallen, müssen die umgesetzt werden. Anschließend hättest du bis 17:30 Uhr wieder deine Ruhe.

Demzufolge müsstest du jede Stunde bzw. alle zwei bis drei Stunden deine Close und Entry Watch checken, um potenzielle Trades nicht zu verpassen. Da du inzwischen zu Hause angekommen bist, ist das auch kein Problem – zumindest meistens!

Natürlich gibt es verschiedene Arbeitszeitmodelle – Schichtdienste, Abendjobs oder Wochenendarbeit. Du möchtest deine Freizeit genießen oder bist gerade unterwegs. Klar ist: Nicht alle Setups werden sich handeln lassen, so sehr das auch gewünscht wäre. Die Strategie basiert auf einer relativ hohen Frequenz von Setups – aber es ist kein Problem, wenn nicht jedes einzelne gehandelt werden kann.

Mach dir dabei auch keinen unnötigen Druck und versuche, die Situation so entspannt wie möglich zu betrachten. Als alleinstehender Trader wird es manchmal Tage geben, an denen du keinen einzigen Trade umsetzt – das ist auch in Ordnung. Wer sich hier etwas Hilfe holen möchte, kann dies natürlich gerne tun. Genau darauf gehe ich im letzten Abschnitt des Kapitels noch ein.

Zeit sparen und Trades finden lassen

Ganz ehrlich – nicht jeder hat die Zeit, sich nebenbei aktiv um die Pflege von Watchlisten zu kümmern. Den ein oder anderen Trade wirst du zwar erwischen, aber um den Großteil der Setups erkennen zu können, musst du die nötige Zeit dafür investieren. Um hier effizienter vorzugehen und dennoch möglichst viele Trades handeln zu können, habe ich zwei Vorschläge:

Eine Trading-Gruppe mit Freunden eröffnen

Dir hat das Buch gefallen und du kennst ein paar Freunde, die es genauso interessieren könnte? Dann leihe ihnen gerne dein Buch aus oder verschenke ein separates Exemplar, damit du deines weiterhin als Nachschlagewerk nutzen kannst. Andernfalls kannst du deine Freunde in die Strategie selbst einweihen und ein wenig ausbilden.

Wenn sie bereit sind, könnte eine gemeinsame Trading-Gruppe entstehen. Im Prinzip wäre das auch schon früher möglich. Du könntest zu Beginn deine eigenen Trades teilen, wodurch deine Bekannten schneller und effektiver vorankommen würden. Im Laufe einiger Wochen, Monate oder gar Jahre kann daraus ein eingespieltes Team entstehen, das gemeinsam nach Setups sucht und diese nutzt.

Du hast nächsten Dienstag keine Zeit, die Märkte zu checken? Kein Problem, Freund A übernimmt das und gibt Bescheid, wenn sich ein Setup anbahnt. Freunde B, C und D sind ebenfalls am Start und haben jeweils verschiedene Märkte im Blick. So ist nicht nur ein einzelner Markt abgedeckt, sondern alle relevanten Bereiche – mehr Trades, mehr Effizienz!

Nur wenige Menschen interessieren sich für die Börse und noch weniger sind bereit, sich langfristig in eine Strategie einzuarbeiten. Damit möchte ich niemanden entmutigen. Versuche es trotzdem – vielleicht findest du jemanden, der dieselbe Begeisterung entwickelt. Sollte das nicht möglich sein oder wenn du eine sofortige Lösung suchst, gibt es eine weitere Möglichkeit: Es handelt sich hierbei um Werbung in eigener Sache – und es ist kein Copy-Trading! Die Rede ist von meiner ***Trading-Community* auf *Patreon*.**

Im Dezember 2022 habe ich eine Dienstleistung für die langfristige Analyse von Aktien gestartet (Investitionen). Die Resonanz war sehr positiv. Schnell wurde klar, dass sich der Großteil vor allem für aktives Trading interessiert. Daraufhin begann ich, meine eigenen Trade-Ideen zu teilen – inklusive Videokurs für die Grundlagen des Tradings.

Im Laufe der Jahre ist daraus eine Community mit über 500 Mitgliedern entstanden, in der die Rocketcandle-Strategie gemeinsam entwickelt wurde. Ich teile regelmäßig konkrete Setups inklusive Einstieg, Stop Loss, Take Profit und Updates. Hinzu kommen aktuell vier Webinare pro Woche, drei Videokurse zu unterschiedlichen Themen und eine Plattform, auf der sich Mitglieder austauschen können. Hier findest du Gleichgesinnte, die ebenfalls ihre Trade-Ideen teilen. Neben Aktienhandel stehen auch Währungshandel und Themen wie Fremdkapital auf dem Programm. Das Angebot ist recht umfangreich, daher verzichte ich an dieser Stelle auf eine detaillierte Auflistung. Worum geht es am Ende?

Darum, trotz Berufs- oder Alltagsstress aktiv und sinnvoll am Trading teilzunehmen. Die Community liefert fertige Ideen, die du optimal nutzen kannst – vorausgesetzt, das Wissen über Trading und Rocketcandle ist vorhanden. Genau das ist durch dieses Buch bereits gegeben. Damit erfüllst du als Leser genau die Voraussetzungen, welche ich jederzeit predige.

Die Trades solltest du nämlich nur dann übernehmen, wenn du die Strategie verstanden hast. Es wäre weiterhin empfehlenswert, dich selbst mit dem Markt zu beschäftigen und nach Trades zu suchen. Du kannst die Dienstleistung also als alleinige Informationsquelle oder als Ergänzung zu deinem eigenen Trading nutzen. Stand Juli 2025 liegt der monatliche Beitrag bei 50 € – ohne Vertragslaufzeit, monatlich kündbar.

Falls jetzt der Eindruck entsteht, das Buch diene nur der Werbung – dem ist nicht so. Das Buch ist als vollwertiges, eigenständiges Werk konzipiert. Es vermittelt alles, was nötig ist, um als selbstständiger Trader erfolgreich zu arbeiten.

Die Community ist nur ein optionales Zusatzangebot. Wen das interessiert, kann sich über den QR-Code anmelden.

Hinweis: Die Plätze in der Community sind nicht immer verfügbar. Wenn du über die nächste Öffnung informiert werden möchtest, folge mir auf Instagram oder melde dich für meinen kostenlosen Newsletter an (siehe letztes Kapitel).

Zur Community:

Damit ist auch der sechste Teil des Buches abgeschlossen. Im siebten Teil folgen einige Tests, mit denen sich das eigene Verständnis der bisherigen Inhalte überprüfen lässt. Auf diese Weise zeigt sich, wie weit dein Wissen bereits gefestigt ist – und an welchen Stellen noch Potenzial zur Verbesserung besteht.

TEIL VII

TESTE DEIN WISSEN

Nachfolgend findest du drei verschiedene Tests. Damit kannst du nicht nur dein Wissen überprüfen, sondern auch gezielt vertiefen. Nach dem Durcharbeiten der Übungen lohnt es sich, zusätzlich *TradingView* zu öffnen und das Gelernte in der Praxis weiter zu festigen.

Der QR-Code führt dich zu einem *Google-Drive*-Ordner. Dort findest du folgende Tests und Übungen: Den Zonentest, den Kerzentest und den Rocketcandle-Test

Tests und Übungen:

Die Lösungen findest du jeweils auf der letzten Seite – also nicht vorher reinschauen, sondern ehrlich üben. Viel Spaß beim Lösen und bis gleich im Abschluss des Buches!

TEIL VIII

DER ABSCHLUSS

Du hast es geschafft – das Fundament für deinen persönlichen Trading-Erfolg ist gelegt! Nach hunderten Seiten rund um die Themen Psychologie, technische Analyse, Trading, Strategie und Umsetzung hast du den letzten Teil des Buches erreicht – den Abschluss!

Nun beginnt der Teil, vor dem sich die meisten fürchten – die Praxis. Ein Buch zu lesen ist eine Sache, den Inhalt zu verstehen und praktisch anzuwenden eine andere. Auch wenn dir diese Aufgabe kompliziert oder schier unmöglich zu sein scheint, möchte ich dir eins sagen:

Jeder, wirklich jeder hat das Zeug dazu, ein Trader zu werden. Schulnoten spielen keine Rolle, genauso wenig wie das, was du von dir selbst hältst, oder die Dinge, die du bislang erreicht oder nicht erreicht hast. Trading ist ein Weg, den zwar viele beginnen, aber die wenigsten über Jahre hinweg gehen. Genau darum geht es: Durchhaltevermögen.

Du kannst gewisse Dinge diszipliniert durchziehen? Super, Trading sollte für dich einfach nur eine weitere Herausforderung darstellen.

Du hast bislang mit Dingen wie Disziplin, Ausdauer und Durchhaltevermögen zu kämpfen gehabt? Perfekt, dann wird Trading dein Leben maßgeblich verändern. Du musst dich lediglich dafür entscheiden, niemals aufzugeben. Eine Pause darf auch mal sein, solange du dich darauf fokussierst, am Ball zu bleiben. Selbst wenn es am Ende mehrere Monate oder gar Jahre in Anspruch nimmt – was wäre, wenn du am Ende tatsächlich mit Trading Geld verdienen könntest?

Du screenst jede Woche deine Aktien, platzierst ein paar Alarme und über den Tag verteilt eröffnest du mit ein paar Klicks deine Trades. Insgesamt wendest du nicht mehr als ein paar Stunden pro Woche auf und bist dennoch profitabel. Aus einem Hobby kann eine echte, zusätzliche Einkommensquelle werden. Irgendwann entscheidest du dich dafür, weitere Strategien zu erkunden. Du wächst jedes Mal über dich hinaus und wirst von Tag zu Tag eine stärkere Person.

Genau das wünsche ich dir – von Herzen! Du darfst nie vergessen, dass es neben dem Trading auch das sogenannte „Leben“ gibt. Vollkommen egal, wie wichtig Trading für dich ist – du darfst nie vergessen, worauf es wirklich ankommt. Familie, Freunde, Liebe, Freiheit und Aktivitäten, die einen erfüllen. Dabei soll Trading keinen negativen, sondern einen positiven Impact haben!

Selbst wenn du das Gelernte dafür nutzt, um pro Woche oder pro Monat ein bis zwei Trades zu handeln – was soll's! Es geht nicht darum, dass jeder Leser zu einem Vollzeittrader wird. Vielmehr sollst du Trading nicht nur kennenlernen, sondern auf die Art und Weise umsetzen, wie es zum eigenen Leben passt. Sollte sich daraus etwas Ernstes entwickeln – Hammer. Es bleibt bei entspanntem Handel, den man stressfrei nebenbei betreibt? Perfekt!

Was ich damit sagen möchte, ist Folgendes: Tue das, was sich für dich richtig anfühlt. Spreche dich niemals klein und glaube stets fest an deine Träume. Niemand steckt in deiner Haut und weiß, wie es ist, du zu sein. Niemand kann deine Ambitionen, Wünsche und Ziele genauso fühlen, wie du es tust. Also vertraue einzig und allein dir und sei dein eigener, bester Freund!

Ich glaube an dich und bin stolz auf dich. Stolz darauf, dass du dieses Werk bis zum Ende gelesen hast. Ich fühle mich geehrt und danke dir für deine Aufmerksamkeit! Es macht mich ehrlich gesagt ein klein wenig sentimental, das Buch tatsächlich zu beenden.

Eine Sache, auf die ich jeden Tag hingearbeitet habe, nur um zu merken, dass der Prozess selbst das Schönste an all dem war. Nicht das Ende hat mich glücklich gemacht, sondern das Schreiben selbst. Glücklicherweise kann ich mich mit dem Gedanken trösten, nach der Veröffentlichung des Buches dein Feedback zu hören!

Was mich umso mehr freuen würde: zu sehen, dass dir das Buch tatsächlich geholfen hat. Ich möchte mehr Menschen für die Börse, technische Analyse und Trading begeistern. Wenn ich durch dieses Werk dazu beitragen kann, habe ich meinen Traum ein Stück mehr erfüllen können.

An dieser Stelle möchte ich all denjenigen danken, die mich auf dieser Reise begleitet und unterstützt haben! Vielen Dank an alle meine Follower, die mich stets unterstützen und meine Arbeit ehren. Ein gigantisches Dankeschön geht auch an meine Community und die dortigen Mitglieder – sie motivieren mich Tag für Tag, ein besserer Trader, Mentor und Freund zu werden. Danke für all die Unterstützung! Zu guter Letzt wäre da meine Familie, die stets an meiner Seite war, mich unterstützt hat und immer für mich da ist. Ohne diese Rückendeckung wäre vieles nicht möglich gewesen. Vielen Dank – von Herzen.

Einer bestimmten Person möchte ich jedoch ein paar Absätze widmen – meiner Partnerin. Als ich damit begonnen habe, mich für die Börse zu interessieren, hat sie mich sofort unterstützt. Irgendwann hieß es, ich möchte nun auch mit Trading starten und würde für Infomaterialien auch Geld investieren müssen. Das hat sie nicht nur befürwortet, sondern stand mir sogar finanziell bei und hat mir damit ermöglicht, genau das zu lernen, was ich nun Tausenden von Menschen beibringe.

Auf meiner Reise vom Anfänger, über den Mentor bishin zum Autor – ohne Alexa, meine Partnerin, hätte ich es niemals so weit geschafft. All die Gespräche über Trading, das Buch oder anderweitige Themen. Ihr stets offenes Ohr und ihre liebe Art. Der permanente, feste Glaube an mich und all das, was ich mir vornehme. Wie hätte ich es ohne das soweit geschafft? Gar nicht – Ich liebe dich, Alexa, danke dir! Ich hoffe, dass ich dir genauso gut zur Seite stehe und auch dich bei deinen Träumen unterstütze. Danke, dass du an mich geglaubt hast – bevor ich selbst daran geglaubt habe.

In diesem Sinne möchte ich hiermit *Die Kunst des Tradings* abschließen.

Wenn du weiterhin auf dem neuesten Stand zu den Themen Trading, technische Analyse, Börse oder langfristiges Investieren sein möchtest, kannst du mir gerne kostenlos auf *Instagram* folgen! Den Link dazu findest du hier:

Mein *Instagram*:

Du willst wöchentlich eine echte Trade-Idee zu Rocketcandle direkt in dein Postfach – und das kostenlos? Dann melde dich gerne für meinen Newsletter an! Dort erhältst du neben einem neuen Trade auch Infos zu den spannendsten Aktien am Markt.

Mein *Newsletter*:

Wenn du noch eine Schippe drauflegen möchtest und mit einer Community sowie auch mir gemeinsam handeln willst, kannst du dir die Dienstleistung auf *Patreon* anschauen:

Zur Community:

Das hier ist kein Abschied, sondern der Start einer wundervollen Reise. Schick mir gerne dein Feedback per *Instagram*, ich freue mich darauf!

Ich wünsche dir alles Gute, beste Gesundheit, viel Freude im Leben und maximalen Erfolg in all deinen Lebensbereichen! Und jetzt: Mach dein eigenes Kapitel aus diesem Buch – es ist erst der Anfang. Bleib dran, glaub an dich – und schreib deine eigene Erfolgsgeschichte!

Liebe Grüße

Alexander Arnt

ForwardVerlag

ForwardVerlag

SPIEGEL Bestseller

Titel:	Goldene Zukunft
Untertitel:	Wie Bitcoin alte Prinzipien neu belebt und zur Chance des Jahrhunderts wird
Autor:	Florian Bruce-Boye
ISBN:	978-3-98755-112-3

„Goldene Zukunft“ ist dein Schlüssel zu einem tiefen Verständnis des bedeutendsten finanziellen Paradigmenwechsels unserer Zeit. Wir verbringen unser ganzes Leben damit, Geld zu verdienen, aber keine Sekunde damit, Geld zu verstehen.

Dieses Buch bietet Erklärungen, die jeder verstehen kann, verankert in der Geschichte der Menschheit und einem reinen Menschenverstand. Es beantwortet nicht nur die drängenden Fragen rund um Bitcoin, sondern adressiert auch die Skepsis, die viele Menschen gegenüber dieser neuen Technologie hegen.

Es ist eine unverzichtbare Lektüre für jeden, der verstehen möchte, was Bitcoin ist und wie etwas Ungreifbares, wie eine digitale Währung, einen enormen Wert erlangen kann.

ForwardVerlag

Titel:	Finanzielle Ängste besiegen
Untertitel:	Eine glückliche und selbstbestimmte Zukunft dank Frugalismus.
Autor:	Dr. Luu Hoang
ISBN:	978-3-98755-155-0

Ständig steigende Kosten, unsichere Renten, Zukunftsängste – finanzielle Unsicherheit ist für viele Menschen ein ständiger Begleiter. Doch was, wenn die Lösung nicht darin liegt, immer mehr zu verdienen, sondern bewusster mit dem umzugehen, was du bereits hast?

„Finanzielle Ängste besiegen! Eine glückliche und selbstbestimmte Zukunft dank Frugalismus" zeigt, wie du durch kluge Prioritäten, bewusstes Sparen und strategisches Investieren nicht nur deine Finanzen in den Griff bekommst, sondern auch dein Sicherheitsgefühl stärkst. Denn wahre finanzielle Sicherheit entsteht nicht durch Reichtum, sondern durch Kontrolle über deine Ressourcen – sei es Geld, Zeit oder Energie.

Mit praxisnahen Anleitungen, inspirierenden Geschichten und sofort anwendbaren Tipps hilft dir dieses Buch, finanzielle Unsicherheit hinter dir zu lassen. Starte jetzt!

ForwardVerlag

Titel:	Vermögensaufbau durch Aktien-Sparpläne
Untertitel:	Wie du mit Aktien und ETFs monatlich Dividenden kassierst.
Autor:	Vitali Arnt
ISBN:	978-3-98755-147-5

Geld ist sicherlich nicht alles im Leben, aber es macht alles im Leben einfacher. Warum kümmern sich dann nicht mehr Menschen um ihre Finanzen und arbeiten daran, ein Vermögen aufzubauen? Eine mögliche Antwort: Weil man uns stets einredet, dass es sich nicht lohnen würde, nicht funktioniert, zu kompliziert ist oder nur für Menschen infrage kommt, die bereits reich sind.

Dieses Buch beweist eindrucksvoll das Gegenteil! In kompakter und klarer Form wird hier der einzige Weg zum eigenen Vermögen beschrieben, der nachweislich und garantiert funktioniert: der langfristige Vermögensaufbau an der Börse! Dabei gibt es Antworten auf die wichtigsten Fragen. Mit welchen Aufwänden und Ergebnissen kann ich rechnen? Welche Investments kommen infrage und von welchen Produkten sollte ich lieber die Finger lassen? Und natürlich: lohnt sich das ganze überhaupt?